高校民主管理
路径研究

THE DEMOCRATIC
MANAGEMENT
STRATEGIES
OF THE UNIVERSITY

何祥林　周东明　何 静　著

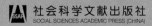
社会科学文献出版社
SOCIAL SCIENCES ACADEMIC PRESS (CHINA)

序

中华人民共和国成立以来，党和国家高度重视高等教育的发展。高等教育取得了显著成就，发生了巨大变化，这是举世公认的。当前高等教育正处于转型发展时期，由适应计划经济向适应市场经济转变，由政府主导型的资源配置转变为政府宏观指导下发挥高校自主办学的作用，发展阶段由精英型教育转型为大众教育，从外延的扩张转向内涵发展，提高教育质量和办学效益。这种结构调整、发展转型既是适应国际国内经济、社会发展的需要，也是我国高等教育自身的一种创新。高校作为高等教育的主要组成部分，在深化改革、克难攻坚、创新创造的时代背景下，改革组织管理中存在的日益突出的问题已迫在眉睫。

改革开放以来，在党和国家的高度重视和坚强有力的指导下，高等学校组织管理、体制机制建设不断地进行改革和探索，取得了显著的成效，思想观念发生了深刻变化，以人事制度和分配制度为核心的综合改革，调动了教职员工的积极性和主动性。尽管如此，高校行政管理尤其体制机制的改革依然存在着较为突出的问题，主要是权力过分集中；在学术管理方面，教师话语权不够充分，学术氛围不够浓厚；在民主管理方面，尊重师生员工、依靠师生员工，充分发挥师生员工在办学中的主人翁作用不够，民主监督不够有力，不同程度地影响师生员工在办学过程中的积极性和创造性。

高校管理的核心问题是责、权、利模糊。通常来说，高校权利由政治权力、行政权力、学术权力和民主权力四部分构成。权力运用的过程也就是管理的过程。因此，高校管理也就有党委领导、行政管理、学术管理和民主管理四种形式。长期以来，专家学者高度关注高校组织管理中的政治领导、行政管理和学术管理研究，而对民主管理的研究较为欠缺，其重要原因之一就是忽视民主管理。有效的民主管理能推进高校的依法办学和科学管理。正因为如此，高校民主管理研究有其重要的理论价值和实践价值。

高校实施民主管理，不仅党和国家有明确的要求，而且国家有具体的法律法规。众所周知，民主是社会主义题中应有之义，民主是社会主义制度优越性的重要体现，民主是社会主义制度的基本特征之一，民主是社会主义现代化建设的政治保证。建设社会主义民主是我们党高举的旗帜，社会主义政治文明是我们党始终不渝的追求。坚持发展社会主义民主政治，这是我们党建设中国特色社会主义的根本目标之一，一切从人民利益出发，使人民真正成为历史的主人，这也是中国共产党为之奋斗的最终目标之一。习近平总书记在庆祝全国人民代表大会成立60周年大会上指出："人民民主是社会主义的生命。没有民主就没有社会主义，就没有社会主义的现代化，就没有中华民族伟大复兴。"社会主义愈发展，民主也愈发展。民主建设是我们党矢志不渝的奋斗目标。从这个意义上讲，高校民主管理是由社会主义的本质特征和内在属性决定的，是国家富强、民族振兴、人民幸福的内在需要。

高校既是作为专门从事教育事业的机构而存在，又是整个国家政治生活、经济生活、文化生活和社会生活的一种综合反映，无疑是整个国家民主政治建设的重要组成部分。因此，高校民主建设历来受到党和国家的高度重视。在国家的立法中制定了一系列法律法规，《宪法》赋予了教职员工参与公民民主管理的权利，《教育法》《教师法》《高等教育法》《大学章程》等法律法规规定了广大教职工参与高校民主管理的权利与地位，《关于坚持和完善普通高等学校党委领导下的校长负责制的实施意见》《工会法》《高等学校教职工代表大会暂行条例》等法律法规对教职工民主管理都有明确规定。《国家中长期教育改革和发展规划纲要（2010—2020年）》等关于教育的法律、法规、规划的先后出台，使依法治校环境进一步得到优化，党委领导下的校长负责制的现代大学制度治理结构初步形成。民主和法治是现代大学制度的统一体，建立健全相关法律法规为高校实施积极有效的民主管理提供了法律保障。教育部在《2003—2007年教育振兴计划》中再次明确提出"高等学校要坚持和完善党委领导下的校长负责制，推进依法办学、民主治校、科学决策，健全学校的领导管理体制和民主监督机制""完善校务公开制度"，《国家中长期教育改革和发展规划纲要（2010—2020 年）》的出台，进一步明确了"党委领导，校长负责，教授治学，民主管理"的现代大学的治理结构。民主和法治是现代大学制度的统一体，建立健全相关法律法规为高校实施民主管理提供了法律保障。这些使高校民主管理成为中国特色现代大学制度的基本模式，也是现代高校生存与发展的力量源泉，更是现代大学制度建设的重要组成部分。这既是高校民主管理的重要依据，也是高校民主管理的推动力量，有利于提高高校的管理水平和办学实力，符合高等教育发展规律。

当前高等教育的深化改革与战略发展，迫切需要构建以大学章程为核心的现代大学制度。高校的人才培养、科学研究、社会服务、文化传承与创新四项职能，决定了高校民主管理是一个永恒的主题。从宏观上讲，高校实行民主管理，是发展中国特色社会主义民主政治建设的需要，是贯彻落实科学发展观的需要，是全面落实党的人民主体地位思想的需要，更是实施科教兴国战略、人才强国战略发展的客观要求。从微观上讲，高校实行民主管理，既是尊重知识、尊重人才、尊重劳动、尊重创造的需要，又是全心全意依靠教职工办学的需要；既是完善高校内部治理结构，建立现代大学制度的客观要求，又是依法治校、民主办学、科学决策的客观要求。要遵循教育规律和管理规律，必须坚持民主管理的原则，充分发挥教职工主人翁的积极性、主动性和创造性，切实办好人民满意的大学。

高等学校不仅是人才聚集的高地、知识汇集的殿堂、信息研发的集散地，而且是思想引领、民主意识、创新创造的精神家园。高校师生员工是具有较高文化素养的公民，对管理国家、社会和学校事务具有较多的知识和较强的能力。充分发挥他们的民主参与、民主管理、民主监督的积极性，有利于推动社会主义的民主政治建设。一方面，高校教职工是国家和高等教育事业的主人，参与管理国家、管理高等教育事业的权利，是他们最重要、最根本的权利。高校实施民主管理，让广大教职工拥有知情权、建议权、决策权、监督权，能充分发挥广大教职工的主人翁作用，把他们的智慧和才能都充分发挥出来，这是办好一所高校的关键所在。另一方面，大学生是高校民主管理的参与主体，大学生在校期间所受的民主教育、熏陶、训练如何，影响深远，意义重大。高校必须注重大学生在校期间的马克思主义理论教育，帮助其树立科学的民主观念，使他们在学校民主管理实践中养成良好的民主习惯、强烈的民主要求和民主精神。只有这样，大学生走向社会后才会成为社会主义民主政治建设的中坚力量和推动力量，对社会主义民主政治建设起到巨大的推动作用。

《高校民主管理路径研究》，是我们承担的湖北省教育工会的重点项目结题成果，也是华中师范大学社会科学处专项经费资助项目。高校民主管理的研究，多年来受到高等教育管理者和专家的重视，出版和发表了一些专著与学术论文，其中徐远火研究员著《大学民主管理论》和吴刚的专著《现代大学民主管理》具有代表性，从理论和实践两方面对大学民主管理进行了全方位的研究。《高校民主管理路径研究》在学习借鉴学界的学术成果的基础上，重点从高校民主管理的内涵界定，探析了高校民主管理的法理依据、高校民主管理的原则和特点。解读了高校民主管理的客观必然性和内在必然性，分析了高校民主管理的地位与作用，指出了高校民主管理对高校建设发展的重要性。在对高校民主管理进行历史考察后，探寻了高校民主管理存在的主要问题，论述了高校民主管理的关键是加强制度建设，同时要善于学习借鉴国外一流大学民主管理的经验。在高校民主管理的实践途径上，分别从加强大学章程的贯彻落实，理顺高校的内部治理结构，正确处理高校民主管理中的各种关系；加强高校党务公开工作，以党内民主推动高校民主管理的发展；加强教代会制度建设，不断完善高校民主管理的基本形式；加强校务公开工作，推动高校民主管理的新发展；加强学术民主管理，建立科学有效的管理机制，促进高校的学术繁荣发展；加强高校信息公开工作，强化民主监督全覆盖，实现民主决策和科学决策；加强维护教职工的合法权益，充分发挥校工会在民主管理中的作用；加强高校大学生民主观教育，发挥大学生在学校民主管理实践中的应有作用等方面进行了论述。尽管高校民主管理研究中涉及的问题、内容很多，但作者没有面面俱到，主要突出几个途径载体，彰显高校民主管理的有效抓手。

综上所述，高校民主管理作为高校内部管理体制的重要组成部分，作为中国特色现代大学制度的重要内容，对其的深入研究探讨，还需要有更扎实的理论、更宽广的视野，从理论和实践的紧密结合上丰富和发展高校民主管理，为落实高校立德树人的根本任务，为实施高等学校开展"双一流"建设工程，为培养中国特色社会主义事业的建设者和接班人，为发挥高校在科教兴国战略、人才强国战略中的创新作用，为实现中华民族"两个一百年"的奋斗目标不懈努力。

何祥林

2019 年 5 月于桂子山

目　录

第一章　高校民主管理概述

一　高校民主管理的内涵

在国家和民众普遍意识里，现代大学是追求科学真理、培育人文精神、创新人类思想、培养高端人才、繁荣社会科技、传承人类文明的重要阵地。现代大学制度的精神内核、办学理念和制度体系基本集中在两个方面：学术自由和学校自治，这既是对西方大学制度的吸纳，又是近代中国大学精神的回归，是弘扬现代大学精神的社会诉求。先进的管理理念与管理体制则是构建现代大学的基础，实施民主管理是现代大学理念核心内容之一，也是实现学术自由和学校自治的必由路径之一。

民主管理，是高校建设内涵的重要组成部分。高校实行民主管理是建设具有中国特色大学的内在需要，是现代大学制度的重要组成部分。"高等学校应当面向社会，依法自主办学，实行民主管理"，1998 年《中华人民共和国高等教育法》第一次以法律形式明确了高校管理理念。高校民主管理的目的，就是充分调动师生员工的积极性和创造性，凝聚智慧，办好学校，发展教育事业，培养社会主义接班人。《高等教育法》第三十九条规定："国家举办的高等学校实行中国共产党高等学校基层委员会领导下的校长负责制。"北京大学原校长蒋梦麟最早提出，大学应该是"教授治学，学生求学，职员治事，校长治校"①。党委领导、校长负责、教授治学、民主管理的理念目前已成为我国高校制度建设的核心。因此，全面正

---

① 周彬琳：《高校民主管理探索》，《安徽商贸职业技术学院学报》2011 年第 2 期。

确地理解和执行党委领导下的校长负责制，完善教授治学体制，让全体师生员工积极主动地参与民主决策的民主管理，对促进高校决策民主化、管理科学化、建设规范化具有举足轻重的作用。

本节将从民主的含义和特征、管理的含义和功能、民主管理的含义、高校民主管理的含义四个方面加以论述。

（一）民主的含义与特征

民主的含义。"民主"（democracy）一词源于古希腊语 demos 和 kratia，前者意指"人民"，后者意指"统治"，合在一起构成"民主"，是作为一个描述政治生活方式的概念被提出的，意为"人民的统治"（government by the people），代表着主权在民，即"人（全）民作主"[①]。狭义的"民主"一词经常用于描述国家的政治，民主的原则也适用于其他有统治行为存在的领域。广义的民主则是人民当家作主，即在一个完整的民主的社会里人们从一出生就平等，人们不仅对社会生产资料有共同的占有权，同时对社会负有相应的责任与义务，也就是在"各尽所能、各取所需"的社会框架的基础上，再建立起社会的法律法规以及对政权控制的选举权与被选举权等等。

马克思认为："世界上只有具体的民主，没有抽象的民主。"列宁在《国家与革命》中指出："民主属于政治上层建筑，民主是一种国家形式。"民主作为一种国家形式和一定阶级的专政密切相关，也就是说，掌握了国家政权的"民主"这一概念有其阶级内容和发生发展的历史过程，阶级立场决定了民主的本质。马克思、恩格斯指出："在阶级社会，民主首先是一种国家制度。"从根本上讲，民主是一种国家制度，是建立在一定经济基础之上的政治上层建筑，最终服务于经济基础。从这个意义上说，民主是实现人类解放的手段。恩格斯曾这样说："假如不立即利用民主作为手段实行进一步的、直接侵犯私有制和保障无产阶级生存的各种措施，那么，这种民主对于无产阶级就毫无用处。"另一方面，由于民主是一种价

---

① 俞可平：《马克思论民主的一般概念、普遍价值和共同形式》，《马克思主义与现实》2007年第6期。

值体现，因而，它又是人们所要争取达到的目标，即使对于劳动人民而言，它也是奋斗的目标。

民主的特征。民主作为与专制相对立的统治形式和国家形态，具有一些共同的基本价值和基本原则。这些价值和原则以及体现这些价值和原则的一些民主形式、程序和方法，随着社会的发展而不断得到继承和发展。民主具有的重要特征包含以下几个层面：自由与平等的统一；多数裁决与允许少数保留意见的统一；选举、监督国家公职人员和服从国家公职人员依法管理的统一；民主与法制的统一。民主是一种政治现象，包含权利平等、代议制、保障自由、少数服从多数、公开性、权力监督、法治化原则；民主是一种生活方式，是"民有、民治、民享"的自由、平等；民主是一种精神追求，包含了平等、自由、法治、宽容、妥协等多重精神[1]。

民主具有阶级性，社会主义民主与其他剥削制度的民主有本质区别。社会主义民主的基本特征包括以下几点。①广泛性。社会主义民主是工人阶级和其他劳动人民的民主，是绝大多数人的民主，在社会主义民主制度下，无产阶级及其领导下的广大人民群众是国家真正的主人。他们享有广泛的自由和平等权利，参与国家管理。②平等性。社会主义民主建立在生产资料公有制基础之上，消除了私有制带来的经济不平等和政治不平等的现象。社会主义民主与官僚特权制度根本对立，社会主义国家工作人员执行人民的意志，对人民负责，受人民监督，没有任何私利。③真实性。社会主义民主制度下，人民享有具体的而不是形式的、实际的而不是虚伪的民主，工人、农民、知识分子和其他劳动者都享受着普遍和广泛的民主，没有财产、出身、种族、受教育程度、居住年限等限制。④民主集中制是社会主义民主的根本原则。社会主义民主是民主基础上的集中和集中指导下的民主的统一。

（二）管理的含义与功能

管理（Manage）普遍存在于人类社会各个领域，是人类社会的一种普

---

[1]　吴刚：《现代大学民主管理》，山西人民出版社，2013。

遍现象，是在特定的环境条件下，为达成组织的目标，以人为中心，对组织所拥有的资源进行有效的决策、计划、组织、领导、控制，以便达到既定组织目标的过程。管理就是为了将一些分散的部分组合起来，以期发挥系统的功能。

管理的含义具体包括：①管理是为了实现组织未来目标的活动；②管理工作的本质是协调；③管理工作存在于组织中；④管理工作的重点是对人进行管理。简而言之，管理就是制订、执行、检查和改进。制订就是制定计划；执行就是按照计划去做，即实施；检查就是将执行的过程或结果与计划进行对比，总结出经验，找出差距；改进首先是推广通过检查总结出的经验，将经验转变为长效机制或新的规定，再针对检查发现的问题进行纠正，制定纠正、预防措施。

管理的功能。管理基本分为决策、计划、组织、人员管理、指导与领导、控制、创新七个功能。决策是组织或个人为了实现某个目的而对未来一定时期内有关活动的方向、内容及方式的选择或者调整过程。简单地说决策就是定夺、决断和选择。决策是管理工作的本质。计划就是确定组织未来发展目标以及实现目标的方式。组织是服从计划，并反映着组织计划完成目标的方式。人员管理是对各种人员进行恰当而有效的选择、培训以及考评，其目的是配备合适的人员去充实组织机构规定的各项职务。指导与领导是对组织内每名成员和全体成员的行为进行引导和施加影响的过程。控制是按既定目标和标准对组织的活动进行监督、检查，发现偏差，采取纠正措施，使工作能按原定计划进行，或适当调整计划以达预期目的。创新是使得每一位管理者在遇到新情况新问题时迫切要求创新，创新在管理循环中处于轴心地位。

（三）民主管理的含义

民主管理（democratic management）是由"民主"这一政治学概念和"管理"这一管理学概念组合而成的，它的重心在"管理"，是一个管理学的概念，即在管理决策中要体现民主，体现大多数人的意愿，符合大多数人的利益。民主属于政治学范畴，其运行必须有法定的程序和规则，不能轻易改变。管理属于管理学范畴，是指一个组织或单位为了实现组织目标而进行的计划、组织、指挥、协调、控制等活动的总称。作为一种科学有效的管理手段，民主管理是现代社会管理的一个重要特征。党的十九大报告指出，中国特色社会主义新时代的民主形式是人民当家作主、多方协商参与。建立以人民为中心的治理理念，进一步健全人民代表大会的各项制度，通过制度体系保证人民当家作主。并扩大人民有序政治参与，从而保证人民依法实行民主选举、民主协商、民主决策、民主管理、民主监督。在我国高校这特定环境中，民主管理在重大问题的决策中起着不可替代的作用，是推动高校改革和发展的重要保障。

民主管理是高校师生员工依照国家法律、法规的规定，行使自己的民主权利，实行民主参与、民主决策和民主监督，深度参与学校管理的过程。它是学校管理制度的重要组成部分，是高校民主办学和民主监督的重要内容。强调民主管理，实质上就是强调要用制度的形式来保证师生员工享有民主管理学校的权利。高校民主管理思想的提出由来已久。1810 年德国柏林大学诞生时，其创始人洪堡提出了"学术自由""大学自治""教授治校"等办学思想，这就是现代大学民主管理制度的起源。中国近代教育特别是高等教育改革的伟大先驱——蔡元培先生，在其 1912 年出任中华民国临时政府第一任教育总长时，主持制定的中国高等教育第一法令《大学令》，最早体现了"教授治校"思想，"大学各科各设教授会，以教授为会员，学长可随时召集教授会，自为议长"，这也是我国大学民主管理思想在高等教育法令中的最早体现。

民主管理制度是高校民主政治建设的一项根本制度，是促进高校决策民主化、管理科学化、建设规范化的有效措施。民主管理不仅是管理方法的问题，而且是直接关系师生员工的政治地位以及作为组织成员的自主权利能否得到真正实现的问题，民主管理中师生员工不仅是管理客体，也是管理主体。

高校要适应社会主义市场经济和依法自主办学，就必须坚持民主管理，推进内部管理的制度化、民主化和科学化。目前中国大学内部管理制度框架是"党委领导、校长负责、教授治学、民主管理"。这样的制度框架确立了中国大学内部治理存在的三种权力，即以党委为代表的政治权力、以校长为代表的行政权力、以教授为代表的学术权力；同时预设了权力运行的制度要求，即民主管理。

（四）高校民主管理的含义

高校民主管理的实质是把民主所包含的自由、平等、公正的理念引入高校管理的过程，按照"民主、公平、公开"的原则，吸纳全体师生员工平等参与和共同决策，使师生员工和民主管理机制对高校管理事业行使民主权利和实践活动，达到目标手段的一种管理方法。习近平同志曾指出，民主不是装饰品，不是用来做摆设的，民主是要用来解决人民要解决的问题。高校民主管理的主体由高校民主管理机构、全体师生员工和各群体成员组成，包括教代会、工会、团委和学生会等等；内容包括学校的政治、经济、行政和学术等事务；目标是保障广大师生员工的知情、决策、监督和建议等权利，充分激活和调动教职工参与管理的积极性、主动性和创造性，提高民主意识，促进高校改革的深化，保证高校向规范、有序、持续、健康的方向发展，使高校民主管理做到透明化、民主化、和谐化、科学化[①]。

二 高校民主管理的依据

高校民主管理制度的实施有其理论依据。中国高等教育的社会主义性质、国家相关法律法规的明确规定、中国共产党对高等学校内部管理的一贯要求和高校民主管理的理论与实践是其理论依据。

（一）中国高等教育的社会主义性质

坚持社会主义办学方向是党的教育工作方针，教育必须坚持社会主义方向，为社会主义建设服务，这也是社会主义大学与资本主义大学的根本区别所在。坚持教育的社会主义方向，就是按照党和国家对教育工作和教育事业的发展所提出的具有全局性的指导思想和教育方针办教育。高校坚持社会主义办学方向，强调高等学校必须培养德智体美劳全面发展的社会

[①] 汪花明、王波：《新时期我国高校民主管理对策研究》，《中国市场》2012 年第 12 期。

主义事业的建设者和接班人，为社会主义服务，是由我国高等教育的社会主义性质所决定的。

坚持社会主义办学方向，首先应正确理解高等教育坚持社会主义方向的内涵。其内涵既包括社会主义的政治方向，又包括高等教育要主动适应社会主义经济建设和社会发展的需要，成为建设社会主义精神文明的坚强阵地，这也是衡量高校办学方向的重要标志。如何加强社会主义办学方向，从理论上完整深刻地理解"坚持社会主义办学方向"的内涵，是高校在办学实践中准确牢固地坚持社会主义方向的前提和保证。高校坚持社会主义办学方向确定了我国高等教育的社会主义性质，是对我国高等教育的阶级性具有时代特色的强化和体现。我国高等教育的阶级性集中表现在社会主义制度对高等教育的决定作用上。社会主义制度决定了我国高等教育的领导权掌握在无产阶级手中，无产阶级对高等教育的领导权是通过中国共产党对高等教育事业的领导而实现的，中国共产党的执政领导地位决定了高等教育只能由共产党来全面领导。

党的十六大报告指出："全面贯彻党的教育方针，坚持教育为社会主义现代化建设服务，为人民服务，与生产劳动和社会实践相结合，培养德智体美全面发展的社会主义事业的建设者和接班人。"习近平同志所作的党的十九大报告围绕"优先发展教育事业"做出新的全面部署，明确提出："建设教育强国是中华民族伟大复兴的基础工程，必须把教育事业放在优先位置，深化教育改革，加快教育现代化，办好人民满意的教育。"高等教育要把坚定正确的政治方向放在学校一切工作的首位，坚持社会主义办学方向的基本要求，面向社会主义经济建设，为解放、发展和提高生产力服务，促进社会的全面进步。

（二）国家相关法律法规的明确规定

关于高校民主管理，我国相关法律条文中都有明确的规定。《宪法》第二条规定："中华人民共和国的一切权力属于人民。……人民依照法律规定，通过各种途径和形式，管理国家事务，管理经济和文化事业，管理社会事务。"高校通过多种途径实行师生员工广泛参与的民主管理是符合宪法精神的。

《教师法》第七条明确规定："教师享有下列权利：……（五）对学校教育教学、管理工作和教育行政部门的工作提出意见和建议，通过教职工代表大会或者其他形式，参与学校的民主管理。"《高等教育法》第十一条、第三十九条、第四十三条分别规定，"高等学校应当面向社会，依法自主办学，实行民主管理"，"国家举办的高等学校实行中国共产党高等学校基层委员会领导下的校长负责制"，"高等学校通过以教师为主体的教职工代表大会等组织形式，依法保障教职工参与民主管理和监督，维护教职工合法权益"。

《工会法》第六条规定，"工会依照法律规定通过职工代表大会或者其他形式，组织职工参与本单位的民主决策、民主管理和民主监督"。教育部《2003—2007年教育振兴行动计划》（2004年），提出"高等学校要坚持和完善党委领导下的校长负责制，推进依法办学、民主治校、科学决策，健全学校的领导管理体制和民主监督机制"。《国家中长期教育改革和发展规划纲要（2010—2020年）》明确指出，要完善中国特色现代大学制度，中国特色的现代大学制度的构架是"党委领导、校长负责、教授治学、民主管理"，它从大学内部管理角度来架构我国高校的现代大学制度。

党的十八大报告指出，"全心全意依靠工人阶级，健全以代表大会为基本形式的企事业单位民主管理制度，保障职工参与管理和监督的民主权利"。党的十九大报告指出，"我国社会主义民主是维护人民根本利益的最广泛、最真实、最管用的民主。发展社会主义民主政治就是要体现人民意志、保障人民权益、激发人民创造活力，用制度体系保证人民当家作主"。

由此可见，高校必须实行民主管理也是国家法律所规定并约束执行的，依法治校，民主管理，是社会主义国家发展高等教育的必经之路。

（三）中国共产党对高等学校内部管理的一贯要求

中国高等教育始终是中国共产党领导下的教育事业。办学的指导思想和总方针就是在党的领导下，牢牢把握和坚持社会主义的办学方向，办人民满意的教育。教育改革坚持社会主义办学方向，必须坚持四项基本原则，特别是坚持马克思列宁主义、毛泽东思想、中国特色社会主义理论体系对教育改革和教育发展的指导地位。胡锦涛同志在 2010 年 7 月全国教育工作会议上讲话中谈到中国教育改革时说："要坚持社会主义办学方向，牢牢把握党对学校意识形态工作的主导权，加强和改进学校思想政治工作，加强校园文化建设。"党的十八大明确提出要努力办好人民满意的教育，明确指出教育是民族振兴和社会进步的基石，要坚持教育优先发展，全面贯彻党的教育方针，坚持教育为社会主义现代化建设服务、为人民服务，把立德树人作为教育的根本任务，培养德智体美全面发展的社会主义建设者和接班人，为全面落实教育规划纲要、推动教育改革发展进一步指明了方向，提出了具体的任务。党的十九大报告强调要坚持人民主体地位，健全人民当家做主制度体系，加强人民当家作主制度保障，为在新时代条件下发展社会主义民主政治指明了方向。

2014 年 10 月，中共中央办公厅印发了《关于坚持和完善普通高等学校党委领导下的校长负责制的实施意见》，对高校内部的管理提出了明确的要求，高校党委统一领导学校工作。要求高校坚持以马克思列宁主义、毛泽东思想、邓小平理论和"三个代表"重要思想为指导，全面落实科学发展观，以凝聚人心、推动发展、促进和谐为目标，以改革和完善基层党组织的领导体制和工作机制为重点，以创新基层党组织活动方式、增强工作实效为抓手，着眼于解决好培养什么人、怎样培养人的根本问题。

高等学校党的委员会是学校的领导核心，坚持党要管党、从严治党，围绕中心、服务大局的原则，履行党章等规定的各项职责，把握学校发展方向，决定学校重大问题，监督重大决议执行，支持和保证校长依法独立负责地行使职权，保证以人才培养为中心的各项任务完成。习近平同志指出，"坚持中国共产党的领导，是要形成更广泛、更有效的民主"，社会主义民主制度克服了西方民主制度中党派斗争带来的负面效应，并避免了过分致力于党派争斗而扯皮推诿所造成的低实效，真实而有力地体现着民主。全面贯彻执行党的路线方针政策，贯彻执行党的教育方针，讨论决定事关学校改革发展稳定的重大事项和基本管理制度，坚持党管干部原则，坚持党管人才原则，坚持党领导一切。党委实行集体领导与个人分工负责相结合，坚持民主集中制，集体讨论决定学校重大问题和重要事项，领导班子成员按照分工履行职责。

（四）高校民主管理的理论与实践

《高等教育法》规定，大学的核心管理结构是党委领导下的校长负责制。实现高校民主管理，关键在于党委。依法明确并落实党委、校长的职权，充分发挥教授在学科建设、教育教学、学术研究、学术评价和学术发展中的重要作用，加强师生员工的民主管理和民主监督的作用，是完善民主管理结构的关键所在。高校党委的权力是国家政治权力的延伸，是由法律赋予的领导权力，在学校改革、发展和稳定中具有决定性作用。高校党委一方面要开展党内民主，贯彻党的民主集中制，集体领导，民主决策，以党内民主推动学校民主；另一方面党委主要领导要有民主意识和群众观念，事关学校发展的重大决策，要让全体师生员工有更多的知情权与参与权，充分发挥以教授为主体的学术委员会、以管理干部为主体的校务委员会和以全体教工为主体的教职工代表大会的积极作用，让师生员工共同参与学校的管理，促进学校事业健康发展。

大学章程，是大学最具权威的办学准则。它是依据国家法律法规、尊重大学组织特性、遵守行政法规制定程序，制定出来的上承国家法律法规、下启内部各项规章制度的大学最高纲领。其本质是对大学内部以及与大学有关的教育利益的调整、分配和控制。大学章程是大学生存发展的"根本大法"，是高校民主管理的理论依据。教育部近年来先后颁布了《高等学校章程制定暂行办法》和《学校教职工代表大会规定》，以章程建设作为高等教育体制改革和建设现代大学制度的新的切入点，推动高等学校制定章程、依法治校、依法办学、民主管理。

高校教职工代表大会制度是民主管理的基本形式，是现代大学制度体系中的重要组成部分，是以教师为主体的学校民主管理的重要形式，在管理层面与现代大学的管理精神一致。《学校教职工代表大会规定》作为全国首部规范行业民主管理的规章正式实施，在高校民主管理的进程中肩负着特殊的使命。目前，我国高校基本建立了自己的"大学章程"，并以此为蓝本，把教代会制度作为基本民主管理形式，推动着高校民主政治制度健康有序发展。

三 高校民主管理的原则

高校民主管理原则是学校管理理论的重要组成部分，是高校管理工作必须遵循的基本准则，是高校管理在长期的实践中不断探索的经验总结，并随着社会政治经济文化的发展不断被赋予新的内涵，形成新的体系。正确的高校民主管理原则，是高校教育和管理规律的反映，是学校管理实践经验的概括，决定着学校管理的方向和效果，对完成学校的根本任务和实现办学目标等具有重要指导作用。正确运用高校民主管理的原则，是不断推进高校民主管理工作取得成功的根本保障。

高校民主管理原则是学校管理规律的反映，属于人们主观认识的范畴，它必须有一定的客观依据，才能具有科学性和指导性。一是要坚持中国特色社会主义制度不动摇，坚定不移地贯彻落实党和国家的路线、方针、政策，始终把中国特色社会主义教育的性质、目标、任务贯穿办学的全过程。二是要遵循高等教育的规律，传承学校的优秀文化，突出学校的学科特色，强化学校的管理实践。高校民主管理必须坚持正确的办学方向、民主集中制原则、以人为本原则、依法治校原则、协同创新原则、效能优先原则、科学规范原则等。

（一）坚持正确的办学方向

坚持正确的办学方向是指高校管理工作必须为社会主义现代化建设服务，坚定不移地贯彻党和国家的路线方针政策，从方向上保证培养德智体美劳全面发展的社会主义事业的合格建设者和可靠接班人。高校管理必须坚持中国共产党的全面领导，坚持中国特色社会主义道路，坚持马克思列宁主义、毛泽东思想、邓小平理论、"三个代表"重要思想、科学发展观以及习近平新时代中国特色社会主义思想；认真贯彻落实党的教育方针，培养德智体美劳全面发展的有社会主义觉悟有文化的劳动者；高等教育要面向现代化、面向世界和面向未来。

坚持社会主义的办学方向是高校民主管理最核心最根本的原则，体现着教育的阶级属性，直接关系到培养和造就什么样的建设者和接班人的问题。高校民主管理工作中必须坚持四项基本原则，坚持用共产主义的理想和社会主义的信念教育师生员工，全面贯彻党和国家的教育方针政策，确保学校的社会主义办学方向。一是目的要明确。高校民主管理必须坚持中国特色社会主义制度，尊重知识、尊重人才、尊重劳动、尊重创造，坚持师生员工作为办学主体，充分发挥师生员工的积极性、主动性和创造性。二是要面向全局。高校管理工作者要教育、引导师生员工树立大局意识、责任意识、担当意识，为科教兴国、人才强国的战略目标服务，为社会主义现代化建设的宏伟目标服务。三是要加强领导。加强党对高校的全面领导，是高校的社会主义性质所决定的。高校实行党委领导下的校长负责制这一领导体制，正是构建中国特色现代大学制度的必然要求。因此，高校党委肩负着全面领导、把握方向、总揽全局、协调各方的重任。

（二）坚持民主集中制原则

民主集中制原则是我们党和国家的根本组织制度和组织原则。民主集中制是民主和集中的辩证统一，民主和集中相互联系、相互制约、相互渗透、相互贯通，是民主基础上的集中和集中指导下的民主相结合的工作原则。坚持民主与集中统一，用民主促进集中，用集中指导民主。高校民主管理既要坚持民主集中制原则，又要在学校党委统一领导下开展工作。党的十六大报告明确提出"按照集体领导、民主集中、个别酝酿、会议决定的原则，完善党委内部的议事和决策机制"。这四个方面相互联系，有机结合，构成科学决策的规章体系。其中"集体领导"是党的领导的最高原则，是民主集中制原则在党的领导活动中的集中体现；"民主集中"是集体领导的实践过程和根本保证。正确决策是各项工作成功的重要前提，以民主为基础，贯彻民主集中制原则，以党内民主推动高校民主管理，进一步完善我国高校党的决策制度，对于提高高校党委的决策水平，贯彻落实科学发展观，坚持以人民为中心的思想，构建和谐校园都具有重要意义。

在高校民主管理中怎样贯彻民主集中制的原则？我们认为，一是要牢固树立服务宗旨，增强群众观点，做到心为民所想，事为民所办，一切为了师生员工，为了师生员工的一切。二是要提高管理工作的透明度，凡是事关学校发展大计、事关师生员工切身利益的问题，必须加强沟通协商，集中民智，达成共识，确保师生员工的知情权、参与权、建议权、监督权。三是要坚持民主集中制，做到集中统一领导。高校管理只有坚持在民主基础上的集中才符合民主决策、科学决策，也只有在集中指导下的民主才是师生员工所需要的社会主义民主。高校要充分发挥以教代会为主要形式的民主管理的作用，建立健全民主管理与民主监督的机制，保证党委领导下的校长负责制的实施与完善，充分调动师生员工对学校重大事项的广泛参与和深度介入，共同推动高校"双一流"事业科学发展。

（三）坚持以人为本原则

"以人为本"概念的提出。我国古代最早明确提出"以人为本"的是春秋时期齐国名相管仲的《管子·霸言》："夫霸王之所始也，以人为本。本理则国固，本乱则国危。"意为"霸王"的事业之所以有良好的开端，也是以人民为根本的；本理顺了国家才能巩固，本搞乱了国家势必危亡。在我国古文献中，除了管仲明确提出"以人为本"之外，大多是讲"民为邦本"、"民为贵"、"民者，君之本也"（《穀梁传》）、"国以民为本"，"民可以载舟，亦可以覆舟"（唐太宗李世民《民可畏论》）。近代国学大师张岱年主编的《中国文化概论》，将以人为本与天人合一、刚健有为、贵和尚中并列为中国传统文化的四大要点[①]。

以人为本的内涵。首先是"人"这个概念，强调把人的价值放到首位，中国历史上的人本思想，主要是强调人贵于物，"天地万物，唯人为贵"。《论语》记载，马棚失火，孔子问伤人了吗而不问马，说明在孔子眼里，人比马重要。在现代社会，作为一种发展观，人本思想主要是相对于物本思想而提出来的。其次是"本"这个概念。"百年大计，教育为本；教育大计，教师为本"，以及"学校教育，学生为本"等，都是从"根本"这个意义上理解和使用"本"这个概念的。

以人为本的发展要义。"坚持以人为本，树立全面、协调、可持续的发展观，促进经济社会和人的全面发展"，是党的十六届三中全会《中共中央关于完善社会主义市场经济体制若干问题的决定》提出的一个新要

---

① 张岱年：《中国文化概论》，北京师范大学出版社，1994。

求，深刻阐明了中国共产党人新发展观的本质特征，是对马克思主义人的全面发展理论的继承、丰富和发展。坚持以人为本，同我们党全心全意为人民服务的根本宗旨和代表中国最广大人民的根本利益的要求，是一脉相承的。以人为本作为发展的最高价值取向，就是要尊重人、理解人、关心人，把不断满足人的全面需求、促进人的全面发展，作为发展的根本出发点。

以人为本的管理原则。以人为本的管理是历代无产阶级革命家的思想理念。马克思在《资本论》中指出，未来的更高级的社会即共产主义社会应该是"以每个人的全面而自由的发展为基本原则的社会形式"。毛泽东主张的德育、智育、体育相结合，其落脚点是人的全面发展，抓住了教育的本质。邓小平同志提出"教育要面向现代化、面向世界、面向未来"，加强思想政治教育，"培养有理想、有道德、有文化、有纪律的社会主义公民"，提高全民族的思想道德素质和科学文化素质。江泽民同志在《在北京师范大学建校一百周年庆祝大会上的讲话》中指出：进行教育创新的根本目的是要推进素质教育，全面提高教育质量，实现人的全面发展，这是社会主义教育的根本目的。胡锦涛同志指出："我们所要建设的社会主义和谐社会，应该是民主法制，公平正义，诚心友爱，充满活力，安定有序，人与自然和谐相处的社会"，社会主义和谐社会建设的本质也体现在"以人为本"的原则。习近平同志在党的十九大报告中指出："全党必须牢记，为什么人的问题，是检验一个政党、一个政权性质的试金石。""必须多谋民生之利，多解民生之忧，在发展中补齐民生短板、促进社会公平正义。"这就是习近平同志强调坚持以人民为中心，坚持在发展中保障和改善民生的重要思想。

以人为本的管理思想符合当今大学的教育理念。蔡元培任北京大学校长期间提出了"思想自由，兼容并包""学术自由，科学民主""学生自治，教授治校"等一系列民主管理的思想，调动了师生员工的积极性和创造性，为中国近现代高等教育发展起到了推动作用。以人为本，强调以人的全面发展为本，也就是以人的个性、独特性和创造性为本。"在高校民主管理中，坚持以人为本，以教职工为主体的要求是尊重参与者和管理对象的需要。把教职工放在主体位置上，让所有教职员工都有机会参与到学校管理当中，依靠教职员工来推进高校管理。在管理中建立民主平等的干群关系，形成强大凝聚力，和谐管理，从而推动民主管理的实施和内涵化。"① 高校民主管理坚持以人为本，就是以全体师生员工的发展为本，培养人、培育人、发展人、成就人。

（四）坚持依法治校原则

法治性是指高等学校规章制度的内容必须符合国家的法律法规，不得与具有法律效力的规范性文件相抵触。高等学校对规章制度的制定要符合学校的法律地位和身份，要依法行使学校的教育教学管理权，不能凌驾于法律之上，行使无效管理。高校师生员工在学校党委的领导下，以国家政府部门制定的法律法规为准绳，通过各种途径和形式管理学校事务，保证学校各项工作都要依法，逐步实现管理的民主化、制度化、法治化、科学化，这也是国家依法治国基本方略在高校管理中的具体体现和必然要求。依法治国其本质是崇尚宪法和法律在国家政治、经济和社会生活中的权威，充分行使人民当家作主的权利，维护人民当家作主的地位。高校民主管理的核心是科学决策、民主管理和依法治校。高校民主管理坚持法治性原则是依法治国、依法治校的延伸，是高等学校管理工作适应法治国家需要而走向现代大学制度的一个重要标志。

从 1993 年开始，《教师法》《教育法》《高等教育法》等都明确地规定高等学校应当面向社会，自主办学，民主管理、民主建设、民主监督等内容。党的十六大提出"发展社会主义民主政治，建设社会主义政治文明"，从而加快推进了高校民主政治建设的进程。2010 年，《国家中长期教育改革和发展规划纲要（2010—2020 年)》中明确提出探索中国高等教育发展的规律，发展具有中国特色的高等教育的新模式。指出要适应中国国情和时代，建设依法办学、自主管理、民主监督、社会参与的现代大学制度，构建政府、学校、社会之间的新型关系。2014 年，《中共中央关于全面推进依法治国若干重大问题的决定》提出全面推进依法治国，总目标是建设中国特色社会主义法治体系，建设社会主义法治国家。在中国共产党

---

① 汪花明、王波：《新时期我国高校民主管理对策研究》，《中国市场》2012 年第 12 期。

领导下，坚持中国特色社会主义制度，贯彻中国特色社会主义法治理论，形成完备的法律规范体系、高效的法治实施体系，坚持法治国家、法治政府、法治社会一体建设，实现科学立法、严格执法、公正司法、全民守法，促进国家治理体系和治理能力现代化。

为了落实全面依法治国的战略决策，教育部在《高等学校章程制定暂行办法》中规定，"高等学校制定章程应当以中国特色社会主义理论体系为指导，以宪法、法律法规为依据，坚持社会主义办学方向，遵循高等教育规律，推进高等学校科学发展……应当着重完善学校自主管理、自我约束的体制、机制，反映学校的办学特色"。关于高校教育教学活动的行为主体，全体师生员工都是平等的法律主体，学校的各项规章制度都必须坚持人性化服务的原则，充分尊重行为主体的权利，维护行为主体的利益。

高校民主管理必须坚持法治性原则，做到依法治校。高校要坚持依法办学、民主管理、科学决策相统一。根据《高等教育法》的规定，要履行好法律规定的责任和义务，严格规范高校办学行为，提高高校的法治化水平。高校行政管理权力是源于大学的科层组织，是通过指示、指令、决议等方式自上而下实现的，具有一定的强制性，其目的是要保证党和国家的路线、方针、政策的贯彻执行，实现学校的整体办学目标。

（五）坚持协同创新原则

高校民主管理是一个多层次、多因素、多方面的动态综合管理过程，是一项高度复杂的系统管理工程。它要求任何系统、任何部门、任何单位在各自管理工作中独立发挥作用的同时，必须与其他方面的管理工作相互协调和配合，使管理工作产生综合效力，保障学校民主管理目标的实现。因此，高校民主管理的整体性原则要求构建校内的横向与纵向制度体系建设，对外开放办学的制度保障。在高校民主管理中尤其要树立"一盘棋"的思想，做到科学规划，高度统一，突出重点，体现特色，分工合作，整合资源，降低成本，协同创新，提高管理效率。

正因为如此，高校管理者必须要从实现整体目标出发，正确处理学校内部、学校和政府、学校和社会之间的关系，对校内外的各种资源进行优化组合，以取得最好的管理效果。贯彻整体性原则要坚持：一是面向整体，综合部署；二是抓住重点，以点带面。妥善处理好整体与局部、重点与一般、长远与短期工作的关系，真正发挥民主管理的整体性效益。

（六）坚持效能优先原则

高校不同于企业，不是以金钱、物质的产出为根本效能利益目标的，但是高校的管理依然要遵循时效性、效能性原则。学校管理的效能性原则是指在学校管理活动中，要合理而有效地利用人力、物力、财力和时间，以最小的消耗，更快地做更多更好的事情，从而取得学校工作最经济、最有效的成果。这就要求学校管理工作讲求实效，管理者更要有效率和效益意识。

高校民主管理贯彻效能性原则表现在以下几个方面。一是要提高学校的办学水平。学校的办学水平主要体现在人才培养的质量、科学研究的水平、社会服务的效益和文化传承创新的影响力，让国际国内对高校的办学水平进行综合评估。二是要提高办学资源的利用率。学校要发挥管理的最大化效能，充分发挥人尽其才、物尽其用和财尽其力的作用。三是要增强时间观念，提高时间的利用率。时间就是效益，时间就是教育质量，科学地支配时间，才能取得管理工作的高效率。

（七）坚持科学规范原则

科学是反映自然、社会、思维等客观规律的知识体系。管理的科学性也在于管理作为一个活动过程，存在着一系列基本客观规律。管理是人类重要的社会活动，是一门科学，它以反映管理客观规律的管理理论和方法为指导，存在着客观规律性。人们发现、探索、总结和遵循客观规律，在逻辑的基础上，建立系统化的理论体系，并在管理实践中应用管理原理与原则，使管理成为在理论指导下的、规范化的理论行为。科学性是管理必不可少的基础，管理者必须掌握科学管理的方法，坚持科学管理原则。

管理要坚持科学性原则。管理学是由许多学者和管理者在总结管理工作的客观规律基础上形成的，用以指导人们从事管理的实践。管理者具备了系统化的科学管理知识，就有可能对组织中存在的管理问题提出可行的、正确的解决办法。同时，管理学并不能为管理者提供解决一切问题的标准答案，它要求管理工作者以管理的理论原则和基本方法为基础，结合实际，对具体情况作具体分析，以求得问题的解决，从而实现组织的目标。

四　高校民主管理的独特性

高校民主管理有三个基本特征：一是具有广泛的群众性，自下而上，反映广大群众的心愿和意志；二是具有一定的约束力和权威性，因为它有相关的法律依据，有制度保障；三是具有独立性，它不依附也不应依附于党政领导机构，尽管教职工必须接受党的领导和尊重领导机构的权威。高校师生员工行使民主管理权利的主要机构是教代会和工会，它是以国家法律为制度保证的组织形式，是一种独立组织形式。教职工通过教代会和工会形式行使民主管理权，是一种制度安排，但学校的决策权在学校的党委和行政手中。

高校民主管理的特征决定了其管理的独特性。具体体现在高校民主管理条件的有利性、氛围的文化性、内容的丰富性、过程的渐进性、制度的规范性和发展的差异性六个方面。

（一）高校民主管理条件的有利性

高校是人才聚集的地方，管理者主体的特殊性决定了其参与民主管理意识强，民主、开放、包容的心态，决定了其对民主管理制度规则的尊重、认可和践行，决定其实施民主管理具有有利条件。

首先，高校民主管理意识的自觉性。意识的自觉性是指个体自觉自愿地执行或追求整体长远目标任务的程度，其外在表现为热情、兴趣等，内在表现为责任心、职责意识等等，也就是能力、责任、权利、利益的统一。高校民主管理的独特性决定了其意识的自觉性，即大学要有自主抉择能力，实行自主办学、自我发展、自我约束。民主管理的本质是一种以人为中心的管理。它是在尊重人的人格独立与个人尊严的前提下，在提高组织成员对组织的向心力、凝聚力和归属感的基础上，所实行的分权化管理。高校民主管理意识的自觉性表现在高校师生员工自觉自愿参与高校各项管理工作中，发挥能力、担负责任、行使权利、取得利益的自觉诉求。

民主管理的最大特征是依靠人性的解放、权利的平等、每个人当家作主的责任感，从内心深处激发每个成员的内在潜力、主动性和创造精神，使他们能真正做到心情舒畅，不遗余力地为组织不断创造新的业绩。高校教师有较高的文化层次，成熟度较高，有较丰富的知识经验，有独立的思想观点和方法，思想敏感活跃，主体意识突出，尊重、理解、信任的需要更为强烈。高校教师的劳动主要以个体为主，其劳动过程的可控性较小，主要取决于教师的工作热情、主动性与自觉性。另外，高校教师的劳动对象主要是活生生的、个性千差万别的人，这就决定了其劳动具有丰富的感情因素和主体意识。

其次，高校民主管理主体的特殊性。高校民主管理的主体由高校民主管理机构、全体师生员工和各群体成员组成，包括教代会、工会、团委和学生会等。高校知识分子多、归国人员多、民主党派多的优势，是建立民主管理制度、实施民主管理的有利条件之一。教育要素中最重要的是人的要素，教职工和学生就是人的要素中的重要组成部分。高校中教师是教育主体，学生是学习主体，教师和学生的教与学的主动性、积极性、创造性直接影响着学校的办学质量和学校的发展方向。高校的师生员工大多具有良好的政治思想素质和扎实的专业文化知识，民主意识和责任感强，他们需要民主，也善用民主，有较强的参政议政能力，是大学管理的重要资源。追求科学和真理，是大学的精神，人格独立、精神自由，是知识分子应有的品性。大学精神、知识分子的应有品性和知识分子的才能，决定了他们对民主的信仰和追求，也就决定了高校实行民主管理是切实可行的。大学生心智较为成熟，政治敏锐性和民主意识较强，具有一定的自律、批判和事理辨别、参与管理的能力。

再次，高校有着民主管理的优良传统和制度建设。高校民主管理的主体是全体师生员工和民主管理机构，包括教代会、工会、学生会等。民主管理的内容是与师生员工有关的政治事务、经济事务、行政事务、学术事务等。通过民主管理，让广大师生员工拥有知情权、建议权、决策权、监督权。高校民主管理主体的特殊性决定了高校民主管理的必然性和可行性。教代会、工会、共青团、民主党派、学生会等团体和机构是党联系师生员工的桥梁和纽带，是动员和组织师生员工参与学校管理、推进学校事业发展的重要力量，一直发挥着参与民主管理的作用。多渠道提供平台，保障了广大师生员工集思广益，多方位广泛深入参与和促进学校民主管理，为高校提供更好的决策建议，从而使领导管理更民主化、科学化，让领导在管理决策中能考虑到教职工的想法和利益。

高校完善的制度保障和细致的实施细则落实，一方面提高了民主管理水平，另一方面为做好民主管理工作提供了基础和保障。教代会是教职工民主管理的基本制度和基本形式，具有广泛的群众性，是学校领导体制的组成部分。教代会是教职工民主管理的基本形式。《高等学校教职工代表大会暂行条例》第二条规定，教代会是教职工群众行使民主权利、民主管理学校的重要形式。教代会的重要特点是广泛的群众性，其根本职能是维权与监督。这一组织形式的存在也为高校民主管理的实施创造了有利条件。

正是高校民主管理的这种独特性，决定了中国高等教育社会主义特色。习近平总书记在全国教育大会上的重要讲话，为高等教育的未来发展指明了方向。扎根中国大地办教育，并不意味着关门办教育，强调世界一流大学建设的中国特色，并不排斥要遵循世界一流大学建设的基本规律——尊重学术自由、体现教授治学、实行民主管理等办学经验，必须学习借鉴国外先进教育发展和办学治学经验。认真分析、积极汲取一流大学建设的办学经验，加快实施"双一流"建设计划，提升我国高等教育的办学质量和水平。

（二）高校民主管理氛围的文化性

高校根本上就是三种要素的集合，即物质资源、人力资源、文化内涵。"物质资源"是硬件设施；"人力资源"包括优质的学生、高水平的教授、专业化的行政员工；"文化内涵"早在民国时期蔡元培就提出来了，那就是"思想自由，兼容并包"。看一个大学有没有文化内涵，需要看它的包容性和宽容度。高校要培养未来在社会政治、经济、文化发展中起引领作用的高素质人才，先进和浓郁的文化氛围十分重要。以民主、自由、科学为核心要素的"党委领导、学术自由、学校自治，教授治校"的现代大学精神决定了高校文化是与时俱进的开放系统。

高校管理氛围的文化性体现在高校内部环境，即高校教育管理活动的人和事所处的客观条件。科学合理的管理制度和良性竞争环境，使高校组织主体——师生员工在自由、协调、宽松的环境下，研究学术、探索真理、传承知识、创造文化，在有利的发展空间里，充分发挥其创造性。高校缔造、积淀丰厚的文化和优质的校园文化建设，营造了良好的文化氛围和归属感，从而提高了他们的创造力和积极性，促进了学校的发展。

高校氛围的文化性体现在精神文化建设，这是校园文化建设的核心内容，也是校园文化的最高层次。它主要包括校园历史传统和被全体师生员工认同的共同文化观念、价值观念、生活观念等意识形态，是一个学校本质、个性、精神面貌的集中反映，即学校精神。高校文化活动是整个社会在文化活动中最具有效力的一种文化活动，高校的文化功能是其他任何社会组织所不能比拟的。高校氛围的文化性广义上体现在由全体师生在学校长期的教育实践过程中积淀和创造出来的，并为其成员所认同和遵循的价值观、精神、行为准则及其规章制度、行为方式、物质设施等的一种整合和结晶，其本质意义在于影响和制约学校内人的发展，其最高价值在于促进学校内人的发展。狭义上包括了校园建筑、环境布置等显性的要素和人际环境、心理环境等隐性的要素。

氛围的文化性还表现在校园文化是一种精神，是学校发展的灵魂，是凝聚人心、展示学校形象、提高学校文明程度的重要体现。氛围的文化性对学生的人生观、价值观产生着潜移默化的深远影响，表现出一个高校整体精神的价值取向，是具有强大引导功能的教育资源。氛围的文化性体现在学校物质文化、精神文化和制度文化三个方面的全面协调的发展。氛围的文化性是一所学校综合实力的反映，其核心竞争力主要表现在文化的凝聚力和创造力，优秀的校园文化能赋予师生独立的人格、独立的精神，激励师生不断反思、不断超越。这也是高校民主管理独特性的表现。

（三）高校民主管理内容的丰富性

高校民主管理的内容具有丰富性，体现在以下几个方面。一是教职工代表大会制度。高校民主管理有多种形式和途径，而高校教代会制度是现代大学制度体系中重要的组成部分，也是高校民主管理的重要渠道。其主要职责是保障教职工参与学校管理和监督的权利，维护教职工的合法权益，参与决策事关教职工利益的大事，如学校建设发展规划、教育教学改革方案、财务预决算报告、民主评议领导干部等。其显著特点是在组织方面具有广泛的群众性和代表性，能充分团结、动员广大教职工为整体目标共同奋斗，作用上具有深入性和持久性，与其他民主管理形式比较，具有更多的优越性。教代会在工作和活动上具有严格的规范性，依照国家法律、法规来行使教职工民主管理学校的权利，所以它所通过的决策、计划、方案、办法等在全校享有较高的权威性、严肃性和约束力，是教职工群众参与民主管理最有保证、最有效的形式。

二是校务公开。实行校务公开是高校民主管理的内容之一，是加强民主监督，保证和维护人民群众合法权益的有效措施。校务公开可以加强在群众监督下规范办事，提高工作效率和水平，提高依法治校的自觉性，树立高校公正、高效、廉洁和服务社会的良好形象。

三是民主评议干部。这是教代会的一项重要职能，建立教职工代表民主评议干部制度，从机制上保证了学校各级领导干部置于广大教职工群众的监督之下，从而有效地保证了领导干部决策权的正当行使，最大限度地避免了决策的失误，有利于促进党内廉政建设和学校各项事业的不断发展。

四是学生参与管理。高校民主管理面对的是教师、学生这样两个不同的主体。学生在高校不仅是接受学校管理的对象，也是参与学校管理的主体之一。学生有义务服从学校的教育教学管理，又有权对学校的教育教学工作、管理工作及其改革提出建议，这也是宪法所规定的民主管理原则在高校管理中的具体体现。

（四）高校民主管理进程的渐进性

渐进性是指随时间的变化而不断变化着，这种变化不是一蹴而就的，是一个相对缓慢的过程。所谓管理进程的渐进性，就是以现有的条件为基础，并以现实的问题为导向，在现实的可能中不断试错探索的循序渐进式管理。民主管理渐进性是指在高校的整个管理过程中，各种管理改革要逐步、适宜、连贯地进行。在高校内部系统与外部环境间实现平衡和适应。具体地说，高校的管理环境中将面临各种困难和机遇、挑战，渐进性是指通过不断的、渐进的、连续的小创新，最后实现管理创新的目的。

要建立现代大学管理制度，必须循序渐进，现代大学管理制度的完善是一个渐进的过程。高校民主管理进程的渐进性表现在大学首先是一个学术组织，追求真理、发展学术是大学的本质属性。高校民主管理是一个不断完善的过程，需要由量的积累达到质的飞跃[①]。目前我国高校民主管理进程的渐进性还体现在，国家对高校政治领导和制度法令规范都还处在不断建设与完善的过程中；各层面教育领导者和高校领导以及全体师生员工对民主管理重要性的认识与重视程度也是一个渐进的过程；各个高校民主管理机制与制度建设和完善，制度执行力度和效果等都是一个渐进的过程。

（五）高校民主管理制度的规范性

学校管理制度的规范性是指要科学设置学校组织机构，健全各项规章制度，确保学校组织机构正常运转和学校各项规章制度得到严格遵守，使学校管理工作能够严格有序地进行。学校要建立和健全各项规章制度，使学校工作有章可循、有法可依，实现学校管理的制度化、规范化。

建立规范、完善的制度体系，遵守严格的实施规则和程序，是实现民主管理的必需。《高校章程制定办法》从实体和程序两个方面，对高校章程制定的原则、内容、程序以及核准和监督中所涉及的主要问题、主要环

①　张创新：《现代管理学概论》，清华大学出版社，2005。

节进行了全面规范，目的是为高等学校制定章程提供内容指导与程序规范，推动高等学校制度符合法律规定。目前各个高校都建立了以《大学章程》为核心的制度体系，形成具有自身特点的内部管理结构。高等学校规章制度建设的根本目的是在学校内部建立一套行为规范，通过统一规范的共同行为实现学校的教育教学目的。《学校教职工代表大会规定》对适用范围，教职工代表大会的地位、指导思想、领导体制、组织原则、职权，代表的产生及其权利义务，组织规则、工作机构等作出较为全面系统的规定。高校规章制度是高校办学理念和办学方针的具体化、文本化、制度化。

只有建立完善我国高校决策方面的各项具体制度，决策科学化、民主化才有根本保障并能落到实处。目前我国高校普遍建立完善和正在执行的重要制度包括重大事项集体决策、重大决策征求意见、重大决策事项专家咨询、学校重大决策事项听证制和公示制等制度。

（六）高校民主管理发展的差异性

差异是事物存在的基本样态或形式，差异化发展具有多样性、复杂性、非同步性、阶段性、对抗性等特性。组织中的个体由于先天遗传素质、后天努力、外界环境的不同而呈现出不同个性，即个体差异性。个体差异是指个人在人事、情感、意志等心理活动过程中表现出来的相对稳定而又不同于他人的心理、生理特点。它表现在质和量两个方面，质的差异指心理生理特点的不同及行为方式上的不同，量的差异指发展速度的快慢和发展水平的高低。由于先天素质的不同，个体对相同或相似的外界刺激的反应存在差异；由于个体的成长环境、主观努力等因素的不同，每个人的心理活动过程表现出个别的、独特的风格，即表现出个体差异性。

我国各个学校所处地域特征、建校历史背景、类别与办学定位、管理制度的传统、发展水平的快慢、管理者民主思想观念、个性差异、经历差异、主观意识与导向等方面的差异，决定了其民主管理发展的差异性必然存在。以C9院校为例，北京大学是近代高校民主主义思想发祥地，其民主传统与以蔡元培为代表的历任校长的民主管理胸怀，决定了其成为我国高校实行民主管理的典范。各高校管理制度的执行力和执行效果也是有差异的。

事物的发展参差不齐，差异性的存在是正常现象。社会发展对教育的诉求的不断提出，高校民主管理差异性的存在，都推动着高校民主管理朝着更好的方向逐步发展完善。

第二章　高校民主管理与发展

中华人民共和国成立后，在党和国家的高度重视下，我国高等教育事业经过近 70 年的探索、改革和发展，取得了举世瞩目的显著成就。从"精英"化教育阶段，到大众化教育阶段，再到普及化教育阶段的历程充分证明，"发展才是硬道理"。"人才强国"战略和"科教兴国"战略的实施，为我国高校的改革与发展提供了极好的机遇。虽然高校发展的因素是多方面的，但民主管理在高校发展进程中起着举足轻重的作用。高校民主管理既要重视师生员工是本校的主人，又要重视师生员工是一个有强烈民主意识、有较强参政能力的知识群体。人民民主是社会主义的生命，高等教育的综合改革与高校的发展，更是离不开社会主义民主。构建现代大学制度是一项复杂的系统工程，高校民主管理更是一个永恒的主题。民主和法治是现代大学制度的统一体，发展高等教育，建设人力资源强国[①]，既要遵循教育规律和管理规律，更要遵循民主管理原则，切实做到全心全意依靠师生员工办学，充分发挥教职工主人翁的主动性、积极性和创造性[②]，在民主管理的实践中推动高校立德树人、教育教学、科学研究、文化传承与创新。

大学肩负着人才培养、科学研究、服务社会、文化传承与创新四项职能。作为独特的社会组织，与政府、企业等组织形式相比，具有其自身鲜明的组织特征和规律，也富有不断创新的时代特色。由于国情的不同，我国高校除具有一般大学的共性之外，还具有鲜明的中国特色。此外，"学

---

① 《国家中长期教育改革和发展规划纲要（2010—2020 年）》提出，到 2020 年我国基本实现教育现代化，基本形成学习型社会，进入人力资源强国行列。

② 陈蓓、张天亮：《浅论现代大学制度与高校民主管理》，《学校党建与思想教育》2005 年第 3 期。

术自由"的理念和"人本"思想，更是决定着我国高校民主管理有着极其
重要的现实意义和时代需求。

一 高校的组织特征与管理

（一）高校的内涵

党的十八大报告提出了"推动高等教育内涵式发展"的要求。那么，
高校的内涵到底是什么？对于这个问题，围绕功能日益复杂、社会要求越
来越多的大学系统，古今中外专家学者从来就没有停止过追问与探索。

早在 19 世纪，英国著名神学家、教育家纽曼（J. H. C. Newman）最先
认为"大学就是传授普遍知识的场所[①]"；德国著名的教育家洪堡认为大学
的内涵就是"教研合一"；美国著名学者、教育家弗莱克斯纳（Abraham
Flexner）则认为大学是一个"学问的中心[②]"；美国当代著名教育家克拉
克·科尔（Clerk Kerr）把多元巨型大学比作"一座充满无穷变化的城
市[③]"。我国儒家经典《大学》则开宗明义阐明"大学之道，在明明德，
在亲民，在止于至善"。清华大学校长梅贻琦先生认为"大学者，非谓有
大楼之谓也，有大师之谓也"，"大学之使命有二：一曰学生之训练，一曰
学术之研究[④]"。由此可见，大学的内涵极为丰富，历史学家哈罗德·珀金
认为，大学的内涵"因时而异、因地而异，它依靠改变自己的形式和职能
以适应当时当地的社会政治环境，同时通过保持自身的连贯性及使自己名
实相符来保持自己的活力[⑤]"。高校的发展经历了世俗化、民族化、大众
化、民主化等历程，人们对高校的内涵的认识随着时代的发展而不断升
华。高校的内涵并非简单的"知识场所"与"学术中心"、"大楼"与"大

---

① John Herry Newman, *The Idea of A University: Defined and Illustrated*, Routledge /Thoemmes Press, 1994, p. 10.
② Abraham Flexner, *Universities: American English German*, Oxford University Press, 1930, p. 230.
③ 〔美〕克拉克·科尔：《大学的功用》，江西教育出版社，1993，第 26 页。
④ 梅贻琦：《致全体校友书》，摘自杨东平著《大学精神》，辽海出版社，2000，第 358 页。
⑤ 〔美〕伯顿·克拉克：《高等教育新论：多学科的研究》，王承绪等译，浙江教育出版社，1988，第 45 页。

师"能涵盖,更非我国自古以来"教书育人"所能概括①。高校作为一种社会机构,不仅肩负着本身的四大职能,而且承担着引领社会发展的重任。

探索高校的内涵首先应明确大学的功能和精神。高校作为学者的"社团"②,传播和探索高深学问的"场所",是独立思想和批判的"中心"③,是一个以知识为核心不断发展的统一有机体,具有服务生活世界和引导社会的特性④。这种特征决定高校肩负"人才培养,科学研究,社会服务文化传承与创新"的功能,决定着高校应具有"自由的精神"、"独立的精神"、"时代的精神"、"学术的精神"与"创新的精神"⑤。高校的这种特殊功能和精神决定着高校的核心内涵为:党委领导、校长治校、自主办学、学术自由、教授治学、民主管理。

高等教育走内涵式发展之路,关键在于要体现"大学精神",提高办学质量与办学水平,让高等教育回归其本来。高等教育走内涵式发展之路,必须改变不正确的功能:当前我国高等教育由过去的"身份教育"变为"学历教育",由精英教育、高端教育变为大众化教育、多元化教育⑥,避免过去部分存在的偏离"内涵"的功利化、世俗化、行政化、产业化的倾向⑦,要尊重高校的本质属性和发展规律,要给大学充足的学术空间和发展空间⑧,确保大学内部治理结构是与外部制度环境相适应的⑨。

(二) 高校组织特征

西方高校诞生于 11 世纪,迄今已有千余年的发展历史,在不断创新与

① 阎光才:《识读大学:组织文化的视角》,教育科学出版社,2002,第 290 页。

② Karl Jaspers, *The Idea of the University*, London: Peter Owen Ltd. , 1965, p.19.

③ R. M. Hutchins, *The University of Utopia*, Chicago: The University of Chicago Press, 1936, p.84.

④ 刘朝锋:《大学内涵的解构、分析与界定》,《河南职业技术师范学院学报》(职业教育版) 2009 年第 2 期。

⑤ 〔英〕怀特海:《教育的目的》,生活·读书·新知三联书店,徐汝舟译,2002,第 137 页。

⑥ 李运庆、郑美玉:《现代大学的内涵及职能的演变》,《南通大学学报》(教育科学版) 2009 年第 3 期。

⑦ 孟丽菊:《关于现代大学内涵的整合性思考》,《教育科学》2005 年第 12 期,第 37~39 页。

⑧ 孙雷:《现代大学制度下的大学文化透视》,光明日报出版社,2010,第 11~18 页。

⑨ 马廷奇:《制度环境的变革与大学内部治理结构创新》,《武汉理工大学学报》(社会科学版) 2007 年第 1 期。

历史沉淀中，构成了区别于其他社会组织"永恒地追求、传播真理和创造、传播知识"。世界各国所有高校的同一本质属性，即"它们都有共同的价值准则和办学宗旨，吸收共同的遗产"①。时至今日，我们也无法否认：大学自治、学术自由和国际性是大学发展的灵魂。中国高校兴起于19世纪末②，其发展至今也不过百余年时间。作为社会的一个组成部分，其兴起之初，就受到一定的社会环境影响，出于"自强""求富"目的，在"西学东渐"环境下，经历"抄日""仿美""学苏"阶段，自然有着浓郁的"西学"痕迹，但由于国情的不同，也表现出不同的组织特征。

下面我们着重从组织环境、组织目标、组织结构和组织文化四个方面③总结我国高校的组织特征。

一是目标定位的模糊性。

任何组织都有目标。与企业目标相比，高校的目标具有模糊性，难以量化，更难进行操作性评价。企业的目标就是赚取利润，其目标明确具体；至于肩负创造传授知识、培养人才、服务社会，传承创新文化职责和功能的我国高校的目标则是"办好人民满意的教育"④。"满意"的标准难以核定，知识更是无价，难以市场化，"没有他人真正有能力去评价一个学者的研究成果"⑤。培养人才的质量不同于产品的质量可以出场检验，服务社会和传承创新文化更是软指标。至于当前"建设世界一流大学""综合型研究性高水平大学"等目标的提出，既是高校的共性目标，又是目标模糊抽象的"口号"，大学组织的这种目标模糊性"导致学校容易模仿其他成功的大学，故高校之间容易出现趋同的现象"⑥。大学组织目标模糊性究其原因，一方面在于高校的功能和职责的性质难以量化评价，"不能以令人满意的方式记入'资产负债表'"⑦；另一方面是我国高校发展不平衡，目标难以趋同。

---

① 〔英〕马尔科姆·斯基尔贝克等：《高等教育的管理与资金筹措》，《教育展望》（中文版）1999年第3期。
② 1898年成立的京师大学堂被认为是中国第一所现代意义上的大学。
③ 苗素莲：《中国大学组织特性历史演变研究》，吉林大学出版社，2011。
④ 袁贵仁：《努力办好人民满意的教育》，《中国教育报》2012年11月11日，第1版。
⑤ 张维迎：《大学的逻辑》，北京大学出版社，2004，第15页。
⑥ 李立国：《大学组织特性与大学竞争特点探析》，《高等教育研究》2006年第11期。
⑦ 牛维麟：《关于大学组织特点及内在关系的若干思考》，《中国高等教育》2008年11期。

二是开放办学的国际性。

科学无国界，作为文化高地的高校，其知识的传承、科技的创新、社会的服务、文化的弘扬，都必须面向现代化、面向世界、面向未来，不可能关门办学。经济的全球化，信息的时代化，更是决定着高校的国际化。建设现代高等教育，必须以国际的视野，不断提升、增强高校国际知名度，争创世界一流学科，培养创新性人才。与其他社会组织相比，高校最具有国际性品质，高校的人才培养要面对世界各国挑选生源；大学知识更新，需要教师去国外访学深造，需要邀请国外专家学者召开国际会议，举办学术讲座；大学的管理服务要引进国外先进的经验和模式；大学的科研必须瞄准国际前沿，可以与国际知名机构协同合作等；大学的经费来源，除在国内多渠道筹措外，也可以通过与国外合作项目获取。为提高学校知名度，鼓励教师、研究生到国际权威刊物上发表科研论文。总之，时代越发展，大学越开放。

三是历史发展的传承性。

与企业相比，大学的生命周期更是长远。"大学是我们最伟大且最恒久的社会机构。"欧洲有些大学已有千年历史，至今枝繁叶茂，长盛不衰。例如，意大利博洛尼亚大学创建于 1087 年，英国的牛津大学初创于 1096 年。我国百年名校也不在少数，如北京大学始建于 1898 年，华中师范大学溯源于 1903 年成立的文华书院。与平均只有 8 年的中国企业的寿命相比，中国高校的寿命可谓长（部分大学的"消亡"只是因为更名、合并、分立等原因，其实继续存在）。在长期的开放办学过程之中，无论是国外还是国内，由于历史的沉淀、风格的迥异、文化底蕴的深厚，形成高校各自的办学特色，如美国哈佛大学的办学特色是"追求完美的教学与管理制度，发挥每一个学生独立思考的能力，永远创新，永远追求向上"①，北京大学的办学特色是"思想自由、兼容并包"。这些特色一旦形成，就变为该校的精神文化和永恒标记。

---

① 李其荣：《美国哈佛大学的魅力与特色——我所了解的哈佛大学》，《中南民族大学学报》（人文社会科学版）2009 年第 6 期。

四是组织结构的扁平性。

我国大学内部结构一般是扁平性"学校—学院—系（或教研室）"这样的科层"三级架构"，实行的是校院"两级管理"，即学校、学院各具一定比例的人、财、物资源，并根据相关规章制度，行使各自的管理权限。这一级层面是实体，院（系）具体承担大学的教学科研、人才培养等任务[1]。高校的性质和功能决定其组织结构的扁平性：一是知识的专业性，使得不同知识背景的人难以沟通，更难以多级管理，毕竟"隔行如隔山"；二是扁平化的组织结构有利于提高效率，大学领导与师生等之间可以直接对话，信息透明沟通无障碍，决策效率更高[2]。

五是高校运作的非营利性。

社会使命的独特性决定着高校的非营利性。高校以社会价值为目标，发展目标无限化，不以经济收入作为考评标准，办学成本无法最小化。这一点不同于生产企业的以追求利润为目标。高校虽然不直接创造社会物质财富，却影响着人类物质财富的创造，因为推动社会不断发展、影响社会生产力提高的各种新的生产工艺方法、新技术、新知识，以及各种技术与管理人才的培养，多来源于高校。高校的经费来源具有多元化特点，主要来自政府的财政拨款、学生的学费收取、社会企业与个人的捐赠及其他渠道收入。社会对于高校经费支持呈现一种"马太效应"，越是学术水平卓越的大学，其获得支持的力度越大。高校的非营利性，使得高校的寿命普遍长于企业[3]，而且大学教职工薪资的增长与市场经济没有必然的逻辑关系，[4] 办学盈余只能用于学校进一步发展。不可否认的是，大学在盘活、经营无形资产和固定资产，以及社会服务等活动中存在营利行为，但这不是其主要行为，且"教育产业化"日益受到诟病。

---

[1] 牛维麟：《关于大学组织特点及内在关系的若干思考》，《中国高等教育》2008 年第 11 期。

[2] 迟景明：《现代大学的组织特征与管理创新》，《大连理工大学学报》（社会科学版）2008 年第 11 期。

[3] 李立国：《大学组织特性与大学竞争特点探析》，《高等教育研究》2006 年第 11 期。

[4] Baumol, W., "Macroeconomics of Unbalanced Growth: the Anatomy of Urban Crisis," *American Economic Review*, 1967, 57, 转引自阎凤娇《大学组织与治理》，同心出版社，2006，第 150 页。

六是高校工作内容的周期性。

周期性是高校很多工作共同的特点。首先从人才培养上来说，"铁打的营盘流水的兵"，从程序和时间上来说，大学 7 月、8 月招生—9 月报到注册—两至四年培养—6 月学期小结或就业，几个环节周而复始、循环往复。这种学年计、周期性的工作特点，要求教育工作者在日常工作中要提前制订好工作计划、方案、措施，把握好工作节奏，理清工作环节，做好各种准备工作[1]。

七是管理特征的复杂性和多样性。

不可否认，在众多的社会组织中，大学管理最为复杂多样。其表现如下。

（1）复杂多元的权力结构。党委的政治权力、科层的行政权力、教授的学术权力以及师生员工的民主管理、民主监督权力并存，错综复杂。科层结构与"组织结构上的奇特的二重性"[2] 的矛盾，决定着高校四种权力难以协调与平衡，影响大学的和谐发展。既要防止党委的政治权力管得过多，统得过死，又要防止高校偏离社会主义办学方向；既要保证"学术自由"，"防止行政权力对学术事务介入太多，又要务实高效，防止学术权力对行政事务的过分干预"[3]；同时必须不断加强师生员工民主管理，防止权力失控，确保决策科学民主，杜绝学术不端，避免滋生腐败。总之，必须不断完善高校内部治理结构，实现各种权力博弈制衡[4]。

（2）职能的多样性与使命的复杂性。高校除了承载传统的培养人、教育人职能，为社会主义培养德智体美劳全面发展的建设者和接班人，还肩负"科学研究、服务社会、文化传承与创新"等重要而又崇高的社会功能。可以说，在各类社会组织里很难找到一个类似于大学这样集多种职能于一身的特殊组织[5]。而且高校的每项职能之中包含了复杂丰富的相关的具体职能，以社会服务为例，就涵盖产学研合作协同、资源共享、科技与

---

① 牛维麟：《关于大学组织特点及内在关系的若干思考》，《中国高等教育》2008 年第 11 期。

② 陈学飞：《美国、日本、德国、法国高等教育管理体制研究》，教育科学出版社，1995，第 78 页。

③ 张德祥：《高等学校的学术权力与行政权力》，南京师范大学出版社，2002，第 79 页。

④ 〔美〕罗伯特·伯恩鲍姆著《大学运行模式》，别敦荣主译，中国海洋大学出版社，2003，第 163 页。

⑤ 眭依凡：《关于大学组织特性的理性思考》，《高等教育研究》2000 年第 4 期。

政策咨询、专利出售、人员培训等。同时，高校是名副其实功能齐全的"大基层"①，如创办中小学和幼儿园，还有校办产业和实体，开设医院、居委会，承担社区安全、职工养老等社会责任。由此可见，随着社会的发展，人们对高校提出更多更高的要求，高校在日益严峻的竞争态势中，不断提升其实力，完善功能，铸塑品牌。

（3）人员构成的复杂性。高校组织结构的复杂性决定其组织成员的复杂性。既有非科层化的教师、学生群体，又有科层性管理机构的行政与服务人员。各种人员之间既有制度化的正规关系，又存在非制度化的非正规关系。对于复杂的高校人员结构，我们一般以"一个主体，三支队伍"来进行划分。所谓"一个主体"，指的是以学生为主体，即"以生为本"；"三支队伍"即教师队伍、管理队伍和后勤保障队伍。其中教师队伍依据不同类别又有不同的划分，按职称划分有教授、副教授、讲师、助教；按区域、学科隶属关系分，又有不同学院、不同学科教师以及外聘外籍和本国教师之分；按年龄划分有老、中、青教师。管理人员的区分也非常复杂，有校部机关管理人员、院系管理人员，有教学部门的管理人员、后勤部门的管理人员等，按岗位聘任级别分，又可分为二至十级管理人员②。后勤保障队伍更是人员构成复杂，如饮食保洁、园林绿化、物业安保、交通运输等。人员结构的复杂性，必然导致需求的多元性、利益诉求的复杂性，所以高校在从事管理、出台政策、分配利益时，必须认真调研，全面考虑，民主参与，慎重决策③。

（三）高校管理基本内容

高校管理同其他领域的管理一样，也是由管理者、管理对象和管理手段三个基本要素构成④。但高校管理又不同于其他管理，必须遵循一定的教育规律，以社会价值最大化为目标，通过一定的措施和手段，对人、财、物、事（工作）、信息、时间和空间等校内外的资源和条件通过计划、组织、控

---

① 胡明：《论现代大学组织的变格特征及其策略》，《中国成人教育》2008 年第 10 期。
② 牛维麟：《关于大学组织特点及内在关系的若干思考》，《中国高等教育》2008 年第 11 期。
③ 李孔珍、阎凤桥：《大学组织主要特征分析》，《辽宁教育研究》2006 年第 3 期。
④ 张荣生：《学校管理基本知识》，教育论坛，http：//www.jxteacher.com/pzqszx/column 22054/908a50da－84c1－49bb－a24b－b13b8e4c8f16.html 2012－5－25。

制、决策进行充分有效利用，达到理想绩效，从而最终实现高校工作目标。

高校管理者是学校领导、各个职能部门的负责人、教职员工。管理对象包括师生员工、资产、财务、信息、时间等；管理手段主要包括学校的组织机构和规章制度。高校管理内容丰富，类别繁多，在此不一一罗列划分。下面提供"学校管理基本内容"附表，以供参考借鉴。

表 2 - 1　学校管理基本内容①

管理类别	管理内容
一、行政管理	1. 严格执行教育法律法规 2. 建章立制，依规治校 3. 分工负责，科学管理 4. 规范学校管理过程 5. 抓好开学和期末工作。 6. 坚持工作例会制度 7. 民主管理学校 8. 抓好档案资料管理 9. 规范进校书刊管理 10. 加强校长自我管理
二、教职工管理	11. 实行岗位目标责任制 12. 抓好政治业务学习 13. 抓好师德修养工作 14. 加强教职工出勤管理 15. 健全教师业务档案
三、学生管理	16. 健全学籍管理制度 17. 规范学生编班 18. 加强学生考勤管理
四、教育教学管理	19. 严格执行课程计划和课程标准 20. 规范教学工作 21. 落实教学工作检查 22. 加强教育教学研究 23. 改进和完善评价制度 24. 加强思想品德教育 25. 加强学校、家庭与社会的联系 26. 抓好学校体育艺术工作

———————

① 《学校管理基本内容》，中国教育网，http：//edu. china. com. cn/zhuanti/2013/。

续表

管理类别	管理内容
五、安全管理	27. 建立健全安全工作机构和工作制度 28. 加强对师生的安全教育 29. 做好安全防范工作 30. 实行事故报告制度 31. 加强卫生工作
六、校园管理	32. 合理配置校园设施 33. 搞好校园绿化 34. 保持校园整洁美观 35. 抓好校园文化建设 36. 规范室内布置 37. 维护校园良好秩序
七、财务及资产管理	38. 认真编制年度预算 39. 严格规范学校财务管理 40. 规范物品采购 41. 健全财物登记制度 42. 加强设备设施管理

二 高校民主管理的重要性

在高校中发展社会主义民主政治，有效实行民主管理，作用巨大，意义深远。在高校强化民主管理，是贯彻落实党的人民中心地位的思想，落实党的"依靠"方针的需要，更是我国高校管理体制改革的重要内容①，构建现代大学治理结构的客观要求。同时是国家民主政治建设的客观需要，实施"科教兴国""人才强国"战略发展的客观要求，是建立现代大学制度的客观要求，是依法治校的需要，也是信息化时代发展的客观要求。

① 杨延红：《论高校工会在学校民主管理中的作用》，《中国劳动关系学院学报》2010 年第 4 期。

（一）落实党的"依靠"方针的需要

高校民主管理是学校贯彻党的"依靠"方针的必然要求。胡锦涛同志在党的十七大报告中指出，要坚持中国特色社会主义政治发展道路，坚持党的领导、人民当家作主、依法治国有机统一。习近平总书记在全国高校思想政治工作会议和全国教育大会上发表的重要讲话中反复强调，要"全心全意依靠工人阶级"，要"全程育人、全方位育人，努力开创我国高等教育事业发展新局面"，要"全面加强教育系统党的领导，增强'四个意识'、坚定'四个自信'，坚定不移维护党中央权威和集中统一领导，自觉在政治立场、政治方向、政治原则、政治道路上同党中央保持高度一致，牢牢把握住社会主义办学方向"。高等学校是知识分子集中的地方，教职工（特别是干部教师）的文化素养比较高，思想活跃，信息量大，民主意识强，对民主政治的要求高。因此，高校贯彻党的全心全意依靠工人阶级方针，就必须全心全意依靠广大教职工，尊重和保护广大教职工的主人翁地位和民主权利，最大限度地调动广大教职工的积极性和创造性，充分发挥广大教职工在学校事业发展中的主力军作用[1]。江泽民同志指出："振兴民族的希望在教育，振兴教育的希望在教师。"广大教职工是改革开放和社会主义建设事业的主力军，高校的改革和建设必须依靠广大教职工，充分调动他们的积极性和创造性，取得他们的理解和支持，改革和建设才能成功。由此可见，离开教职工的积极参与和支持，教育改革就无法深化和发展，"科教兴国"的宏伟目标也将成为一句空话。

（二）国家民主政治建设的客观要求

发展社会主义民主政治是我党始终不渝的奋斗目标，"人民民主是社会主义的生命"[2]，没有民主就没有社会主义，就没有社会主义现代化。党的十一届三中全会以后，党中央更加重视社会主义民主政治建设。党的十

---

[1] 杨延红：《论高校工会在学校民主管理中的作用》，《中国劳动关系学院学报》2010 年第 4 期。

[2] 习近平：《人民民主是社会主义的生命》，2014 年 9 月 5 日习近平在人民大会堂隆重举行的庆祝全国人民代表大会成立 60 周年大会上的讲话，http://news.sohu.com/20140906/n404117681.shtml。

一届六中全会指出："逐步建设高度民主的社会主义政治制度，是社会主义革命的根本任务之一。"党的十二大政治报告提出，要把社会主义民主扩大到经济、文化、社会生活的各个方面，发展各个企事业单位的民主管理。党的十三大报告对我国政治体制改革作了总体规划，指出改革的总的指导思想是建设有中国特色的社会主义民主政治，并强调"社会主义民主政治的本质和核心，是人民当家作主，真正享有各项公民权利，享有管理国家和企事业的权力"。党的十四大报告指出："我国政治体制改革的基本目标和基本要求就是建设社会主义民主政治。"党的十五大报告进一步强调："发扬社会主义民主政治是我们党始终不渝的奋斗目标，没有民主就没有社会主义，就没有社会主义现代化"，"社会主义民主政治建设的基础就是要加强和完善基层民主生活和民主制度"。党的十六大报告指出："扩大人民民主，保证人民当家作主。要健全民主制度，丰富民主形式，拓宽民主渠道。"党的十七大报告强调"把民主政治建设和政治体制改革紧密联系起来"，"发展基层民主，保障人民享有更多更切实的民主权利"。党的十八大报告明确提出社会主义民主政治建设的重点在于"发展基层民主"，强调"建立健全决策权、执行权、监督权，既相互制约又相互协调的权力结构和运行机制"。"人民民主不断扩大。民主制度更加完善，民主形式更加丰富，人民积极性、主动性、创造性进一步发挥"。这充分证明，社会主义民主政治建设已成为我国社会发展不可逆转的政治方向和历史潮流。习近平在十九大报告中强调，"要健全人民当家作主制度体系，发展社会主义民主政治"，"坚持党的领导、人民当家作主、依法治国有机统一。党的领导是人民当家作主和依法治国的根本保证，人民当家作主是社会主义民主政治的本质特征，依法治国是党领导人民治理国家的基本方式，三者统一于我国社会主义民主政治伟大实践"。

高校实行民主管理，是我国政治体制改革的目标要求。在高校大力推进民主政治建设，是高校深化综合教育改革，完善大学内部治理结构，促进教育改革和发展的需要。我国的《教育法》《教师法》等明确规定，民主管理是学校领导体制的重要组成部分，学校都要建立健全以教代会为基本形式的民主管理制度。实践证明，在高校以教代会为基本形式的民主管理制度，已成为高校领导决策科学化、民主化的重要渠道，已成为推动高校教育改革和发展的重要途径①。

（三） 实施"科教兴国""人才强国"战略的客观要求

国以人兴，政以才治，人才成为 21 世纪竞争最为激烈的宝贵战略资源。面对日益复杂的国际竞争态势和强国之梦，党和国家高度重视人才工作，并不失时机地提出实施"科教兴国"战略和"人才强国"战略②，推进人口大国向人力资源强国转变。党和国家强调"要充分发挥科技和教育在兴国中的作用，坚持教育为本，把科技和教育摆在经济、社会发展的重要位置，为国家的近期发展和长期稳定发展打好基础"③。由此可以看出，"科教兴国""人才强国"战略是一项根本性、全局性、稳定性和长期性工作，它需要营造一个宽松的民主环境。

首先，高校要创造优雅的学术文化环境，提供学术自由探讨的平台。在知识分子密集的高校，大家更渴望民主氛围，不适宜科层行政管理。"隔行如隔山"，我们不能用外行领导内行，用行政管理学术。应该充分发挥人才的主观能动性，创造学术的环境和条件，保证学术自由、学术争鸣，学术的问题交由"教授委员会""学术委员会"民主协商、民主管理。

其次，高校要坚持党管人才的方针，创造爱才、识才、聚才的氛围。高校党组织要把培养选拔和引进高端人才作为重要工作来抓，丝毫不能懈怠。健全和完善党内民主，是党组织联系人才的重要渠道，体现党组织对人才的吸引力、向心力和凝聚力。毛泽东特别强调指出，"没有民主，意见不是从群众中来，就不可能制定出好的路线、方针、政策和办法"④。健全和完善的党内民主能增强组织生机活力，能够从根本上改善党的社会形象，还能够改善和提高党组织对社会优秀分子的容纳能力。⑤

---

① 张艳华：《浅谈高校民主管理的重要性》，《牡丹江师范学院学报》（哲学社会科学版）2001 年第 4 期。

② 中共中央、国务院于 2003 年 12 月召开全国人才工作会议，颁布的文件《中共中央、国务院关于进一步加强人才工作的决定》确立了"人才强国"战略。2010 年 3 月 5 日温家宝在十一届全国人大三次会议上作政府工作报告时指出，要全面实施"科教兴国"战略和"人才强国"战略。

③ 《中共中央、国务院关于进一步加强人才工作的决定》，《新华月报》2004 年第 1 期。

④ 《毛泽东著作选读》（下册），人民出版社，1986，第 819 页。

⑤ 刘晓根：《浅论党内民主与人才强国的关系》，《党建研究》2005 年第 1 期。

再次，高校要提供人才培养的制度保障和人才成长环境，保证优秀人才脱颖而出。习近平总书记高度重视人才工作，把增强各级党政主要负责人的人才意识的任务放在首位，提出要树立强烈的人才意识，也非常重视人才强国战略的实施，他认为"硬实力、软实力，归根到底要靠人才实力"①，为人才培养和选拔提供良好的组织空间和制度空间。

（四）建立现代大学制度的客观要求

正如教育部原部长袁贵仁所言："建立现代大学制度，是新时期高等教育改革的方向，发展的必然要求"，建立现代大学制度是深化高等学校内部改革、民主管理的客观要求，也是依法治校的客观要求。现任教育部部长陈宝生更是强调现代大学制度是我国教育体制的"四梁八柱"。《高等教育法》第十一条明确规定："高等学校应当面向社会，依法自主办学，实行民主管理。"现代大学制度强调"党委领导、校长负责、教授治学、民主管理"，民主管理不仅是现代大学制度的核心内容之一，而且是现代大学制度存在的根基。在这种制度架构之下，现代大学的民主管理通过党委领导下的校长负责制、教授治学、学术权力与行政权力协调、教代会制度等形式实现②，体现现代大学制度的客观要求。党委领导下的校长负责制是为贯彻党的民主集中制的原则，实行集体领导和分工负责相结合，达到科学治校、民主治校、依法治校的目标。以党内民主带动行政民主。校长要按照民主集中制的原则，经常召开教授专家咨询会、师生座谈会，群团组织、民主党派等会议，倾听事关学校重大发展、重大决策事项，师生员工切身利益等情况的建议和意见，集思广益，献计献策，确保师生员工的知情权、参与权、监督权。充分发挥学术委员会、校务委员会和教职工代表大会的积极作用，努力实现学校重大决策的科学化、民主化③。正确处

---

① 《习近平的人才观：择天下英才而用之》，人民网－中国共产党新闻网，2014 年 6 月 20 日，http：//theory. people. com. cn/n/2014/0620/c40555 - 25175679. html？tdsourcetag = s_ pcqq_ aiomsg。

② 张斌、蒋渊：《现代大学制度架构下高校民主管理》，《中国劳动关系学院学报》2007 年第 5 期。

③ 张斌、蒋渊：《现代大学制度架构下高校民主管理》，《中国劳动关系学院学报》2007 年第 5 期。

理学术权力与行政权力的关系，实现两者有机结合，协同合作，多元参与，形成共识。在学校的发展规划、师资队伍建设、课程设置、学生招收、学生成绩的评价和学位授予、教师的聘任和晋升、重大学术事务等方面，应根据大学章程的规定，严格依据规范，进行民主和科学的决策，尊重学术，尊重学者，体现教授对学术事务、学术活动的民主管理。普通教职工主要依照各自章程、依照法律和有关规章制度参与高校民主管理，发挥民主参与、民主监督作用，围绕学校建设发展规划、教育教学改革方案、教职工聘任考核办法、奖金及岗位津贴实施方案以及内部管理体制改革方案、审议校长工作报告、审议财务预决策报告、民主评议领导干部等进行民主管理和监督[1]。

（五）依法治校的需要

我国高等教育从创立到不断发展的历程中，经历过重组、转型、扩招等探索时期，暴露出管理行政化、教育急功近利、学术不端、管理混乱、腐败滋生、学科重复建设等问题，这些问题的存在不断挑战着现行高等教育的管理体制[2]，并一定程度上说明目前高校的法律制度不够健全，已有的法律制度执行不力，监督不严。在此情形之下，依法治校呼声日盛。依法治校已成为高校转变管理方式的主要手段，是规范办学行为的主要依据[3]。

推进高校民主管理需要依法治校。在民主与法治二者之间，不可否认存在着对立与统一的辩证关系。首先，我们必须承认民主是法治的前提及基础，切实可行的法规制度的制定唯有通过民主独特的手段，才具有权威性、代表性，才能维护公平与正义，才能得到大多数人的支持与拥护，才能调动各方面参与学校民主管理的积极性。其次，法治是民主的保障和归宿。长期以来，民主管理权力在高校没有受到应有的重视。只有通过法律法规制度的保障，才能不断推动高校发扬民主，确保师生员工能够参与学校管理，民主立制，民主理财，民主决策，民主监督，保障高

---

① 姚继斋、陈小鸿：《论现代大学制度构架下的高校民主管理》，《浙江工业大学学报》（社会科学版）2010 年第 1 期。

② 李秀云、吴平：《对高校依法治校的解读》，《北京教育》（高教版）2004 年第 1 期。

③ 史华楠、林超：《论和谐社会视野下的大学依法治校》，《高校教育管理》2007 年第 1 卷第 5 期。

校民主管理权力落实到位，不走过场，不搞形式，学校师生员工的基本权益才能得到切实维护和有效保障。民主管理是高校科学管理的基础，民主制度的不断完善必然要求高校依法治校，唯有如此才能推动学校适应教育变革，促进高校事业科学发展。不依法治校，不按规矩办事，根本无法保证高校的快速健康发展。和谐校园需要一个公平正义、民主法治的环境。依法治校能够推动高校管理制度化、规范化，形成民主管理的长效机制。

（六）信息化时代发展的客观要求

当今是信息化时代，我国从 20 世纪 90 年代开始，高校的信息化建设起步，经过 20 多年的建设和发展，高校的信息化水平得到较快提升。信息化对推进高等教育现代化、深化教学改革、培养创新型人才、提高管理水平提出了新要求[1]。民主管理正是出于信息化时代发展的这种客观要求。高校数字校园的建设与应用，电子政务资源的优化与整合，公共管理信息网络体系的建立与创新，以数字化、网络化、智能化为手段改变了高校民主管理的传统风格，使高校民主管理呈现出"网络化""便民化""制度化""在线化"[2] 的特征。通过网络技术、计算机技术和通信技术为基础的现代化信息手段，发挥信息平台优势[3]。以电子信箱、博客、QQ、微信平台、视频接访、微博、网上社区等为载体，实现党务和政务网上公开、政府决策网上互动、群众诉求网上信访、干部作风网上监督，努力达到高效、公平、透明、廉洁，从而使传统的情况调研与信息反馈工作更为便捷高效，提升了高校民主管理的效率和效能，使高校师生员工关系更加密切，提升了师生员工的满意度[4]，促进了管理的科学化和民主化。

---

① 徐少华：《充分运用信息化创新社会管理 顺应信息社会发展客观要求》，《南方日报》2012 年 4 月 18 日，第 12 版。

② 徐少华：《充分运用信息化创新社会管理 顺应信息社会发展客观要求》，《南方日报》2012 年 4 月 18 日，第 12 版。

③ 吴维宁：《提升工会信息化建设内涵 促进高校工会民主管理》，《工会博览·理论研究》2011 年第 6 期。

④ 于龙飞：《浅谈高校民主管理工作中的信息与信息反馈》，《莱阳农学院学报》（社会科学版）1998 年第 2 期。

三 高校民主管理的作用

高校民主管理贯穿于学校管理的全过程，渗透于学校工作的各个方面。加强高校民主管理，有利于发挥教职工主人翁的责任感和使命感，有利于维护教职工的合法权益，有利于推进高校党风廉政建设，有利于加强高校思想政治工作，有利于完善高校内部治理结构，确保决策民主化、科学化。

（一）有利于激发教职工主人翁意识

办好人民满意的教育，就必须坚持走党的群众路线。对作为高校主人翁的教职工，如果不能有效激发其作为人类文明的创造者、建设者及传播者的积极性、主动性与创造性，建设"高水平""一流大学"的目标将会流于空谈。

1. 民主管理有利于教职工形成归属感

高校只有以人为本，不断强化民主管理意识，切实推行民主管理进程，依法、全面、深入建立健全教代会制度、校务公开制度、干部评议制度等，充分尊重教职工的知情权、参与权、建议权和监督权，加大民主监督力度，创造条件，打造各种平台，开拓各种渠道，营造良好的民主氛围，鼓励教职工参政议政、献计献策，才能不断激发教职工的主人翁意识，让其感受到被尊重和关注，使其尽快进入角色，融入学校集体，感到一种前所未有的集体荣誉感和以校为荣的自豪感，并有效激发其工作积极性，树立其工作信心，坚定其共同愿景目标。总之，让其时时处处有一种"家"的归属感。

2. 民主管理有利于激发教职工的主动性、积极性和创造性

当民主管理在高校受到党政组织高度重视，成为常态和常规工作的时候，教职工就会感受到"民主管理所带来的阵阵春风"[①]，这种尊重和信任感随即高涨，主人翁意识倍增，制度的执行就会成为一种自觉的习惯。教

[①] 王成星：《推进学校民主管理进程　弘扬教职工主人翁精神》，http://www.lssx.net/ben-candy.php？id=2025？

职工就会从单调平凡的工作中找到乐趣，释放出充满无限能量的生机活力，发挥出超前的积极性、主动性和创造性。教职工主人翁意识一旦激发，就能形成一种千帆竞发、百舸争流、和谐有序的竞争局面，如能择机开展"树、创、献""两凝一创"等活动，扎实有效地掀起全员劳动竞赛高潮，就能共同推进高校各方面工作在效率和质量方面协调提升，促使学校工作呈现生机勃勃的局面。

3. 民主管理有利于增强教职工的使命感和成就感

健全的民主管理制度，科学的民主管理机制，教职工良好的民主素养，有利于增强高校师生员工的成就感和使命感，有利于促进高校决策科学化、民主化、法制化。强化民主管理，有利于营造良好的文化氛围，在教职工中形成强大的凝聚力、向心力和战斗力，最大限度地集中群众智慧，激发教职工把学校做大做强的使命感。在学校不断发展壮大的过程之中，教职工与学校同呼吸共命运，努力实现自身的价值，不断分享学校改革发展的物质成果和精神成果，感受学校发展带来的自豪感和成就感。健康有序的民主管理，有利于教职工齐心协力，同心同德，同舟共济，坚定教职工实现学校愿景战略目标的使命感，达到师生员工与学校共同和谐发展之"双赢"的目的。

（二）有利于维护教职工的合法权益

现代大学制度的建立不是一朝一夕之事，完善大学内部治理结构也非一日之功。由于师生员工文化的差异性、需求的复杂性、现实的客观性以及条件的有限性，高校在改革和发展中不可能面面俱到，必然存在一些伤害部分师生员工的利益的事，引发一些内部矛盾，影响高校和谐稳定的发展。

第一，师生员工从源头参与各种规章制度的制定，能从不同侧面反映不同群体的利益诉求，从而使出台的规章制度少出漏洞，减少盲点。

第二，师生员工全程参与监督各种规章制度的执行实施，确保"阳光"操作，减少不公平、不合理现象。对于干部选拔考核、招生、招标、职称评聘、劳务分配、奖学金评选、保研评优等涉及师生员工利益的事项，监督有关部门通过校务公开、党务公开、信息公开进行公示，避免损害师生员工的利益。

第三，教职工通过民主平台维护自身合法权益。工会作为高校党委联系群众的"桥梁"和"纽带"，肩负着维护教职工合法权益、协调劳动关系等多项任务，教职工的利益诉求和意见建议可以通过工会组织、"主席接待日"、教代会提案等民主平台反映给党政领导，督促学校做出相应修订或整改[①]。维护教职工合法权益是调动高校师生员工工作、学习积极性、主动性和创造性的重要途径。工会只有代表并维护教职工的利益，才有吸引力、号召力、凝聚力和生命力。高校工会组织要坚持依法、主动与科学维权，应把维护权益放在突出位置，努力提高工会维权的能力和水平[②]。

（三）有利于推进高校党风廉政建设

随着高校办学规模和办学自主权的不断扩大，高等教育综合改革的不断深化，以及高校办学体制和办学方式的多样化，投资主体的多元化，高校的市场经济主体地位特征日益突出，高校在招标采购、招生、基建等环节中，不断加强市场参与度，以获取市场资源。在此过程中，由于高校内部制度的缺失、监管不严，部分党员干部法制意识淡薄，反腐倡廉意识不强，高校腐败现象滋生及职务犯罪范围扩大，数量上升，高校反腐倡廉工作面临严峻的考验和前所未有的挑战。

实行民主管理是高校反腐倡廉的必然选择，也是高校反腐倡廉的一把利器。有效开展反腐倡廉工作，必须加强党风廉政建设和民主管理、民主监督工作双管齐下，且常抓不懈。党风廉政建设和民主管理二者相互关联，共同促进，密不可分。加强民主管理、民主监督可以预防"三重一大"（重大问题决策、重要干部任免、重大项目投资决策、大额资金使用）问题的发生，促进党风廉政建设。高校如果缺乏民主的氛围，就很难营造一种风清气正、公正廉洁的政治环境，很容易成为腐败滋生的温床，在此

---

① 李晓琳：《高校工会组织应在维护教职工权益中充分发挥作用》，《商业经济》2009 年第12 期。

② 温双文、任艳丽、葛春燕：《现代大学制度视界下的高校工会基本职责新探》，《工会论坛》（山东省工会管理干部学院学报）2011 年第 5 期。

条件下抓党员干部作风建设也只能是一种空谈。因为唯有置身于民主管理、民主监督的过程之中，高校各种权力才能得到有效的监督，高校重大决策才能少走弯路，少犯错误。党政领导干部才能认真执行制度，自觉接受群众监督，自觉树立立党为公、执政为民的理念，才能自觉贯彻执行党风廉政建设责任制和廉洁自律的有关规定，才不容易被腐蚀和拉拢。也只有置身于浓厚的民主管理、民主监督的氛围之中，通过不断完善高校自身的制度体系，优化高校内部治理结构，不断激浊扬清，防微杜渐，让正能量在校园畅行，让遵纪守法成为一种自觉行动，高校廉政建设方能见成效。反之，高校党风廉政建设也有利于加强民主管理，促进高校教育事业的最终发展。因为只有党风廉政制度建设得到加强，高校的民主管理才有制度保障，才能规范有序，才能良性发展。反腐倡廉制度的制定需要民主，监督的实施同样需要民主。反腐倡廉工作没有具体的监督实施制度和规定，没有全面的监督惩防体系，就缺乏规范和依据，就缺乏针对性和可操作性，就无法有效对可能发生腐败行为的财务、招生、招标、基建、采购、校产、后勤等各个环节进行重点检查与监督，就不能发挥党内监督、民主监督作用，教职工的积极性无法调动，群众知情权和监督权得不到保障，校务公开就流于形式，纪检监察联合办公，协调内审部门开展专项监督工作的优势也无法发挥。

总之，高校反腐倡廉建设工作，必须把思想教育、制度建设、民主管理与民主监督三者有机统一[①]，要明确职责，做到责、权、利统一，严格执行党风廉政建设责任制，狠抓第一责任人，切实做到坚持"标本兼治、综合治理、惩防并举、注重预防"。在民主管理、民主监督的过程中增强党员和领导干部法制观念和纪律意识教育，拒腐防变，遵纪守法，自我约束，要保护其工作的积极性、主动性。要充分发挥教代会的监督作用，建立、完善检查反馈机制，落实责任追究机制，让权力在"阳光"下运行[②]。要结合实际，不断探索和努力，大力加强党风廉政建设，把民主管理推进

---

① 王勇强：《加强新形势下高校反腐倡廉建设》，http://www.daynews.com.cn/sxrb/cban/C2/1093836.html。

② 王勇强：《加强新形势下高校反腐倡廉建设》，http://www.daynews.com.cn/sxrb/cban/C2/1093836.html。

到一个新的台阶①。

（四）有利于加强高校思想政治工作

高校思想政治工作关系到师生员工的精神需求，关系到师生员工培育和践行社会主义核心价值观，关系到高校人才培养质量和社会服务方向，关系到学校深化综合改革、实现战略发展目标，关系到中国特色社会主义人才培养。因此，高校思想政治工作对于高校的和谐稳定与自我发展至关重要。做好高校思想政治工作的基础和前提是充分尊重师生员工主人翁的主体地位，全面推进民主参与、民主管理。

第一，全面推进民主管理，有利于师生员工培育和践行社会主义核心价值观。高校思想政治工作要紧紧围绕学习贯彻落实党的十九大精神和习近平同志在全国高校宣传思想政治工作会议上的重要讲话，以"三育人"教育为基础，以健全教职工政治素质、思想素质、道德素质、专业素质和心理素质，促进大学生德才兼备、全面发展为目标，进行正确的世界观、人生观和价值观教育，解放思想、实事求是、以人为本、与时俱进，努力提高思想政治教育工作水平，充分调动广大师生员工建设"双一流"大学的积极性、主动性和创造性。在不断深化民主管理、民主监督的基础上，着力打造健康向上的主流思想舆论，着力推进教育改革创新；努力营造解放思想、求真务实、深化改革、开拓创新的氛围，营造坚持以人为本、推动科学发展的氛围，营造促进社会和谐、维护安定团结的氛围，为高校发展目标的实现提供思想保证、精神动力和舆论环境②。

第二，全面推进民主管理，有利于营造健康向上的校园文化。校园文化建设是高等学校思想政治工作的一个重要组成部分。高校要用内涵丰富、形式多样的精神文化满足广大师生员工多方面、多层次的需要。要推进民主管理，营造健康向上的校园文化。一是通过媒体舆论宣传造势，通过成立"教授联谊会""青年教职工联谊会"等，努力营造一种公平、公

---

① 吴晋生、李家文：《教育部纪检组 2007 年教育部直属高校纪委书记研讨班调研报告集》，2008 年 4 月。
② 中共辽宁石油化工大学委员会：《关于加强和改进学校思想政治工作和宣传工作的若干意见》，2012 年 4 月 17 日。

正、公开、团结向上、开拓进取的氛围，建设以爱国主义、集体主义和社会主义为主题的积极向上的校园文化。二是要寓教于乐。通过各种读书活动、文体活动、高雅艺术欣赏活动、重大节日庆祝活动等，不断丰富师生员工的文化生活，陶冶情操，提升师生员工思想文化水平①。三是要和谐沟通。充分尊重教职工的知情权、参与权与民主管理监督权，努力推进校务公开，设立"校领导接待日"，公布"校领导信箱"，打造各种沟通交流平台，零距离倾听教职工的呼声，与教职工共谋学校发展大计，及时了解教职工思想动态，掌握苗头性和倾向性问题②，通过民主管理程序，解决职工关心的热点和难点问题，解决他们的思想困惑和实际问题，增强学校的凝聚力和向心力，营造和谐健康、同心同德的发展环境。

第三，全面推进民主管理，有利于良好的师德师风的形成。首先，高校师德规范、学术道德规范、教师行为准则、员工的岗位职责、学生守则的制定要体现民主参与的过程，要体现师生员工的个人意志。建立和完善各项规章制度，为开展教职工的思想政治工作提供保障，有利于良好师德师风的形成。其次，在师德师风建设中力求形成思想政治教育的"磁场效应"。在"师德标兵""劳动模范""三育人"等先进人物推荐评选中，大力营造公平竞争的民主环境。民主推选先进人物，民主海选各类代表，通过"群众推荐、组织考察、事迹推介、师生投票、专家评议"等环节，加大民主参与、民主监督力度。最终形成"争先进，学先进，赶先进"的校园风气。最后，要在师德师风建设中，发挥民主管理、民主监督作用。现代大学制度越来越重视学术立校、质量强校，但近年来不断暴露出来的学术不端行为、师德失范现象不能不引起我们重视。要杜绝这种现象的发生，除了制度上的防范，法律的制裁，民主监督的作用也不容忽视。

第四，全面推进民主管理，有利于提升师生员工的民主素养。民主素养是高校民主管理、民主监督的基本因素。从某种程度上讲，一所高校师

---

① 中共辽宁石油化工大学委员会：《关于加强和改进学校思想政治工作和宣传工作的若干意见》，2012年4月17日。

② 中共辽宁石油化工大学委员会：《关于加强和改进学校思想政治工作和宣传工作的若干意见》，2012年4月17日。

生员工民主素养的高低决定着其发展水平。民主素养不是一个量化指标，而是指基本的参政议政素质和水平。具体来讲，民主素养包括政治立场、法治意识、民主观念、民主精神、参政能力等。民主素养是一个国家民主化进程的标志，它需由人们的生活共识逐渐形成，不是任何人赋予或者教导出来的。民主素养更重要的是需要实践才能掌握①。高校师生员工位居文化高地，只是具有良好民主素养的必要条件，要转化为充要条件，还必须依靠高校党委、行政和相关部门的普法宣传、教育培训以及师生员工个人的自我学习、终身学习等，高校师生员工民主素养只有在不断参政议政、民主管理和民主监督中才能得到有效提升。

（五）有利于提升高校内部治理水平

我国高等教育事业快速发展，规模扩大，建设"高水平""双一流"大学等呼声日益高涨，《国家中长期教育改革和发展规划纲要（2010～2020年）》等各种规划纲要从不同方面和角度提出了提升我国高校治理水平，深化校内管理体制改革的任务，高校走内涵式发展的道路显得更加突出和紧迫。

提升高校内部治理水平的基础和前提是在科学民主管理基础之上，贯彻落实"党委领导下的校长负责制"。坚持科学民主管理，健全议事规则和决策程序，有利于决策更加科学、更加规范、更加有效，不断提升高校内部治理水平。

一是民主管理有利于高校权力制衡，优化资源配置及高校内部治理结构。高校在实施内部治理过程中要"去行政化"，要从体制、制度等层面真正构建起教授治学、学术自由的良好运行机制。

二是民主管理有利于激发高校内部结构中各种组织的积极性、主动性和创造性。

三是民主管理有利于完善大学章程，确保高校"三重一大"决策的科学化、民主化。

---

① 朱克武：《民主素养哪里来》，朱克武博客，2010年9月11日，http://blog.sina.com.cn/s/blog_ 5e0f20440100lezl. html。

（六）有利于构建高校和谐校园

发展是高校的主题，和谐是高校的主旋律。党的十六大以来，党中央提出坚持以人为本，构建社会主义和谐社会的伟大任务，更是"中国梦"的重要保证。高校作为社会重大构成部分，身居文化传承与创新高地，构建和谐校园，坚持以人为本，培养社会主义建设者和接班人是义不容辞的责任①。

高校又好又快发展的基础和前提是需要构建和谐的校园环境。所谓"和谐校园"，其含义有二：一是和谐的人际关系和人际环境，主要是指师生关系教学相长，领导与职工关系心心相印，师生员工关系和睦相处、拼搏奉献；二是和谐的校园文化氛围，具体来讲就是良好的党风、校风、教风、学风和工作作风，安全稳定的校园环境，科学严格与人文关怀和谐统一的管理制度等。

伴随着社会的进步，科技的发展，高等教育事业的壮大，我们越来越深切地感受到科学规范、积极有效的民主管理在构建和谐校园环境中的作用与功能的重要性与必要性。

第一，建立健全民主参与、决策与监督制约机制，确保政通人和校园。高校要充分尊重师生的主体地位，保障教职工"四权"（参与权、选举权、知情权和监督权）落实到位。首先，要积极倡导源头参与机制，努力拓宽民主渠道，确保政令畅通，实现决策的科学化、民主化。高校在制定学校章程、战略目标、重大人事制度改革方案、教职工专业职称评聘方案、考勤考评办法、岗位目标职责、教学事故界定及处理办法、学生综合素质考核等政策法规时，要妥善处理好教职工关心的热点、重点和难点问题，根据党和国家有关法律法规和相关政策，确保师生员工的基本权利不受伤害。通过制定大学章程，完善高校教代会制度和情况通报制度，深化校务公开。努力发挥工会、共青团等群众组织的桥梁纽带作用和民主党派民主协商、民主监督的作用，落实广大教职工对学校的知情权、参与权。其次，要建立健全教职工民主决策机制。高校民主政治建设一项重要的任务就是狠抓决策的民主化。科学有效的决策机制前提是公开、透明、有

① 梁涛：《携手共建和谐校园》，《成功》2011年第23期。

效。民主决策的关键是在坚持民主集中制的原则下，坚持党的群众路线，秉承全心全意依靠教职工办学的理念，广泛发动教职工参政议政，献计献策，建言献策。为此，高校应建立重大事项公示制度和责任追究制度等，建立科学合理的听证程序、辩论程序、网上征询意见程序等科学流程，确保这些制度的科学化、规范化①。唯有充分征集、听取师生意见，科学论证，才能保证出台的规章制度实现民主的科学化、规范化和程序化，才能使最终的决策具有深厚广泛的群众基础，才能赢得学校绝大多数师生员工的理解与支持，才能在执行过程中减少阻力，提高效率，确保心情舒畅，才能在严格科学规范的管理制度下，体现出高校厚重的人文精神及和谐的理念，构建人性化管理与刚性制度和谐统一的学校管理模式。最后，要建立健全民主监督机制。建立健全民主监督机制，就是要把权力关进制度的"笼子"，通过发动全体师生员工对高校权力进行有效制约和监督，反腐倡廉，防止权力的滥用以及个人权力的专制。首先是建章立制，用制度管人管事，防范权力越位和以权谋私，严格制约和监督的重点、热点与焦点，增强权力制约和监督的公开性、有效性。其次要防患于未然，强化纪律教育、党性教育、职业教育和思想道德教育，防微杜渐，自律自戒，民主评议干部，多部门共同监管。建立和形成长效机制②。从而保证教职工依法实行民主管理、民主监督和民主决策的基本权利。

第二，依法维护师生员工合法权益，有利于倡导和谐的校园环境。和谐校园的构建离不开民主与法治。社会主义民主的实质是在人民当家做主的基础上维护和保障人民的各项民主权利，维护最大多数社会成员的利益。高校如同社会，不可避免存在弱势群体，也存在利益矛盾，在不断改革与发展之中，分配不均、资源不合理、待遇不公平等问题如果得不到合理的维护与协调解决，必将危及高校的和谐健康发展。为此，首先，我们应努力营造公平正义和谐的校园环境，从源头上减少摩擦与矛盾；其次，加强普法教育，加强师生法制意识与观念；再次，畅通师生利益诉求渠

---

① 张斌、韩立新：《和谐校园视域下的高校民主政治建设》，《中国劳动关系学院学报》2006年第5期。

② 张斌，韩立新：《和谐校园视域下的高校民主政治建设》，《中国劳动关系学院学报》2006年第5期。

道，尽量化解矛盾；最后，依法维权，实现校园和谐。

第三，坚持以生为本，以师为先。高校在改革与发展中要充分发扬民主，不断密切干群关系、师生关系，构建起民主、平等、和谐的人际关系。构建和谐校园的目标是追求高校事业发展，促进学校各项事业健康发展，才能为构建和谐校园奠定坚实的基础，才能在竞争中营造和谐，在和谐中健康竞争，才能有效实现师德感化人，环境造就人。努力做到全员动员，全体参与，人人为创建和谐学校做出应有的贡献。

第三章　高校民主管理的历程与启示

民主管理是现代大学治理的基本要求，也是现代大学制度建设的重要组成部分。我国高校在创立—发展—壮大的过程中，不断学习借鉴国外高校成熟的民主管理经验，积极探索实践符合我国国情的民主管理模式，努力优化大学治理结构，推进高校走内涵式发展之路。

一　高校内部管理体制的演变

（一）高校内部领导体制演变

中华人民共和国成立后，我国高校的运行体制与管理模式历经了由"校务委员会制"到当前"党委领导下的校长负责制"共 8 个阶段的艰难探索，其政治权力、行政权力、学术权力、民主管理权力四种权力相互博弈制衡，利弊互见。

1. 校务委员会制

中华人民共和国成立初期，国家百业待兴。党和政府在集中精力抓好工业、农业等发展的同时，也对教育事业的发展进行谋划。针对原高校系统制定的总方针"维持原有学校，逐步加以必要的与可能的改良①"，采取了先接收、接管、接办，再逐步加以改造的策略。一大批原有国立大学、私立大学被党和政府接收、接管、接办。这些接收、接管、接办的大学主要采取校务委员会（临时管委会）民主管理方式来负责大学事务的管理。校务委员会（临时管委会）在当时严格来说应是一种分工管理与中央集

---

① 《中国教育年鉴（1949—1981）》，中国大百科全书出版社，1984，第233页。

权，集体负责与民主管理的高等教育行政管理模式。校务委员会的构成主要是一些思想进步的教职员工代表。这种高等教育行政管理模式对于逐步改造旧的高等教育体制，稳定学校正常的教学、科研秩序起到了一定程度的作用。但其最大的问题和不足主要在于：集中领导，往往无人负责；追求民主，容易造成极端民主①。

2. 校长负责制

针对校务委员会（临时管委会）在大学民主管理中存在的问题与不足，1950～1956年，我国学习和借鉴苏联高校办学经验，对原有管理体制进行变革。高校管理体制演变为校长负责制，其中校长由中央人民政府任命，代表学校，全面领导学校工作，直接向政府负责。学校党的组织实行党组制，党委与校行政之间没有领导或指导关系。这种制度下，学校的党政关系较为明确清晰，但学校行政首长只有一人，容易独断专行。

3. 党委领导下的校务委员会负责制

1956～1961年，高校内部领导体制演变为党委领导下的校务委员会负责制。党委全面领导学校的思想政治教育、行政管理、教学、后勤生产等工作。这种制度在当时能加强党在高校的领导，保证党的教育方针得到正确的贯彻执行。但是，也容易形成以党代政、党政不分、党委包揽行政事务等问题，校务委员会往往形同虚设，行政工作无人负责。校长职能的发挥受到制约。

4. 党委领导下的以校长为首的校务委员会负责制

1961～1966年，我国总结和吸取了1958年以来高等学校工作的经验和教训，形成了党委领导下的以校长为首的校务委员会负责制。校长是国家任命的学校行政负责人，对外代表学校，对内主持校务委员会和学校的日常工作。高等学校设立校务委员会，作为学校行政工作的集体领导组织。学校工作中的重大问题，应该由校长提交校务委员会讨论并做出决定，由校长负责组织执行。党委会是学校工作的领导核心，对学校工作实行统一领导。这种制度在处理学校党的领导与行政领导、集体领导与个人

---

① 郑刚、孔晓东：《建国以来我国高等学校内部领导体制的回顾及反思》，《高教研究》2006年第2期。

负责关系方面前进了一步，但在同时，如何协调好党委、校长、校务委员会之间的关系也一直是困扰高等学校内部领导体制改革的核心问题。

5. 党的一元化领导下的革命委员会制

1966～1976 年，中华人民共和国成立以来形成的高等学校管理体制、规章制度被全部否定，学校管理系统全部处于瘫痪状态。革委会包揽一切，高校成为无产阶级专政的工具，学校内部权力关系出现混乱，教学、科研等工作受到干扰，高等学校的正常发展受到了严重影响。

6. 党委领导下的校长分工负责制

1977～1985 年，党和国家认真总结吸取"文化大革命"的惨痛教训，明确高校内部领导体制为党委领导下的校长分工负责制。这一体制突出了党委在高等学校的领导核心地位，明确了行政工作由校长分工负责。凡属于学校重大发展规划、干部的选拔任用、重大改革方案、教育教学、科学研究、后勤管理等重大事项，必须要经过党委常委会研究决定。党委根据校长们的分工，落实工作任务，各自负责执行。党委权力集中，行政权力逐步弱化，导致了党委包揽行政事务的现象。

7. 部分高校试行校长负责制

1985～1989 年，在全面推进改革开放的大背景下，民主政治建设提上了议事日程，高校也不例外。当时部分高校按照党政分开的原则，逐步实行校长负责制。高校党委从过去那种包揽一切的状态中解脱出来，将精力集中到加强党的建设和思想政治工作上来。

8. 党委领导下的校长负责制

1990 年至今，我国实行党委领导下的校长负责制。根据《高等教育法》（1998 年 8 月 29 日公布，2015 年 12 月修订）、《中国共产党普通高等学校基层组织工作条例》（1996 年 3 月颁布，2010 年 8 月修订）以及《关于坚持和完善普通高等学校党委领导下校长负责制的实施意见》（中办发〔2014〕55 号）等法律规章，这一根本制度的主要内涵可以概括为：党委领导，校长负责，教授治学，民主管理。它明确了党委和校长的职责、权限。党委主要负责学校发展规划、办学方向和定位、中层干部的选任、"三重一大"事项、人事分配制度改革、党的建设和思想政治工作等决策，校长根据党委的决策负责贯彻实施，突出了集体领导和个人分工负责相统一。这一制度安排加强了党委的政治权力，赋予了校长行政权力、突出了教授的学术权力、强化了师生员工的民主权力。

（二）高校民主管理的问题与探讨

我国高校民主管理工作虽然历经实践探索，建章立制，改革创新，成绩斐然，但仍存在一些问题和不足。

1. 部分高校民主管理者观念意识淡薄

高校民主管理者民主观念和参政意识的强弱，直接影响到民主管理工作的成效。当前，仍有部分高校民主管理者的民主意识淡薄，参政观念不强，对民主管理工作中应行使的权利和履行的义务缺乏清晰的认识，加上高校文化建设的开放性不够，管理者视野局限于一隅，广大师生参与高校民主管理的热情被抑制，民主管理的本质功能很难得以实现，甚至变成一种形式主义，参与者对于民主管理也就抱着无所谓的态度。尤其是学生群体的民主管理权力长期以来被忽视，事实上，他们既是教育管理政策的直接受益者，又是教育管理活动的直接参与者，不仅最了解自己的利益诉求，而且最了解教育管理过程中存在的问题。因此，除了教职工以外，高校民主管理者还应重视大学生群体在高校民主管理中的参与力度，充分发挥他们的主观能动性，使其能为推动学校民主管理工作发展积极建言献策。

2. 高校民主管理外部环境制约

民主治校的氛围需要适宜的外部环境来培育，其中，相关法律、运行机制及配套政策既是依据也是保障。目前，束缚高校民主管理的因素主要表现在四个方面。一是政府干预过多。政府作为高校的行政管理部门，其职责应当是适当的指导和规范，而不是简单粗暴的规定和强制。[①] 要实现民主管理，政府就要简政放权，既要减少对高校管理上的过度干涉，又要赋予并保障高校自主办学的合法权力。二是法律制度不完善。例如现行的《高等教育法》中，只规定了教职工的民主管理权力，却未提及学生的民

---

① 王炜、林艳：《论高校民主管理的内涵、进程和问题》，《经济研究导刊》2014 年第 29 期。

主管理权力，立法存在盲区，只有在《教育规划纲要》第十三章中才要求："加强教职工代表大会、学生代表大会建设，发挥群众团体的作用。"又如1985年颁布的《高等学校教职工代表大会暂行条例》施行了26年后，直到2011年底才颁布了《学校教职工代表大会规定》，立法明显滞后。三是运行机制不健全。民主管理中的咨询、决策、执行、监督环节并未形成封闭的管理环路系统。尤其是在民主监督上，没有对管理者的权力形成行之有效的约束机制，也没有对参与者行使权利履行义务的情况建立反馈评估的机制，使民主很难真正落到实处。四是配套政策操作性不强。相关配套政策性文件对大学民主管理的规定过于笼统，缺乏应有解释，无具体明确的规则制度，操作起来比较困难。

3. 工会法人主体地位被忽视

党的十九大报告再次指出，党要全心全意依靠工人阶级，健全以职工代表大会为基本形式的企事业单位民主管理制度，保障职工参与管理和监督的民主权力。但实际上工会仍处于学校边缘地位，有的高校工会干部甚至认为：工会纵使"有为"，也终难有"其位"。"橘南枳北"，究其原因，主要有以下三个。首先，认识偏差。认为在党委领导的校长负责制下，学校决策由党委和行政决定即可，工会提不提意见无关紧要，工会组织起不了决定性作用。其次，观念陈旧。工会工作思路需要大胆创新，但在大部分人眼中，工会主要是一个福利组织，在民主管理工作上并无多少具有亮点的作为。再次，经济不独立。根据《工会法》，工会主席是独立的法人，工会应设独立账户，拥有独立资产和经济实体。除了会费，工会可以根据学校条件创办经济实体，学校配套优惠政策，增加工会经费收入，使工会能够有效调动教职工民主管理的积极性，避免"无米之炊"的尴尬局面，以此增强工会组织的凝聚力与向心力。

4. 高校行政权力泛化

由于高校套用政府行政管理模式由来已久，根深蒂固，"行政化"烙印一时难以根除，学校管理模式依然表现出与政府相似的运行逻辑和机制①。部分知名教授忙于行政，荒废教学科研等，无不是"行政化"

---

① 吴刚：《现代大学民主管理》，山西人民出版社，2013，第98~100页。

"官本位"危害，或民主缺失的结果。很多师生认为高校"行政化"逻辑范式强调的是效率，追求的是数量，推行的是不合理的量化考核，损害的是学术自由、学术寂寞原则，侵蚀了学术本身，导致学术泡沫、学术腐败、急功近利等学术不端行为，影响了学术民主。此外，行政强权还容易"逼退"社会民主参与力度，影响高校面向社会办学的自主权，削弱了高校适应社会发展的能力，导致高等教育与社会和市场脱节。教师和学生在管理中应行使的权力被削弱和忽视，"民主广度"和"民主深度"不够①。

5. 学术组织建设滞后

大多数高校的基层学术组织遵循自上而下的科层管理体制，这一点已经严重影响了学术组织创新的积极性和效率，过度的行政化使得学术组织的前进和发展方向变得模糊。② 现代大学应坚持学术立校、教授治学的办学理念，把高校的学术思想、专业建设、教学计划、科研项目、学术评价交给高校教授委员会和学术委员会评审决策。高校学术委员会是高校法人治理结构的重要主体，高校学术治理体系是高校法人治理结构不可或缺的内容。

然而现行高校学术组织职权不够清晰，权责边界模糊，职权弱化，在学校治理结构中的定位和作用亟待明确和加强；学术组织的行政化，代表性、开放性、民主性不足，组成主体和程序规则不完善；会议制度和运行机制不健全；学术组织在高校呈碎片化，高度分散，依附于职权部门，独立性不强；学术委员会缺乏人财物的必要支撑和保障条件；学术组织缺失、松散，或没有正常选举、换届，无法进行正常的学术活动等。其根本原因在于：学术权力与行政权力难以相对分离；高校内部缺少或需修订关于教授治学，鼓励教师专注学术、发展学术，构建以学术为中心的评价机制和制度保障③。

6. 教代会运行程序不规范

教代会的召开应该有其严格的程序，规范的流程。部分高校教代会主

---

① "民主管理的广度"，系指作为民主管理的主体参与高校管理的数量和比例；"民主管理的深度"，系指作为民主管理的主体参与高校管理层面的充分性与参与的质量。见〔美〕卡尔·科恩著《论民主》，聂崇信、朱秀贤译，商务印书馆，1998，第293页。
② 左晶莹、李春燕：《高校基层学术组织职能定位和组织形式研究》，《新校园》2015年第1期。
③ 陈吉甫、肖克难：《高校民主管理》，学苑出版社，1998，第11页。

题不鲜明，存在搞形式，走过场现象，对于教代会应发挥的作用和意义没有深入理解，认为教代会可有可无。例如，每年教代会召开时间的随意性；表决方式的不科学性；部分二级教代会会议程序的不规范性；教代会提案的难以落实等。教代会征询制度与提案制度未落实。教代会的重要职责之一就是监督与反馈，要实现监督到位，就要保障教职工代表的知情权、建议权和审议权，例如审议学校工作报告、财务预决算报告、重大改革方案以及涉及教职工利益的相关事项。通过审查发现学校工作中存在的问题，并通过提案的方式交大会审议，最后由相关部门负责落实执行。但往往在实际中，教代会的征询与提案权利难以得到保证，难以落实。

7. 权力博弈夹缝中的尴尬

高校党委权力、行政权力、学术权力、民主管理权力四方面相互联系，相互依存，权力的边界和管理的范围难以划清，而党政权力过大，缺乏有效制衡，民主与学术权力往往被削弱，处于夹缝尴尬境况。因此，要处理好以下三种关系：一是党委权力与行政权力的关系，即处理好党委书记和校长在党委领导下的校长负责制体制中的责任问题；二是行政权力与学术权力的关系，即解决好高校行政管理与教授治学之间的界限问题；三是党政权力与民主权力的关系，即解决是"官本位"还是"民本位"的问题。除此之外，还要解决高校与政府的自主办学权问题等。在这些权力博弈过程中，关系错综复杂，而这些权力尚未完全关进制度的"笼子"里，处于弱势地位的学术民主权力难免处于尴尬的境地。

二 中外知名高校民主管理的经验与启示

"他山之石，可以攻玉。"借鉴国外先进大学成功的民主管理模式，学习国内知名大学先进的民主管理经验，对推进我国高校民主管理进程，完善大学内部治理结构，提升现代大学治理的能力意义深远。

（一）中外知名高校民主管理的经验

1. 国外知名高校民主管理的经验

国外高校特别是西方知名大学民主管理的传统源远流长，从最早的博洛尼亚大学至今，已有近 900 年的历史。欧美大学内部民主管理主要有三种形式：以美国为代表的董事会领导下的校长负责制，校长和教师评议会具体负责学术管理事务和其他方面的工作；以英、法等国为代表的校内外各方意志的权力机构领导下的校长负责制，即由教师、学生和其他大学代表、地方教育机构以及社会各界代表组成的理事会授权校务委员会行使日常决策权；以日本、瑞典为代表的由政府任命的校长负责制，此种负责制下校长由教师评议会或学校教授会提名，由政府任命，主持学校的行政管理事务。

（1）美国斯坦福大学的学术民主管理系统。

斯坦福大学成立于 1891 年，是美国一所私立大学，通常被认为是世界上最杰出的大学之一[①]。斯坦福大学的学术民主管理系统是大学学术政策的咨询和决策机构，由具有一定身份的教师、部分学术官员和学生代表组成的各级各类委员会构成。主要的委员会有：学术委员会，学术委员会顾问委员会，学术委员会评议会，学术委员会的常设委员会，以及各院系的教授会等。

学术委员会是人数最多的委员会，由终身教职序列的教授、副教授、助理教授，非终身教职序列的从事研究、应用研究、临床、表演、教学的教授、副教授和从事研究的助理教授，指定的政策中心和研究所的高级研究人员，特定的学术官员（校长、教务长、学术秘书、学院院长等）组成，校长是学术委员会主席。学术委员会每年召开一次会议，主要是审议校长报告、学术委员会评议会的决策和报告，讨论并决定有关学术政策，向完成学业的学生授予学位等。特别会议可以由校长召集或者因学术委员会的某项特别工作而召开。学术委员会顾问委员会由学术委员会从其成员中选出七位正教授组成，校长、副校长、教务长、学院院长以及学术委员会中的学术官员，不能成为顾问委员会成员，而且学术委员会顾问委员会成员不得同时在学术委员会的常设委员会任职。学术委员会顾问委员会实行循环任期制，每年均有成员轮换，三年全部轮换。学术委员会顾问委员会的主要职责是：处理教师聘用、晋升和解聘的事务，提出创建或撤销系

---

① 马涛、丁琼：《斯坦福大学学术民主管理系统及其启示》，《煤炭高等教育》2005 年第 23 卷第 5 期。

的建议，提出院长和系主任人选等。学术委员会顾问委员会会议由学术委员会顾问委员会主席或校长召集。

学术委员会评议会是学术委员会的立法机构。在董事会的授权下，对大学的学术工作行使立法权力。根据分配给各学院的名额，学术委员会评议会由学术委员会选出的 55 位成员组成，任期两年。另外，还有 13 名学术官员和学生联合会的三名代表可以列席会议，但没有表决权。学术委员会评议会从其成员中选举主席一人，任期一年。学术委员会评议会主席同时是筹划指导委员会主席和规划与政策委员会成员。学期中每月至少召开一次会议，特别会议可以在任何必要的时候召开。

学术委员会的常设委员会包括学术计算与信息系统委员会、研究生学习委员会、图书馆委员会、研究委员会、本科课程指导委员会、本科招生与财政援助委员会、本科标准与政策委员会。学术委员会的常设委员会的主席应是学术委员会成员，另外至少有一人是评议会成员，其他成员从符合委员会任职条件的教师、员工和学生中选出。所有委员会均可增加列席成员，但数量不能超过最初成员数的三分之一，且无表决权。学术委员会的常设委员会在评议会的授权下，制定相关领域的学术政策，经评议会批准后生效，由学术行政管理系统负责执行，学术委员会的常设委员会要监督政策的执行情况。

系教授会由系里的教授、副教授、助理教授和非终身教授系列中具有各级教授头衔的人组成，系主任主持教授会。系教授会负责指导系的学术工作和内部管理工作，所有的内部管理事务均以协商或投票的方式决定。当系主任与教授会的意见不一致时，均可以书面形式阐明理由，请院长、教务长、顾问委员会或评议会解决。顾问委员会和评议会视情况可请校长作最后决定。系教授会会议可以由系主任或任何两位成员召集。

（2）英国伦敦大学的组织机构。

英国伦敦大学是一所创建于 1826 年的综合性大学，通常被认为是继牛津、剑桥之后英格兰第三古老的大学，也是第一个在招生上不论种族、宗教和政治信仰的英国大学，被认为是英国教育平权的先锋，是全球综合排名一直保持在前 20 强的大学。伦敦大学组织机构主要由三个部分构成：一是决策机构，二是执行机构，三是董事会及理事会下属的一系列具有监督职能的委员会①。

决策机构：伦敦大学的决策机构可以分为两部分，一是董事会，二是理事会。伦敦大学董事会是伦敦大学的决策机构。它由14位委员构成，其中9人为独立委员，即校外人士；4位学院代表（学院代表由理事会衡量各学院情况选择产生），1位副校长。董事会主要职能有九个方面：根据理事会的建议审议批准学校发展战略；任命校长、副校长；对大学的资产和资源监控和管理；审议、批准大学的年度预算和年度财政报表；审议或批准接纳或撤销学院；制定或修改大学章程和条例；有权决定设立公司，制定政策并引导相关投资；委任理事会相关权力；确保大学自身有程序地处理纪律问题和学术问题。理事会在决策的过程中，是董事会的咨询机构。主要成员由副校长、各学院院长、高级研究院院长及外部系统负责人构成。它的职能主要表现在六个方面：战略和账务、学术事务、荣誉学位、学院认证、中央学术团体、大学管理。从理事会的各项职能可以看出，是带有半决策性质的咨询机构，在一定程度上参与大学董事会各项决策的制定。

执行机构：伦敦大学决策的执行机构可以从两个方面来看，首先是以副校长为首的行政机构；其次是附属于大学的中央学术团体，具体有：高级研究院、伦敦大学巴黎研究院、米尔港海洋生物站及伦敦大学的外部系统。伦敦大学是联邦制大学，各学院有很大的独立性。伦敦大学校本部的行政机构是由副校长为首的一系列行政部门组成的。大学以副校长为最高的行政主管，而校长多为一种荣誉地位，不具备实际的行政权力。副校长下设董事会行政主任和秘书长，是副校长和行政主管办公室的主管。副校长和行政主管办公室下设五个部门：共同治理署、学术事务署、法律和宪法署、国际交流和对外联络署、支持服务署。其他行政机构下设于该办公室。

监督机构：在董事会的授权下，伦敦大学形成了一系列的委员会，各委员会附设于相应的行政部门和校本部的学术团体。具体有：审计和风险委员会、理事会、投资委员会、提名委员会、薪酬委员会、安全委员会、联合任命校长委员会、联合任命副校长委员会、职业集团审查署、外部系

---

① 贾志兰：《国外高校改革探析》，上海大学出版社，2001，第79~95页。

统审查署、高级研究员审查署、伦敦大学巴黎研究院审查署、伦敦大学米尔港海洋生物站审查署、从业人员质量论坛、过渡委员会。其中过渡委员会下设学术信托基金委员会、联邦学位集团（组）、研究生学位委员会。各个委员会的主要职能就是监督相应行政部门和学术团体的运行、执行董事会决议的效力，以及监督是否存在违规现象等。各个委员会的职能据伦敦大学条例作了精确的划分。除了副校长和理事会外，任何委员或个人，未经董事会允许不得自行划分过多的职能。由副校长再次授权的职能应在切实可行的范围内尽快向董事会秘书报告。固定性的职能授权应由董事会每年审查一次。各委员会的成员可以是董事会、理事会成员，或伦敦大学的师生员工[①]。

（3）加拿大阿尔伯塔大学的治理结构。

阿尔伯塔大学1908年成立，是阿尔伯塔省第一所公立大学。经过100多年的建设，阿尔伯塔大学已发展成为加拿大前五、世界百强之一的一流研究型大学。阿尔伯塔省最早在1906年通过第一个大学法，之后经过了若干次修订，在2004年形成了一部综合性的高等教育法案，全面规定了包括大学（研究型）、学院（本科教学型）、技术学院（职业技术类）等在内的各类"中学后"学习机构的治理结构。

阿尔伯塔大学基本治理结构可以看成三个治理系统，即立法系统（用于决策）、行政系统（用于执行）、监督系统（体现民主）。决策系统主要是指董事会和各级学术委员会；行政系统主要是指以校长和教务长为首的行政工作班子；在监督系统中，主要体现为学校设有专门的申诉机构、各类独立性很强的群团组织，师生在决策系统中占有相当大比重。

董事会是大学的法人。按照阿尔伯塔省《高等教育法》的规定，董事会负责大学的长期规划和重大发展事项，包括授权、批准预算及资金运用，学费标准，财务报告，投资政策，员工集体协议，以及对校长、副校长及各院长的任免。董事会有21名成员，由员工、学生、校友及公众代表构成，由省督和省高等教育部部长任命。阿尔伯塔大学校董会下有7个常设委员会，分别是：审计委员会、财务与财产委员会、人力资源及薪酬委

---

① 吴刚：《现代大学民主管理》，山西人民出版社，2013，第91～97页。

员会、投资委员会、学习及发现委员会、安全健康及环境委员会、大学关系委员会。这些委员会经董事会授权，有部分决策职能。各委员会成员总计有 40 人，董事会下设的委员会中可以有非董事会人员参与，每个下设委员会中都有 3～5 名董事会成员，以保证信息的上下畅通和决策的科学性。

学术总委员会的主要职责是设立新的学院和专业、学生录取、教学计划、考试安排、预算、授予学位、申诉以及与教师任命、提升、解雇、薪酬和职称评定有关的各类规则等。学术总委员会有 160 人左右。其下有 10 个常设委员会：教学计划委员会、学术标准委员会、校园法规审查委员会、学习环境委员会、执行委员会、教师发展委员会、提名委员会、人员补充委员会、学生奖励和奖学金委员会、大学教学奖委员会。学术总委员会授权给各分委员会决策，各分委员会每个月开一次会议，而学术总委员会每年召开五次全体会议，讨论通过诸如教学计划等重大事项。

阿尔伯塔大学实行"两院制"。"两院"指的是董事会和学术总委员会。在实际运行中，董事会主要负责"商业治理"，即与"财政"直接相关的事项，诸如预算、投资、学生学费、教职工协议等，同时负责"高级管理人员"（主要是校长、副校长和各院院长）的任免；学术总委员会主要负责"学术治理"，即与"学术"直接相关的事项。学术乃大学之根本，学校各治理机构和组织都直接或间接地围绕着学术而展开。两者各负其责，形成了相互制衡和彼此依存的平衡关系。阿尔伯塔大学设有秘书处，其一项重要职能即是协调董事会和学术总委员会的关系。此外，校长作为董事会的当然成员和校学术委员会的主席，在协调"两院"之间的关系中发挥着重要作用。

校长的产生是经过遴选委员会遴选、董事会任命的，校长的主要职责是执行董事会的决策以及学术总委员会的决定。

参议会的主席是校监，而校长是副校监。参议会的主要职责有三项。①对任何可能有利于大学和提升其社会地位的事情进行探讨，可要求大学内任何学院成员提供报告，接受来自任何对大学有益的意见建议，通过一切适当方法取得资料，向校董会、学院议会、省高等教育部提供建议。②在节庆场合代表大学主持所有学位授予仪式。③物色人选与颁授荣誉学位。参议会有成员 62 人，其组成都有明确的规定，来自校内外方方面面。在实际运行中，参议会的主要任务是加强社会交流，扩大学校声誉。校监和其他参议会成员都是社会名流，不从大学领一分钱工资，是大学的志愿者。校监在大学有如女皇在英国，是大学的名义领袖。在所有毕业仪式上，颁发学位的不是校长，而是校监。

大学内有各种各样的社团和协会组织。重要的有：学生会、研究生会、学术人员协会、非学术人员协会等。在阿尔伯塔大学里，学生会是独立法人组织，学生会在学校各类决策组织中几乎都有自己的代表。学术人员协会、非学术人员协会都是学校不容忽视的重要治理力量，他们不仅在决策组织中有代表，而且在日常的争取自身利益方面发挥了重要作用。他们属工会组织，代表会员和大学进行谈判交涉，确定工资和待遇标准，签订集体协议。

一个大学组织能够正常运转，离不开决策、执行和监督这几个组成部分。在这样的分析框架下，中外大学的治理具有相当程度的相似性。所以，单独从治理组织的设置上看，阿尔伯塔大学的治理结构似乎都能在国内大学里找到对应项（见表3-1）。

但如果仅仅作组织设置上的对比显然简单了些，它模糊掉了"名"背后的"实"。有必要在"实"上找出它们之间的差异。

表3-1 中国大学与加拿大阿尔伯塔大学治理结构相似性和差异性对比

中国公立大学一般情况	加拿大阿尔伯塔大学情况	性质	差异的简要说明
党委会（常委会）	董事会	"党委领导"（决策）	前者是全面决策，成员较为单一；后者主要是财政决策，成员较为复杂
校长	校长	"校长负责"（执行）	前者及其团队主要是任命产生；后者及其团队主要是遴选和组阁产生
学术委员会	学术总委员会	"教授治学"（咨询、决策）	前者行使咨询和部分决策职能；后者行使决策职能，与董事会形成两院制
教代会	学术人员协会、非学术人员协会……	"民主管理"	前者在党委领导下行使职能；后者独立性强，属工会组织，和大学平等谈判，签订集体协议，有成员参与学校决策组织中
学生会、研究生会	学生会、研究生会		前者在学校职能部门领导下行使职能；后者独立性强（其中学生会是独立法人），有成员参与学校决策组织中

续表

中国公立大学 一般情况	加拿大阿尔伯塔大学 情况	性质	差异的简要说明
校友会	校友会	"社会参与"	前者在学校职能部门领导下行使职能；后者独立性强，有成员参与学校决策组织中
理事会	参议会		前者主要是筹资；后者主要是扩大学校声誉

注："性质"一栏，借用国内高校治理中常见的 5 句话，即"党委领导、校长负责、教授治学、民主管理、社会参与"来表示各组织的性质，基本上对应决策权、执行权和监督权等。

不同文化背景下的大学组织，到底应该如何借鉴对方经验，学习借鉴其理念以及理念衍生出的治理体系和治理能力（通俗地说，是制度体系和执行力），这是一个十分重要的课题。客观地说，我国大学治理近年来发生了很大变化，取得了可喜进步，但它每一个治理单元都有成长完善的空间。以学生为本、科学化、制度化、民主化、精细化应是我国大学治理需要遵守的基本原则。在此原则之下，需要实实在在的举措、扎扎实实的行动以及精准发力的改革。

2. 我国有代表性的高校民主管理经验

在我国近代以来的办学实践中，也不乏重视民主管理、推进自身不断发展的高校的成功范例。

（1）民国时期西南联大。

国立西南联合大学（1937 年 8 月至 1946 年 7 月）是中国抗日战争期间设于昆明的一所综合性大学，由国立北京大学、国立清华大学和南开大学三所著名学府联合而成。西南联大属于三校合并，理念各一，联合办学，务求团结合作，和衷共济，齐心协力，"只有提倡民主治校、科学管理，才能调动广大教职员工的积极性，为国育才"[①]。"爱国""救国"的驱动，五四以来"民主"与"科学"思想的熏陶，中西文化的碰撞，决定着西南联大把民主管理作为特定历史时期的自我治理、自我约束、自我发

---

① 蔡惠芝：《西南联大的民主管理初探》，《云南师范大学学报》（哲学社会科学版）1999 年第 3 期。

展、自我壮大的法宝。西南联大坚持"大学自治",虽然办学经费一定程度上来源于政府拨款,校长由政府任命,但高校远离政治,坚持学术独立原则①,努力"去行政化",充分发挥教授治校和民主管理的作用和功能。

一方面,设置各种委员会参与学校的管理工作,如常务委员会、校务委员会、教授会、专门委员会、学生自治会等。设置上述各类委员会是西南联大民主管理的体现。这些委员会的设置使广大师生员工,尤其是教授们能够充分地参政、议政,发挥他们的聪明才干和主人翁精神,从而有效地保障了学校教育机制的正常运作,有力地保证了教学和科研的勃勃生机。

另一方面,在民主管理、教授治校方面借鉴了三校原有的制度,互相融合,取长补短,继承和发扬了三校的优良传统,并随着形势的发展,表现出新的特点。如西南联大常委会虽是最高领导机构,但能充分尊重由教授担任的各级行政教学领导人及各专门委员会成员的意见,放手让他们工作,给予相当多的自主权力。又如在西南联大各层领导上下之间、师生之间,能一直保持着较为融洽和谐的关系,在工作上,互相支持协作,尤其在紧急危难时刻,更能不分你我,同舟共济。至于在教育行政管理上的互相尊重、支持和协作,更为普遍突出。正如《国立西南联大纪念碑》上所写的:"三校有不同之历史,各异之学风,八年之久,合作无间,同不妨异,异不害同,五色交辉,相得益彰,八音合奏,终和且平。"

(2)香港地区的高校。

香港地区的高等教育机构数量不多,但国际化程度高、运作机制活、综合实力强,在国际上享有较高声誉。香港地区的大学在管治架构和人力资源管理上颇具特色,其管治架构如下。

在具体管治架构方面,不同院校略有差别,但普遍设有监督、校董会、教务委员会、管理层、学院管治委员会,以及对校内行政的制衡措施。监督是大学的首长,由特首出任,可以以大学的名义颁授学位及其他学术名衔。监督可委任一人为大学副监督,经授权后代其行使监督的任何权力和职责。大学每年均需向监督提交一份校务报告。校董会是学校的最

---

① 谢冰:《1949 年前中国国立大学校长与政府的关系》,《社会科学论坛》2004 年第 10 期。

高决策和管治机构，负责行使大学权力，执行大学责任，贯彻大学宗旨，提名大学校长，处置大学资产，维护大学利益，提供大学服务等。校董会须尽力执行管治工作，借以确保以校长为首的大学管理层能够有效地管理大学。大学中最重要的决策均要通过董事会审定。根据需要，校董会可把一些权力委托校长和一些委员会执行。

校董会委任常务委员会、物业委员会、财务委员会、审核委员会等若干委员会，以支援大学主要活动的管治工作。校董会虽然权力很大，但学校日常绝大部分工作（尤其在学术、教学上的工作）由教务委员会来处理。教务委员会可设立多个专门的委员会，教授大多参与了各种委员会的工作。学校管理层以校长为核心。管理层在制定政策时，须通过各种委员会等正式及非正式渠道进行适当咨询，广纳意见，务求做出深思熟虑、不偏不倚的决定。已厘定政策的执行，则由教务处、财务处、物业处等内设机构的行政人员负责。各大学均建立相关制衡措施，完善校内监督及对外披露制度。大学设有有效的内部监管制度，以监察行政权力的运用。大学须于每个财政年度后出版年报及经审核的财务报表。为确保大学以高透明度及问责态度运用资源，大学每年均委任校外考核教师，负责审核大学的财务报表，并就大学的财务报告提供客观和独立的意见。

（3）中南大学。

中南大学民主管理的中心由其制定的《中南大学章程》可见一斑，这凸显了中南大学"政校分开""去行政化"的精髓。《中南大学章程》主要突出了两个方面的内容（即学生的权利以及教职工的权利和义务），并且在章程中把之细化和可操作化。

在学生权利方面，注重学生权益维护，激发学生参与学校管理的主动性。同时，创新管理组织机制，搭建学生参与学校管理的新平台。畅通建言渠道，扩大学生参与学校管理的覆盖面。校、院两级学生工作委员会均设立了"学情直通车"，开通了24小时"学情直通车"电话以及"学情直通车"邮箱、新浪官方微博，全天候实时掌握学情动态信息。对学生的合理权益诉求，建立严格的首问责任制，并由专门人员在第一时间回应和督办解决。与此同时，中南大学大胆创新管理组织机制，设立了校、院两级学生工作委员会，出台了《中南大学学生工作委员会工作条例》。校、院两级学生工作委员会开创性地将学生正式纳入管理组织机构，设立了学生委员，且学生委员数不低于学生工作委员会委员总数的40%，在国内高校率先就学生直接参与学校民主管理做出了制度性安排。

在教职工权利和义务方面，《中南大学章程》对教职工的权利与义务同样有细致的规定，包括参与民主管理，对学校工作提出意见和建议等权利，恪尽职守、勤勉工作、完成所在岗位要求的工作任务等义务。而且，中南大学出台了《中南大学学院教授委员会条例》，这是中南大学民主管理进程中具有里程碑式的事件。《条例》规定，教授委员会拥有三项决定权，即决定本科生、研究生教学计划和培养方案；学位论文的评价标准；学术失范行为的评判。同时，对教授委员会的运行作了严格规定。师德高尚、治学严谨且在岗在编、具有正高和副高职称，是成为教授委员会委员的必备条件。为减少行政权力对教授委员会的干涉，真正发挥教授委员会的咨询决策功能，中南大学规定教授委员会成员中在职领导数不超过三分之一，特别是院长、书记不参加教授委员会。教授委员会委员实行任期制，每届任期两年，所有委员连任不得超过两届，避免了因长期任职可能带来的一些潜规则。

（4）华中师范大学。

华中师范大学始建于1903年，是教育部直属重点综合性师范大学，国家"211工程"重点建设大学，国家教师教育"985工程优势学科创新平台"建设高校，也是一流学科建设高校。完善大学内部治理结构，建立现代大学制度，是华中师范大学近年来一直关注和推进的改革任务。为了探索构建大学内部治理结构，加强学校民主管理，华中师范大学进行了一系列改革举措。2010年10月，华中师范大学推出了校领导退出学术委员会的举措，校长不再担任学术委员会主任，将学术评判与行政权力剥离。2013年11月《华中师范大学章程》成为经教育部核准的6个高校章程之一。2015年10月，为完善学校内部治理结构，进一步健全社会参与机制，加快形成社会支持和监督学校发展的长效机制，根据教育部《普通高等学校理事会规程（试行）》的有关精神和要求，华中师范大学首届理事会（校董事会）成立。这些变革是民主管理和教授治学的重要举措，是优化内部治理结构，完善学校学术治理体系的关键。具体有如下做法。

a. 健全组织，构建大学治理结构体系。

现代大学治理在组织结构上的重要特征就是共同治理、共享决策，决策成为党委、校长、教师和理事（利益相关者）的共同责任。据此，学校成立了由校内各方面专家组成的咨询委员会，给重大决策提供咨询意见。由社会各方参与的学校理事会，打破传统的行政管理观念和封闭的办学体制，打破学校内部自我决策的传统方式，形成政府、社会人士、大学管理者、师生等共同讨论或决定学校发展的治理模式。

b. 在职权分配上，进一步界定党委系统、行政系统、学术系统和教职工组织间的职权边界。

一是进一步界定党委工作和行政工作。学校党委除负责党的建设、思想政治教育工作、干部选拔任用、安全稳定工作外，主抓办学方向、办学思想和总体发展规划，对"三重一大"事项做出宏观决策和原则性决定；校长及校长办公会研究决定学校行政管理中的相关政策、规章和实施方略，分管校领导组织实施。

二是发挥好党委全委会的领导作用。学校重大事项如干部选拔、财务预决算等由党委全委会决策。从实际操作来看，党委全委会具有更广泛的代表性，增强了决策的民主性、科学性和执行力。党委全委会、党委常委会和校长办公会人员部分重叠，又保证了三者的相互协调和工作步调的统一。

三是强化集体领导决策，建立对"一把手"的约束机制。学校把决策过程和决策权力划分为提议权和定议权，提议权主要是提出决策方案、人选等，定议权是在可供选择的方案、人选中最终决定。在决策过程中，从制度上分离提议权和定议权，建立制约机制，提议权发扬民主，定议权坚持集中制。

四是强化学术权力。校长和职能部门负责人退出学术委员会，由无行政职务的资深教授担任学术委员会主任，学科规划、职称评聘、发展规划、科研项目、学术成果水平评价等权力都回归学术委员会，从机制上避免了行政权的过多干预。同时，进一步强化学术委员会在学科建设、学术评价、学术发展中的重要作用，健全学术委员会的决策机制，探索建立教授委员会，既保证教授治学的自主性，又发挥学术决策的规范性、公正性和科学性。

c. 在职权运行上，增强决策程序的透明度。

学校从建立科学决策机制的角度出发，把决策权按决策环节分为提议权、参议权、评议权、审议权、定议权等部分，归属不同的组织和机构，以此来完善学校内部决策规则和程序，增强决策程序的透明度，形成标准公平、步骤规范、评价客观的程序体系。坚持民主集中制，建立科学决策制度，确保决策的广泛性和有效性。

d. 在自我约束机制上，构建全方位监督的体系。

高校要营造忠诚、干净、担当的政治生态，必须加大推进"三位一体"的党内监督、行政监督和民主监督的力度。不断完善党内监督制度，健全党风廉政建设责任制，对重点部位和关键环节查找风险点，实施廉政风险管理和监督。不断强化行政监督，对工程建设、物资采购、校办产业、招生考试等重点领域，实行全过程跟踪审计，监察部门在参与中实施监督。不断健全民主管理、民主监督，充分发挥教代会、二级教代会民主监督的作用，强力推进党务公开、校务（院务）公开、信息公开，不断拓宽群众监督渠道。

（二）中外知名高校民主管理的启示

总结以上国内外高校民主办学的经验，可以提炼为以下几个方面的内容：厘清政府与大学的职责，促进大学的自主自律，是大学民主管理实现的基础；确立以学术为中心，架构大学治理结构，是大学民主管理实现的关键；合理分权，明确职责，有效制衡，是构建大学民主管理体系的主要内容；主体明确，多方参与，共治共管，是大学民主管理的鲜明特征；建立制度，健全民主决策机制，建立审议与咨询机制，健全监督与制约机制，完善制度，严格施行，是大学民主管理的必要保证等①。虽然我国高等教育具有浓郁的中国特色、地域特色和民族特质，不可能完全照搬照套，但综观这些经验，仍有可以借鉴之处，我们依旧可以得到如下启示。

---

① 吴刚：《现代大学民主管理》，山西人民出版社，2013，第98～100页。

1. 建立以大学章程为核心的制度体系

"大学章程之于大学，如同宪法之于国家。"建议各高校根据《高等学校章程制定暂行办法》（教育部第 31 号令），结合本校特色，尽快出台章程。并以章程为依据，结合有关法律法规，组织力量，重新清理、制定、修改教职工代表大会实施细则、理事会制度、学术委员会制度、党政工联席会议制度、评议学校领导制度、民主监督检查制度等制度，完善信息公开和决策公示制度，健全"三重一大"事项议事规则和决策程序，形成完备的制度体系。与此同时，科学制衡高校政治权力、行政权力、学术权力、民主权利，依法治校，推进"管评办分离"，加大高校办学自主权，提高科学决策、民主决策能力，建立健全决策权、执行权、监督权既相互制约又相互协调的权力结构和运行机制。

2. 完善学术评价制度

"教授治学"是实现现代大学国际化发展的客观需求，其基础和前提是教授必须具备一定的学术水平和学术素养。为此，首先要建立一套科学合理的学术评价制度和体系，由社会专业评价机构以匿名评审的方式进行第三方评价，在尊重学术规律的前提下，客观、公平、公正地对教授的学术水平和学术素养做出合理考核评价；其次要打破"学术头衔终身制"，建立学术职务退出机制（如教学科研人员从事行政），避免"一评定终身"，导致功成名就而学术无为现象；最后建立学术公信监督制度，增加学术行为透明度，制裁学术不端行为。

3. 优化"教授治学"资源和平台

贯彻实施《高等学校学术委员会规程》，学习兄弟高校改革经验，充分发挥"教授治学"的功能和作用，正确处理行政与学术的关系，为"学术民主"营造氛围提供条件。重新审视学校内部管理层次与权力结构，实现管理重心下移。学校要简政放权，重心下移，把办学自主权下放到二级学院，扩大基层自主办学的积极性。建议把"学位委员会""教授委员会""教学委员会""职称评聘委员会"等学术组织归由校"学术委员会"统一负责谋划决策。以章程为依据，制定教授委员会规程，建立学术民主制度，明确教授治学的议事规则、决策权限、实施方法，不断提升学术管理能力和学术人员个体素养，切忌把"教授委员会"办成第二个"行政管理机构"。同时建立"教授委员会"考评制度，定期换届，民主评议工作绩效。

4. 拓宽民主管理路径

一是建议推广应用华中师范大学的工会源头参与民主管理的"D+1"模式，明确工会主席、教代会执委、工会常委作为当然成员，直接参与学校招生、招标、职评、干部评议等事关学校发展和教职工切身利益的各种活动。二是加强提案征集督办量化考核，借助学校信息化平台，并突破陈规，常年征集，落实相关部门和责任人，网络监督办理，动态跟踪，及时反馈。对提案落实责任人强化考核，设立最佳年度提案"金点子奖"和落实提案奖，对提案落实不力的责任者，建议在年度考核和职务晋升时实行一票否决。三是借鉴 ISO9000 标准，规范校务公开流程，厘清校务公开、信息公开、党务公开三者关系，明确各自公开的范围、内容、载体、时效等，优化流程，制定考核奖惩措施，严把"四关"（公开关、程序关、监督关、考核关），确保师生员工知情权。四是以信息化为载体，探索 QQ 群、微信等现代民主管理路径。五是高校领导定期举办"教授午餐会""学生午餐会"，直接听取教授和学生代表对学校工作的意见和建议，邀请家长代表列席校长办公会，参加学校民主议事与决策制度。

5. 建立多元的民主管理格局

坚持党的群众路线，提升工会法人民主主体地位，充分发挥高校工会、学生会、老协、民主党派、女职工委员会等群众团体参政议政、民主监督的功能与作用，定期或不定期召开党内外群众、民主党派人士专题会议，征求他们的意见，激发他们参与大学治理的积极性、主动性和创造性，加大高校与社会合作办学力度，推进学校重大决策的民主化、科学化，提升自我管理、自我约束、自我发展能力。

（1）加强高校民主管理的文化建设。

大力宣传民主管理的重要性，突出高校民主管理的实效性。使各级领导充分认识到，学校管理与决策事关所有教职工，必须保证广大教职工的知情权、参与权、管理权和监督权。管理者必须树立全心全意依靠教职工办学的思想，积极支持教代会工作，充分发挥教授委员会等机构在民主管理中的作用。同时，要鼓励广大教职工在明确自身的基本权利与义务的基础上，积极、主动地参与学校的民主管理工作，促进民主办学向深度和广度的扩展，保证民主管理工作的实效性，营造民主治校的良好氛围。

（2）不断推进高校民主管理机制建设。

要加强制度化建设，用制度、规章的形式确立民主管理在高校管理体系中应有的地位。加强教代会制度建设，充分发挥教代会这一学校民主管理主要形式的作用，保证教代会工作规范化、制度化和程序化。保证教代会中一线教师的比例，确保教代会中听取的报告与提交的议案不流于形式，坚持教代会闭会后的提案的落实、检查与监督工作。在有条件的高校，可以推进二级教代会制度，使学校民主管理制度向基层延伸，使更多的教职工参与到民主管理工作中。同时，进一步理顺民主管理的渠道，积极发展和巩固其他民主管理形式，并力求持之以恒，形成制度，使民主管理多样化、系统化，确保民主渠道的畅通①。

（3）构建全员性的民主参与和监督。

其一，民主是全员性的。民主在外延上可以分为直接民主和间接民主。直接民主表现为全体成员共同积极参与，间接民主则是通过选举代表进行参与的一种形式。高校的民主管理既有直接民主，也有间接民主。不论是直接民主还是间接民主，都要保证全员性的参与。其二，民主的要义中不能缺少监督。监督包括对于个人、组织、群体的权利作用与义务履行等情况的监督，当然也包括对于高校行政权力的监督。需要建立一套比较完善的民主监督机制，来限制、约束、监督管理者的权力运用，保证高校在良好的机制与有序的环境中稳步推进民主进程。只有切实保证广大教职工的共同参与，促进自下而上的民主监督工作，才能真正使民主管理落到实处，发挥积极的作用②。

---

① 〔美〕杜威著《民主主义与教育》，王承绪译，人民教育出版社，1980，第159页。
② 何晓芳、周秀华：《现代大学制度框架下高等学校民主管理的理念与机制研究》，《黑龙江高教研究》2010年第9期。

第四章　大学章程——高校民主管理的"宪法"

一　大学章程对高校民主管理的重要意义

高校民主管理的前提，是高校对外依法落实办学自主权，对内实行依法治校，完善内部治理结构，实行管理体制和管理方式的民主化、科学化。没有办学自主权和依法治校，高校民主管理只能是空中楼阁。[①] 大学章程是高校落实办学自主权、依法治校的载体和依据，是高校民主管理的基础。

（一）大学章程是高校依法落实办学自主权的前提

改革开放后，我国社会经济快速发展，社会急需大量的人才，但长期计划经济模式下的高教管理体制却又把高校束缚得过死，高校办学缺乏活力。在改革开放的时代背景下，高等教育领域深化管理体制改革、增强高校办学自主权的呼声日益强烈。1979 年底，复旦大学校长苏步青、同济大学校长李国豪、上海师范大学校长刘佛年、上海交通大学党委书记邓旭初等在《人民日报》上发表了《给高等学校一点自主权》的文章。在舆论先导之下，开始了以扩大高校办学自主权为重点的高校管理体制改革尝试。1985 年召开的全国第一次教育工作会议发布了《中共中央关于教育体制改革的决定》，提出"要扩大高等学校的办学自主权。在执行国家的政策、

---

① 湛中乐：《大学章程：现代大学法人治理的制度保障》，《国家教育行政学院学报》2011年第 11 期。

法令、计划的前提下，高等学校有权在计划外接受委托培养学生和招收自费生；有权调整专业的服务方向，制订教学计划和教学大纲，编写和选用教材；有权接受委托或与外单位合作，进行科学研究和技术开发，建立教学、科研、生产联合体；有权提名任免副校长和任免其他各级干部；有权具体安排国家拨发的基建投资和经费；有权利用自筹资金，开展国际的教育和学术交流；等等。对不同的高校，国家还可以根据情况，赋予其他的权力"。原国家教委于 1992 年印发了《关于国家教委直属高校深化改革扩大办学自主权的若干意见》，在专业设置、招生计划、科研、编制、基本建设、经费使用、岗位设置、干部任免、国际交流等方面给予学校更多自主权。1994 年 6 月，中共中央、国务院在北京召开了改革开放以来的第二次全国教育工作会议，主要目的是贯彻落实 1993 年 3 月中共中央、国务院颁布的《中国教育改革和发展纲要》，强调"要在招生、专业调整、机构设置、干部任免、经费使用、职称评定、工资分配和国际合作交流等方面，分别不同情况，进一步扩大高等学校的办学自主权"。① 学校要善于行使自己的权力，承担应负的责任，建立起主动适应经济建设和社会发展需要的自我发展、自我约束的运行机制。按照这些文件的要求，很多高等学校进行了落实办学自主权的探索。

1998 年颁布的《高等教育法》从第三十二条到第三十八条，分别规定了高等学校的 7 项自主权。从此，我国高校的办学自主权成为法定的权力，立法也进一步推进了政策的深化。1999 年，中共中央、国务院召开第三次全国教育工作会议，并发布了《中共中央、国务院关于深化教育改革全面推进素质教育的决定》，要求"按照《中华人民共和国高等教育法》的规定，切实落实和扩大高等学校的办学自主权，增强学校适应当地经济社会发展的活力。加强对高等学校的监督和办学质量检查，逐步形成对学校办学行为和教育质量的社会监督机制以及评价体系，完善高等学校自我约束、自我管理机制。进一步扩大高等学校招生、专业设置等自主权，高等学校可以到外地合作办学"。2010 年中共中央、国务院召开了第四次全国教育工作会议，发布了《国家中长期教育改革和发展规划纲要（2010—2020

---

① 孙宵兵：《我国高等学校办学自主权的发展及其运行》，《中国高教研究》2014 年第 5 期。

年)》，其中在强调落实和扩大高等学校办学自主权的同时，第一次以中共中央、国务院文件的形式提出建设中国特色现代大学制度的要求，将高等学校办学自主权和高校内部治理推进到一个新的阶段。2014 年，教育部下发《关于落实和扩大高校办学自主权完善内部治理结构的意见》，提出要探索多种放权方式，根据赋权与能力相匹配原则，对有能力用好、有良好的权力运行和规范机制的高校，以协议、试点等方式赋予更多的办学自主权。①

长期以来，许多高校并没有制定章程。教育行政部门和学术界从 20 世纪 90 年代就开展了有关大学章程的研究和探讨。2003 年 7 月，教育部发布《关于加强依法治校工作的若干意见》，提出"学校要依据法律法规制定和完善学校章程，经主管教育行政部门审核后，作为学校办学活动的重要依据"。吉林大学、中国政法大学等 20 多所中央部委所属高校制定了章程或章程草案，成为最早的探索者。2010 年颁布的《国家中长期教育改革和发展规划纲要》明确提出建设中国特色现代大学制度，要求推进大学章程建设。2011 年 11 月，教育部制定发布了《高等学校章程制定暂行办法》。2013 年 9 月，教育部制定《中央部委所属高等学校章程建设行动计划（2013—2015 年）》，明确了各个类型高校章程制定的具体步骤和先后顺序安排，要求到 2015 年底之前，所有的高校完成大学章程的制定工作。2013 年 11 月 28 日，教育部正式核准了中国人民大学等六所高校的章程。这标志着大学章程建设步入了快车道。②

大学章程是高校设立的法律依据，是高校获得独立法人地位和办学自主权的基础。高校的基本制度，是由具有法律效力的大学章程予以明确规定，无论是高校还是高校的举办者非经法定程序无权修改。大学章程还是教育行政部门简政放权、深化教育领域综合改革、实行"管办评分离""转职能、转方式、转作风"、提高高校办学活力的载体。落实高校的办学自主权，意味着高校要成为自我规划、自我发展、自我约束、自我完善的办学实体，客观上对高校深化体制机制改革、转变管理方式、提高管理效能提出了更高的要求。教育行政部门权力下放后，大学章程成为高校办学

---

① 杨学义：《中国大学章程百年》，《北京教育》2014 年第 11 期。

② 孙霄兵：《推进高校章程建设完善中国特色现代大学制度》，《中国高等教育》2012 年第 5 期。

自主权的体现，是高校独立办学活动的依据和准则，是高校推进治理体系和治理能力现代化、实行民主管理的基础和前提①。

（二）大学章程是高校依法治校的基础

全面依法治国已成为党和政府治理国家事务的基本方针，这在教育领域要求依法治教和依法治校，不仅要求政府及其教育行政部门依法行政，而且要求高校依法治校。依法治校的前提是有法可依。这里的"法"不仅包括教育法律、法规和行政规章以及与教育有关的法律，而且包括学校章程和学校规章制度。因此，依法制定大学章程，真正树立大学章程在高校管理中的权威地位，做到有章可依，照章办事，违章必究，才能实现高校管理方式由人治向法治的转变。同时，依法制定的大学章程，对上承接国家的法律、法规和规章，对内统领高校内部规章制度，以此为依据办学治校，这也是高校办学坚持法治思维的体现。②

民主和法治犹如一个硬币的两面。一方面，民主是法治的前提和基础。民主是与专制和独裁相对的一种政治制度，没有民主就不可能有作为国家根本法对权力进行规制的宪法，更不可能有真正意义上的法治。专制和独裁不需要也不允许宪法和法律的规制。另一方面，法治的本质是民主。民主的发展经历了漫长的历史，近代以来，法治逐渐成为民主所采取的一种普遍形式。高校实现民主管理，就必须实行依法治校。没有法治，高校将仍然是"人治"，民主管理就无从谈起。高校实行依法治校，主要包括以下几个方面。①治理制度自主化。社会主义市场经济和依法治国条件下，高校与政府及其教育主管部门的关系已经由计划经济条件下的下级与上级、服从与命令的关系，转变为由法律调整的法律关系，高校已不再是计划经济条件下政府的直接下级组织。政府对高校的管理权力和义务，学校对国家的义务，均由法律加以规定，学校与政府部门之间构成的是行政法律关系。不仅如此，高校与社会之间、高校与企业之间、高校与社会组织之间、高校与高校之间、高校与其他社会主体之间的财产关系、服务

① 周光礼：《从管理到治理：大学章程再定位》，《湖南师范大学教育科学学报》2014 年第 2 期。
② 湛中乐：《现代大学治理与大学章程》，《中国高等教育》2011 年第 3 期。

关系、合作关系，也都由法律加以调整，彼此之间构成民事法律关系。行政法律关系和民事法律关系的形成，意味着高校成为独立的法律主体，必须独立地享有法定权利，独立承担法定义务和责任。在这种情况下，高校必须依据章程对外成为一个独立法律主体，对内依法治校。大学章程的制定与实施，推动高校作为独立法人而存在，促进高校治理自主化、法治化。②领导体制科学化。党委领导下的校长负责制，是大学章程的基本内容，是党的领导在高校的体现。2014 年 10 月，中共中央办公厅印发《关于坚持和完善普通高等学校党委领导下的校长负责制的实施意见》，进一步重申和强调：党委领导下的校长负责制符合我国国情和高等教育发展规律，必须毫不动摇、长期坚持并不断完善。在实际工作中，党委领导如何体现和怎样进行才能既保证党委的领导核心地位，又能充分尊重和保障校长的行政管理职权，是一个既需要顶层设计又需要细致设计的重大问题。通过制定大学章程，贯彻依法治校，科学地界定党委领导与校长负责的关系，明确党委决策的内容与程序以及校长管理的权能与程序，是落实党委领导下的校长负责制的基础性制度设计。高校按照章程依法治校，有力地促进了我国高校领导体制的法律化和科学化。③内部管理法治化。制定大学章程，依法治校，是大学管理法治化的具体体现。大学内部管理必须符合法治化的要求，一是高校管理理念的法治化，即运用法治思维，正确认识和确立学校、教师、学生三者之间的权利与义务关系，确立学校权力与教师、学生权利的理性化制度，明确大学与教师、学生之间的法律关系。二是高校管理决策的法治化，即运用法律和法治理念调控决策过程，影响决策结果，使决策内容合法化，决策程序民主、公正和效率化以及决策责任的具体化。三是高校管理规章制度的法治化，即规章制度的内容合乎法律的规定和法治的精神，规章制度的实施遵循严格的法定程序。四是高校管理行为的法治化，即运用法律手段、通过法律途径，通过规则、制度和程序调整主体间的权利义务关系。高校制定并实施章程，是依法办学、依法管理、促进内部关系的法律化的基础，是高等教育适应社会主义市场经济体制要求、摆脱计划经济对高等教育影响的必然结果。①

---

① 别敦荣：《论我国大学章程的属性》，《高等教育研究》2014 年第 2 期。

(三) 大学章程是现代大学治理体系的载体

高校民主管理从抽象的理念走向实际的制度和模式，是以现代大学治理体系为依托和保障的，而大学章程则是现代大学治理体系的载体。从世界范围内看，世界一流大学都有其具有高度的权威性和严肃性的大学章程，并以章程为基础制定各种规范，具有民主管理、规范运行和依法治校的良好氛围。

在德国，高校是由国家设立的间接执行国家任务的公法人，高校在获得建立教育机构许可的同时，必须制定大学章程作为其"基本法"。1737年成立的哥廷根大学的哲学院章程规定，"所有教授，只要不涉及损害宗教、国家和道德的学说，都应享有教学和思想自由这种责任攸关的权利"。这是德国高校第一次在章程中申明学术自由的原则，被看作是德国大学史上的一个里程碑。在英国的高等教育治理中，大学章程起着核心作用。大学章程规约的高校治理结构主要包括社会参与的发展决策机制、校长负责的行政执行机制、教授治学的学术自由机制、监督分离的财物安全机制、程序公平的人事管理机制等。在美国，无论是公立高校还是私立高校，一般有由高校权力机构（一般是学校的董事会）根据高校设立的特许状或地方政府颁布的教育法律法规而制定的大学章程，其基本内容一般明确了高校的办学理念、办学宗旨、教学事务及教师的学术权力、学位的授予、学生事务、经费来源、财产与财务制度、章程修改程序、权力架构及运行等重大事项，尤其规定了董事会及其下属各个委员会的组织构成、成员的选举与任用等高校决策的方式与程序，因而成为高校民主运行的纲领和法则。东京大学评议会 2003 年通过了《东京大学宪章》，日本各高校宪章（章程）的相继制定使大学法人化改革和法人化管理在学校执行中有章可循、有据可依。大学宪章（章程）作为校内总纲领，集中反映了高校两个方面的制度诉求：一方面是对外部评价的一种责任说明，明确高校的功能任务使命和办学理念、基本原则与组织运营机制；另一方面，是在高校被授予自治自主权后，以独立的法律主体在法律框架下行使自治权利、民主管理的自我规范和自律性追求。

在我国，一般认为现代高校治理的构架包括两个层面，即宏观层面和微观层面。前者是指学校与外部的关系，包括政府宏观管理、市场适度调节、社会广泛参与、学校依法自主办学；后者是指学校内部关系，包括党委领导、校长负责、教授治学、民主管理等。现代大学治理架构所要求的内外部关系，都需要大学章程以具体条文的形式予以明确。在政府的宏观指导下，大学通过制定章程，明确高校与政府的关系，使高校成为具有办学自主权的真正独立法人，独立面向社会，依法自主办学。大学章程通过规定学校的办学理念使命和特色、学校发展目标和战略，校内各种关系、学校的领导体制、治理结构、管理模式，教职员工的权利和义务，学生的权利和义务等重要内容，回答包括现代大学治理等现代大学制度的核心命题。通过明确这些内容，高校以章程为"宪法"构建现代大学治理体系，为民主管理奠定基础。

二　大学章程的主要内容

总体而言，大学章程主要应载明学校名称、校址等基本信息，办学宗旨，内部管理体制，教职工的权利与义务，学生及校友的权利和义务，经费、资产和财务制度，社会服务与外部关系，章程的制定和修改程序等内容。其中，办学宗旨、内部管理体制、教职工的权利与义务、学生及校友的权利和义务、社会服务与外部关系、章程的制定和修改程序，确定了大学民主管理的框架和制度，是高校民主管理的核心依据。

（一）办学宗旨

办学宗旨是大学对自身使命、办学目标和办学特色的凝练与定位。总的来讲，大学的宗旨在于人才培养、科学研究、社会服务和文化传承创新。但不同定位、规模、历史传承、发展程度的高校，必定会有其具体的、独具个性的办学宗旨。在深化教育综合改革、全面提高高等教育办学质量的时代背景下，独具特色的办学宗旨是大学避免千人一面、实现特色发展的必要条件，也是大学章程的重要内容。这在国外著名大学章程中体现得尤为明显。东京大学的章程在序言中阐述了东京大学的历史以及它的使命和愿景，指出"东京大学将努力使自己建设成世界一流的学术研究机构，并且培养出有全球性发展眼光的知识分子，这些知识分子将为实现一个没有偏见的社会，为促进科技进步和创造新文化做出贡献"。其章程正文还明确规定东京大学的目标"是以学术自由为基础，不断追求真理，创新知识，使其教育和研究保持在世界领先地位"。学校的教育目标是"除了传授学生专业知识、培养学生的理解能力、洞察力、实践能力和想象力之外，还培养学生的领导品质，拥有这种品质的学生具有国际化性格和开创精神"。哥本哈根大学章程规定学校的目标和任务是"进行研究并提供最高学术水平的高等教育。学校必须确保学术自由并为传播知识和学术成果做出贡献"。康奈尔大学章程规定学校的主要任务是"为了推动学校工业课程的自由及实践教育，学校主要教授与农业、机械相关学科的知识，包括军事战略等"。密歇根州立大学章程序言提出，"作为政府赠予地的学校，其职责是提供农业、工业及其他课程的自由性及实践性教育，为学生的学术生涯和职业生涯做准备"。

从已经公布的国内著名大学章程来看，办学宗旨是章程的重要内容。《清华大学章程》第三条规定：学校坚持社会主义办学方向，贯彻国家的教育方针，以人才培养为根本任务，履行教育教学、科学研究、社会服务、文化传承创新职责，服务国家和人民，推动人类文明进步；第四条规定：学校坚持世界一流、中国特色、清华风格的发展道路，以学生为本、学者为先、学术为基、学风为要，致力于成为全球卓越的高等教育和学术研究机构；第五条规定：学校坚持高素质、高层次、多样化、创造性的人才培养目标，以实施全日制高等学历教育为主，实行价值塑造、能力培养、知识传授"三位一体"的培养模式，致力于培养学生具备健全人格、宽厚基础、创新思维、全球视野和社会责任感，实现全面发展和个性发展相结合。《上海交通大学章程》第五条规定：学校校训是"饮水思源，爱国荣校"；使命是"传承文明、探求真理、振兴中华、造福人类"；办学宗旨是"修一等品行、求一等学问、创一等事业、成一等人才"。

（二）内部管理体制

大学内部管理体制突出表现为学校的权力运行机制和资源分配体制，直接关系着大学办学宗旨的实现和日常运行的正常开展，是高校实行民主管理的体现和保证。确定大学内部管理体制，是国内外大学章程的核心内容。普林斯顿大学的章程共有六章，其中有四章是对学校理事会和各种委员会的规定。耶鲁大学章程分为六部分，分别是校长及其领导、委员会、学位、学校组织、学校团体及机构、章程的修订。哥本哈根大学的章程由四部分组成，即学校目标、学校组织机构、领导和其他规定。我国大学章程关于内部管理体制一般具有以下内容。①党委领导下的校长负责制。我国大学章程应明确规定学校党委会（或党委常委会）、校长办公会（或校务委员会）及党委书记、校长在学校发展与管理中的职责、权限。②校、院两级管理体制。大学章程要明确规定校、院两级的职权范围，载明大学、学院的权力清单和责任清单。③学术机构的职责与权限。学校章程应规定学术委员会、学位委员会、教授委员会等各类学术组织的职责与权限，正确处理学术权力与行政权力的关系，保证教授治学的充分实现。④行政职能部门的职责与权限。大学章程应明确学校行政职能部门设置办法和程序，明确主要职能部门的职责任务和责任边界，提高管理效能。⑤其他重要内容，如学校重大事项的决策程序和方式，学生代表大会的职责和权限、教职工代表大会的职责和权限等。

《清华大学章程》专设一章规定"管理和机构"，载明了学校的内部管理体制。《清华大学章程》第二十二条规定：学校党委依照《中华人民共和国高等教育法》统一领导学校工作，支持校长独立行使职权。学校党委会在全体会议闭会期间，职责由其常务委员会履行。第二十三条规定：校长是学校的法定代表人和行政负责人，依法全面负责教学、研究、管理、服务等校务工作。校长由学校举办者依法任免。学校设副校长若干名，并设教务长、秘书长、总务长等岗位，协助校长处理校务。第二十四条规定：学校党委会及其常务委员会实行民主集中制，按照"集体领导、民主集中、个别酝酿、会议决定"的原则，集体研究决定学校的办学指导方针，制定和修订章程等基本规章制度，制定发展战略和重大改革发展举措，决定内部组织机构设置和重要干部任免，审批年度财务预算和决算、预算外大额资金使用，负责党的建设与思想政治工作以及其他重要事项。党委会全体会议及常务委员会会议由学校党委书记召集并主持，按届排次召开。第二十五条规定：学校定期召开校务会议，研究决定学校的事业发展规划、年度工作计划和具体规章制度，教育教学、学术研究的计划和安排，副校长推荐人选，内部机构设置方案和机构负责人任免，教职工的聘任和解聘，学生的学籍管理和思想品德教育，师生员工的奖励和处分，年度财务预算方案的拟订和执行，校产保护和管理，社会服务、国际交流合作等行政工作重要事务。校务会议由校长主持，校党委负责人和副校长、教务长、秘书长、总务长等参加，按学年排次召开。根据会议内容，可邀请有关院系、部门负责人和师生员工代表列席。第二十六条规定：学校设校务委员会作为咨询审议机构，依照有关规章产生和行使职权，通过民主协商，定期讨论关系本校全局的决策并提供咨询意见。校务委员会的成员包括部分学校负责人和院系负责人、校工会主席、教授专家及其他方面代表。校务委员会设主任一名、副主任若干名，主任由校党委书记担任。校务委员会主任、副主任可代表学校参加校内外活动。第二十七条规定：学校设学术委员会作为最高学术机构，依照有关法律、规章产生和行使职权，统筹负责学术事务的决策、审议、评定和咨询等事项，致力于促进人才培养与学术研究，追求学术理想，坚持学术自由，发扬学术民主，推动学术创新，维护学术道德。学术委员会由学校教授代表组成，成员包括各院系等教学研究机构按教授比例推荐选举的委员、校长直接聘任的委员（不超过委员总人数的十分之一）和职务委员（两名）。校长不担任学术委员会委员。委员实行任期制，任期一般为五年，连续任职一般不超过两届。学术委员会设主任委员一名、副主任委员若干名，由校务会议提名，全体委员选举产生。第二十八条规定：学校设教学委员会，负责审议本校教学计划方案，评定教学成果、教学质量，检查、指导教学管理和教学队伍建设等重要事项，对教育教学改革和人才培养工作提出咨询建议。教学委员会由教师代表和职务委员组成，设主任委员一名、副主任委员若干名，经校务会议确定后，由校长聘任。委员实行任期制，任期一般为五年，连续任职一般不超过两届。第二十九条规定：学校设学位评定委员会，依照有关法律法规产生和行使职权，决定本校学位和名誉学位的授予及撤销，学位授权学科的设置、变更和撤销，研究处理学位授予中有争议的问题及其他有关问题。学位评定委员会按学科或跨学科设置分委员会。

（三）教职工的权利与义务

学校教职工是指在职教师、专业技术人员、管理人员和工勤人员，是大学办学的主体力量。《教育法》《高等教育法》《教师法》等法律法规均明确规定了大学教职工的权利和义务。大学章程也以法律法规为依据，结合各校实际，在章程中载明本校教职工的权利和义务。

《北京大学章程》共有5条规定教职工的权利和义务。第十六条：学校教职工包括教师、其他专业技术人员、职员和工勤人员，实行合同聘用制度。学校实行教职工公开招聘制度，其中教师面向全球公开招聘。第十七条：教职工享有下列权利：①按规定使用学校的公共资源；②公平获得自身发展所需的机会和条件；③在品德、能力和业绩等方面获得公正评价；④公平获得各种奖励及荣誉称号；⑤对学校工作的知情权、参与权、监督权；⑥就职务聘用、福利待遇、评优评奖、纪律处分等事项表达异议和提出申诉；⑦依照法律、法规、规章、学校规定和合同约定，获得薪酬及其他福利待遇；⑧法律、法规、规章与合同约定的其他权利。第十八条：学校教职工应履行下列义务：①忠诚于教育事业，贯彻国家的教育方针；②爱岗敬业，勤奋工作；③关心和爱护学生，尊重学生人格；④制止有害于学生的行为或者其他侵犯学生合法权益的行为，批评和抵制有害于学生健康成长的现象；⑤遵守学校规章制度；⑥尊重学术自由，遵守职业道德；⑦维护学校声誉和权益；⑧法律、法规、规章规定和合同约定的其他义务。第十九条：学校教师享有教学、研究和从事其他学术活动的自由；应为人师表、恪守师德，执行学校的教学计划，完成教育教学工作任务，不断提高学术水平，指导学生学习，组织、带领学生从事科学研究、社会实践，促进学生全面发展。第二十条：学校健全教职工权益保护机制，为教职工行使权利和履行义务提供必要的条件和保障。学校实行教职工岗位职责考核制度，考核结果作为其聘任、晋升、解聘的重要依据，对成绩突出和为学校争得荣誉的教职工个人和集体予以表彰奖励，对违纪者依法依纪给予处理或者处分。

（四）学生及校友的权利和义务

立德树人是大学的根本任务，学生的权利、义务是大学章程必不可少的内容。东京大学章程明确规定，"东京大学将对学生的成绩定期进行严格、恰当的评价"，"为了给学生提供最好的教育环境并扫除学习障碍，学校将努力建立一个经济支持制度"。密歇根州立大学章程有一章专门规定校董事会与学生的关系，明确规定"校董事会为来自密歇根州和其他州或国家的有资格的学生提供平等的受教育的机会"，"校董事会授权校长听取并解决学生投诉的重要事情"。校友是学校不可缺少的特殊资源，校友的成就和影响力通常被视为检验学校人才培养质量和学校地位的重要标志。国外大学通过在章程中载明校友权利，表明校友在学校办学中的特殊作用和对校友资源的重视。

对学生及校友权益的规定，也是我国大学章程的重要内容。《上海交通大学章程》第三十六条规定：学生在校期间依法享有下列权利：①参加学校培养计划安排的各项活动，使用学校提供的教育教学资源；②参加社会实践、志愿服务、科技创新、学生社团以及勤工助学、文化体育等活动；③申请奖学金、助学金及助学贷款；④在思想品德、学业成绩等方面获得公正评价，完成学校规定的学业并满足要求后获得相应的学历证书、学位证书，未完成学校规定的学业要求，获得结业或肄业证书；⑤对学校给予的处分或者处理有异议，向学校提出申诉，对学校、教职员工侵犯其人身权、财产权等合法权益，提出申诉或者依法提起诉讼；⑥法律法规及学校规定的其他权利。第三十七条规定：学生在校期间依法履行下列义务：①遵守法律法规；②遵守学校的各项管理制度；③维护学校声誉；④完成规定的学业；⑤按规定缴纳学费及有关费用，履行获得贷学金及助学金的相应义务；⑥诚信守则，遵守学生行为规范，尊敬师长，养成良好的思想品德和行为习惯；⑦法律法规及学校规定的其他义务。

（五）经费、资产和财务制度

学校有稳定的经费来源，是其设立及正常运行的前提。大学章程应明确规定学校办学经费的来源和经费筹集方式，以及经费、资产和财务管理制度。

《上海交通大学章程》第五十二条规定：学校的资产属于国有，包括流动资产、固定资产、在建工程、无形资产和对外投资等。第五十三条规定：学校按照国家有关政策和规定合法获取办学经费。办学经费来源以财政拨款为主、其他多种渠道筹措为辅。第五十四条规定：学校按照国家相关政策和规定，建立"统一领导、归口管理、分级负责、责任到人"的国有资产管理制度，依法自主配置和处置所占有和使用的国有资产，优化资源配置，提高使用效益，实现保值增值。第五十五条规定：学校资源配置以发展规划和年度事业计划为基本依据，坚持可持续发展理念。学校根据教学、科研、配套服务等用途，对房屋、仪器设备等非货币性资源实行有偿使用制度。第五十六条规定：学校依据国家有关法律法规，加强对国有资产使用过程中的风险控制和跟踪管理，确保国有资产保值增值。第五十七条规定：学校实行"统一领导、分级管理"的财务管理体制，各级领导与部门按照学校经济责任制履行财务管理职责，主管财务的学校领导定期向学校常委会、校长办公会、学术委员会、教职工代表大会汇报学校财务收支状况及管理情况。第五十八条规定：学校实行全口径综合财务预算，根据"量入为出，收支平衡"的原则编制预算，各项收入和支出纳入预算管理。实行院系综合预决算制度，学校根据院（系）的办学成本、办学绩效和目标任务核定其综合预算。第五十九条规定：学校建立财务内控体系，实行财务年度审计制度。第六十条规定：学校依法登记注册具有基金会法人地位的教育发展基金会，负责募集资金、捐赠项目管理及基金管理。

（六）社会服务与外部关系

高水平大学必定是一个开放、活跃的社会组织，通过与社会紧密互动获取发展资源、服务社会。国外大学普遍设立董事会作为学校最高决策机构，校友及社会知名人士通过参加大学董事会参与大学的管理，实现大学与社会的互动。《耶鲁大学章程》规定，"耶鲁大学校长、康涅狄格州州长和副州长"是校董会的当然成员。同时规定，除法人代表之外，学校还有一名负责纽黑文市、州政府事务及学校发展的副校长，其职责是"根据校长的授权，处理学区和州政府的关系，协调学校在纽黑文市的主动权"。东京大学更看重学校与社会的关系，强调它的公益性，规定"东京大学将积极推动教育发展以满足社会需要，为社会成员提供高水平的专业化教育和终身学习的机会"，"东京大学将保持其组织的灵活性以应对社会和经济变化。它将与校外的知识分子合作并不断开发与国外的联系"。借鉴国外的经验，我国大学章程应重视学校社会服务与外部关系的规定，明确学校开展社会服务的方式与渠道，积极为社会及社区的发展贡献力量。同时，积极利用外部组织的优势促进学校的发展，特别是重视关于政府与学校关系的规定，保证高校成为面向社会依法自主办学的实体。

（七）章程的制定和修改程序

大学章程是学校的"基本法"，具有较强的稳定性，不能朝令夕改，不因领导人的变更而随时变更。为维护这种稳定性，在章程中应对它的修改程序做出规范。

《上海交通大学章程》第六十七条即规定：本章程的制定和修改须提交教职工代表大会讨论，经校长办公会讨论审议后，由常委会讨论审定，报教育部核准和上海市人民政府备案。第六十八条规定：本章程由常委会负责解释。校长办公室监督章程的执行情况，依据章程审查学校内部规章制度、规范性文件，受理对违反章程的管理行为和活动的举报和投诉。第六十九条规定：出现下列情形之一时，由校长或学术委员会或教代会提议，经校长办公会审议通过，启动章程的修订：①本章程依据的法律发生变化；②学校的举办者发生更替；③学校发生合并、分立、更名等变化；④学校办学宗旨、战略目标、管理体制、运行机制等发生重大变化；⑤举办者依法要求学校修订章程；⑥其他影响本章程执行的环境或实质内容发生重大变化。第七十条规定：本章程经教育部核准通过后，由学校发布实施。

三　落实大学章程要正确处理的几对关系

高校实行民主管理，必须处理好党委领导与校长负责、行政权力与学术权力、学校与学院、大学与政府社会等几对关系。这几对关系构成了高校的基本关系，是高校实行民主管理必须首先解决的问题，也是大学章程最重要的内容。

（一）必须正确处理党委领导与校长负责的关系

改革开放以后，经过探索，高校最终确立了党委领导下的校长负责制并写进《高等教育法》。20多年来，这一制度为高校全面贯彻党的教育方针，坚持社会主义办学方向，培养中国特色社会主义事业合格建设者和可靠接班人，促进高校改革发展稳定，提供了坚强思想保证和组织保证。实践证明，党委领导下的校长负责制符合我国高等教育发展实际，是中国特色现代大学制度的核心内容，是坚持党对高校全面领导的根本制度。当前，高校面临许多新情况新问题，改革发展稳定任务繁重，进一步强调长期坚持并不断完善这一体制十分必要。经中共中央政治局常委会议审议通过，2014年10月中共中央办公厅正式印发了《关于坚持和完善普通高等学校党委领导下的校长负责制的实施意见》，就进一步坚持和完善党委领导下的校长负责制提出新要求、做出新规定，为加强和改进高校党的建设工作和完善中国特色现代大学制度提供了基本遵循。

党委领导下的校长负责制有三层含义：第一，党委是学校的领导核心，把握学校的办学方向；第二，校长是学校的法人代表，在党委领导下全面负责学校教学科研和其他行政管理工作；第三，党委领导下的校长负责制既要坚持党委的集体领导，又要支持校长独立行使职权。高校党委领导下的校长负责制可从以下三个方面理解。①从决策与执行的关系把握党委和行政的定位。在高校管理系统中党委处于最高层，校长处于执行层；党委负责对学校发展的战略性、全局性、根本性问题做出决策，校长负责接受党委的领导、执行党委的决议、把党委的目标决策化为具体行政措施。从权力分配角度看，这体现了高校决策权与执行权的分离。一方面，党委决策的问题应该是涉及学校发展的重大问题，而不是校长有权处理的日常行政事务；另一方面，校长是学校的法定代表人，党员校长本身就是党委班子的重要成员，是重要的决策者之一，同时在党委领导下负责教学科研和其他行政管理工作。②从班长与成员的关系明确书记和校长的职责。在高校领导体制中，党委书记和校长是最重要又最难处理好的一对关系，也是最容易引发矛盾的一对关系。这对关系处理如何，直接影响到高校的工作运行、工作效率、精神面貌和民主状况。书记是党委领导班子的"班长"；校长是行政系统的"首长"，但在党委内部，党员校长又是党委领导班子的一名成员。书记、校长的团结协调，是党委领导下的校长负责制有效运行的关键所在，要通过大学章程进一步明确党委和校长的职责，完善党委领导下的校长负责制的运行机制。要通过章程明确，党委是学校的领导核心、政治核心，党委书记作为党委领导集体的"班长"，理所当然应该担当起第一责任人的职责，这对党委书记提出了更高的要求。党委书记不仅政治上要强，还应该懂教育，既是马克思主义政治家，又是马克思主义教育家；在班子中要当好"班长"而不是"家长"，要实施民主集中制，既发扬民主又坚持正确的集中，要做到总揽而不包揽，支持校长依法独立行使职权。校长要自觉把行政工作置于党委领导下，认真贯彻实施党委的决定和决议。③从分工与合作的关系落实个人与集体的责任。党委领导下的校长负责制是集体领导和个人分工负责相结合的领导体制，必须处理好分工与合作的关系。"分工"主要是指党政分工以及党委和行政系统内部的分工。分工是合作的基础，但分工不是"独管"。在高校党委领导集体中，要坚持集体领导、分工不分家，每个班子成员一方面要积极参与集体决策，同时要按照集体的决定和分工切实履行职责，在分工职权范围内独立负责地处理问题。①

正确处理高校党委领导与校长负责的关系，必须以大学章程为载体和依据，建立健全三个机制。一是决策机制。在党委领导下的校长负责制体制构架中，党委会是学校的最高决策机构，党委常委会在党委全委会闭会期间履行全委会的职能；校长办公会在党委领导下，决定实施教学科研及其他行政管理工作。二是议事机制。贯彻执行党委领导下的校长负责制，要以中央精神为依据，分别制定党委会、党委常委会和校长办公会的议事规则，明确议事主体/议题的提出和确定、议事程序、表决方式、督办督查等。重大问题和重要事项决策要强化透明度，议事决策的程序、内容、

---

① 陈德喜：《妥善处理大学章程建设中内部权力配置的三对关系》，《中国高等教育》2012年第 24 期。

结果以纪要形式及时向全校师生公布。三是沟通机制。沟通是加强团结的基础。贯彻执行党委领导下的校长负责制，关键在于领导班子成员的相互沟通，特别是党委书记和校长的事前沟通至关重要。党委书记与校长要定期沟通，对学校重大工作应取得原则性一致意见后进一步研究实施；班子其他成员也要加强沟通、加强配合，通过沟通达成共识，推动各项工作有序开展。①

（二）必须正确处理行政权力与学术权力的关系

大学首先是一个学术共同体，教授治学、尊崇学术、崇尚创新是大学的永恒主题。经过几百年的大学办学实践，发达国家形成了英国、美国、德国、法国、日本等日趋成熟完善且各具特色的学术与行政权力关系模式。中华人民共和国成立之初，我国的高等教育管理体制主要学习和照搬苏联模式，加之中国传统文化中的官本位、"学而优则仕"思想的遗留，我国高等教育表现出较强的"行政化"特点，高校的行政权力和学术权力存在冲突和失衡。

高校行政权力和学术权力的冲突和失衡，主要表现在以下几个方面。①权力主体价值观不同。高校行政权力表征的是行政人员追求权力在高校现实中的运用和体现，追求效率效能、计划组织、协调控制和评价反馈；学术权力则是学术人员在教学活动、科学研究、学科建设、师资培养及课程建设等方面追求更多的学术自由与学术自治，以学术、创新、科学为导向组织学术活动，开展学术评价。②权力运行及实现方式不同。高等院校学术权力在客观上需要一种相对自由、宽松的环境，通过学术民主方式达成学术共识，学术权力的实现方式始终贯彻民主、科学原则，尊重和保障学术自由。学术权力没有隶属关系，学者开展研究时无论职称高低、资历长短都是平等的。行政权力它的实现首次必须构建科层组织，要靠组织机构的健康有序运行和制定实施规章制度，其氛围是严密而有层次的，权力运行体现了很强的科层特征。由此可见，学术权力呈现分散特征，行政权力呈现集中特征，两者的运行和实现方式是截然不同的。③权力性质不

---

① 赵永贤：《坚持和完善党委领导下的校长负责制》，《求是》2011 年第 3 期。

同。学术权力基于同行专家的学术背景及学术水平，是学术自由与学术自治的体现形式；而高校的行政权力基于法律和制度的授权，强调分工授予、协调控制、激励约束，体现了鲜明的科层制特点。①

教授治学、学术自由是高校的内在需求、本质精髓和动力源泉，也是现代大学制度之根基所在。教师参与高校民主管理，行政权力为教授治学、学术自由提供保障和服务，是现代大学制度的本质体现和必然要求。大学章程必须正确处理高校行政权力与学术权力的关系，使两者协调、合理并存。①有效发挥行政权力对高校运行的保障作用。教授治学不等于教授治校。在社会日趋专业化的今天，学术创新创造与行政管理具有本质区别，不能简单地以学术标准作为治校的准则。同时，学术文化也存在导致学术本位主义的倾向，行政权力需要以高效率的沟通协调功能连接分散性的学术权力，以相对中立来克服和避免学术本位主义，促进两者相宜得彰。②充分发挥校长在行政权力与学术权力协调中的领导作用。《高等教育法》第四十一条规定：高等学校的校长全面负责本学校的教学、科学研究和其他行政管理工作。行政权威来源于科层制，学术权威来源于以自身对专业知识的拥有优势，校长的特殊地位决定了他应有行政权威和学术权威的双重角色。校长首先应该是学者，同时是教育和管理方面的专家，肩负协调两种权力的职责，应在促使两者平衡与协调中发挥有效作用。③合理划分行政权力与学术权力的决策范围。现实中，行政权力往往偏强势，学术权力偏弱势，行政权力侵蚀学术权力就会导致"行政化"。目前我国高校普遍建立了学术委员会或类似的学术机构，但其作用发挥不够理想，"去行政化"的当务之急是落实这些学术机构实质性的评议、审议、论证和决策权力。合理划分行政权力与学术权力的决策边界，要害在于按住行政权力这只"看不见的手"，维护学术权力的有效运行。合理划分行政权力与学术权力的决策范围要以校长为核心，在全校形成学术系统和行政系统并存的组织结构，统一归属于校务委员会领导之下，充分发挥校长行政权威和学术权威两个方面的优势。④建立健全学术组织机构。要提高学术权力的地位，保证其应有的与其他权力抗衡制约的地位，要尊重和保障学

① 魏航：《现代大学制度视域下的学术权力与行政权力》，《辽宁行政学院学报》2014 年第 6 期。

术组织对学术事宜进行决策的权力。大学章程要明确学术委员会等学术权力机构的性质、地位及其与校党委和行政的关系；要建实学术委员会，学术评价的标准和方法由学术委员会来确定，学科建设、科研鉴定、新专业开办等学术事宜都应通过学术委员会；学术组织要吸收那些有声望、有水平、公道正派的专家学者为成员，这些专家学者应是一线教学科研人员而不是行政领导。加强学术委员会办事机构的建设，赋予其独立的职能、经费和人员，为学术委员会的独立、有效运行提供保障。[1]

（三）必须正确处理学校与学院的关系

受长期高度集中的计划经济的影响，我国高等教育的治理结构长期以来呈现出"行政化""高度集权"的特点，机构设置与运行方式类似于政府部门，资源分配、计划组织等管理权力高度集中在学校层面（包括学校职能部门），院系等基层学术组织缺乏自主权，办学活力不高。党的十八届三中全会提出，加快事业单位分类改革，推动公办事业单位与主管部门理顺关系和去行政化，创造条件，逐步取消学校的行政级别。完善高校内部管理构架，正确处理学校与学院的关系，是现代大学制度的内在要求和高校实行民主管理的必要条件，也是大学章程的重要内容。

现代大学诞生于西方国家，西方著名大学通常是"学院办大学"，学院具有非常大的办学自主权。英国牛津大学和剑桥大学最早创立学院制，自创立伊始便拥有了教学、科研、人事、招生、财政等方面的自主权。英国大学与学院的关系主要表现在以下几个方面。第一，学院自主权大，学院由院长及院士共同自主管理。校长更多的是荣誉职位，具有象征意义，不具有行政管理的具体职权。第二，学院拥有独立的财产和收入，按照大学章程委任自己的人员、自行招生，大学负责考试与颁发学位等。牛津大学作为英国最古老的大学之一，所拥有的 39 个学院和 7 个永久性的私人学院均独立进行自主管理。学院有相当大的自治权，享有对课程、教学、科研、招生、人员聘用等事务的权力。以牛津大学为代表的英国古典大学在名义上是一个自主和自治的实体，学院拥有高度自治权。美国大学是一个

典型的科层组织，实行的是董事会领导下的校长负责制。以加州大学为例，其内部管理构架包括董事会、校长及评议会（又称教授会）；校长由董事会推选产生，是大学的最高行政长官，拥有对学校日常事务的大部分管理权；评议会接受董事会的领导，负责学术事务的管理。学院的自主权体现在教授会拥有相当的决策权，在伯克利分校"凡学校的学术方针规划和全校教师的评鉴、任用、升职、加薪等，决定权全属教授会。教授会拥有最大主权，学校校长、副校长只执行评议会决定的学术方针及校董事会决定的非学术方面的行政事务"。这种分权模式，保障了学术自由和学院的办学自主权。①

我国高校传统的管理架构具有较强的计划经济色彩，束缚了学院的活力，不利于学院积极性和自主性的发挥。这种管理架构的缺陷是显而易见的。一是校院两级权责关系不对等。我国高校的人事聘任、资源分配、考核评价等权力集中在学校及其职能部门，导致基层学术组织赖以生存的各项资源调配权缺失，形成了"倒金字塔"式权力结构。权力上收、责任下放，人事权和财权在学校，事权在学院，压抑了基层学术组织的活力。二是机构设置行政化。我国高校都拥有一定的与政府机关相对应的行政级别，其内部管理构架亦基本效仿行政机关，且高校内设部门与行政管理部门呈现层层对应，体现了较强的"行政化"色彩。不担任行政职务的教师通常不掌握学校资源分配权，对资源分配审核权或评议权。这导致越来越多的教师"学而优则仕"，助长了"官本位"风气。而"官本位"又强化了"行政化"，使高校民主更加无从谈起。三是监督问责机制缺失。我国高校的财权、物权、招生权、人事权大多集中于学校及其职能部门，学院和教师较难对权力运行进行监督和制约。不受监督和制约的权力必然导致滥用和腐败，在"自律"不足而"他律"缺失的情况下，高校难免会存在人浮于事、不作为、乱作为、滥用权力等问题。

以大学章程为载体，正确处理学校和学院的关系，是高校全面深化改革、建立现代大学制度的突破口。一是要推进学部制改革，激发学术心脏地带的活力。高校基层学术组织的形式可以多样，但其必须成为落实学院

① 莫甲凤：《借鉴西方经验完善我国高校内部管理构架》，《江苏高教》2014年第5期。

自治权和教授治学的重要载体，从而有利于实现学科整合，提高基层学术组织的活力。与英美知名大学相比，我国高校学院设置规模普遍较大，普遍存在"一院办多个学科"和"一个学科多院办"的状况。实施学部制改革就是以多个相近一级学科整合设置学部，赋予学院相应行政管理职权，统一设置学术委员会，使其成为具有较大自主权、相对独立的办学实体。通过学部制改革，使高校将学科和课程的调整和设置权、科研项目管理权、教师聘用权等学术、行政权力下放给学部及学院，使基层学术组织拥有更多的办学自主权。二是推行大部制改革，实现管理重心下移。[1] 推进学部制改革，使高校内部管理重心下移，必须优化学校职能部门的机构设置，推行大部制。大部制是指在高校行政机构设置中，将那些职能相近的部门、业务范围趋同的事项通过"合并同类项"，简政放权，推进"放管服"，最大限度地避免高校行政机构职能交叉、机构重叠、政出多门、多头管理、人浮于事。伴随大部制改革，高校要推动学校职能部门权力下放。权力下放后，职能部门要从之前具体的资源分配和微观管理，转变为宏观管理、规划引导、评估评价、监督问责和优化服务，管理方式由事前管理更多地转为事中协调、事后管理。三是建立问责与激励机制，加强民主管理与监督。完善高校组织构架必须建立良好的问责制度和激励机制，奖优罚劣、赏罚分明。问责制就是遵循"规范授权—明确责任—实施问责—责任追究"的思路，把权力关进制度的"笼子"，用制度管权、用制度管事、用制度管人，建立完善权力清单、责任清单制度及对违法违规行为的问责体系。激励机制是对问责制度的重要补充，通过引入竞争机制，采取组织、物质、精神等方式激发校内各主体的主动性，调动他们的工作积极性。任何一所大学，权责清晰了，赏罚分明了，师生就会有更强的紧迫感、责任感和工作积极性，就会进一步增强师生的主人翁意识，形成良好的文化和生态，从而为高校民主管理和师生积极参与创造良好条件。

（四）必须正确处理大学与政府、社会的关系

具有独立主体地位、拥有办学自主权，是高校民主管理的基础和前

---

① 莫甲凤：《以大部制改革实现高校内部管理重心下移——西方五国大学的经验与启示》，《中国高校科技》2014 年第 2 期。

提。没有政府和社会对高校办学自主权的尊重，就不可能有高校内部的民主管理。章程作为大学的"宪章"或"基本法"，是大学处理与政府、社会关系的总纲领和主要依据，是连接高校与政府的纽带，是实现高校面向社会自主办学的第一步。

通过制定章程，政府要转变职能、转变方式，高校依法独立办学，正确处理好政府依法管理、社会参与和评价与高校独立办学的关系，建立现代大学的内外部管理体制。处理好大学与政府、社会的关系，一是要推进管办评分离、扩大高校办学自主权。推进管办评分离的核心思想和根本任务，就是要切实转变政府职能，明确政府、学校、社会各自的职责权限，形成政府依法管理、学校依法自主办学、社会各界依法参与和监督的教育公共治理格局。加大政府简政放权力度，推进"放管服"改革，从注重事前审批转变为注重事后监督，把注重微观干预转变为注重宏观调控，把注重分配资源转变为更好地提供公共服务。政府要由微观管理走向宏观管理由直接管理走向间接管理，由办教育向管教育转变，由管理向服务转变。改革后，政府不再作为高校的直接"运转者"，而是作为"引导者"和"监督者"，减少对高校不必要的行政干预。① 二是要保障高校依法自主办学。要以法律的形式，对高校办学自主权进行更完善的阐述和界定。政府实施权力清单和责任清单制度，做到"法无授权不可为、法定职责必须为"，教育行政职权和责任的基本内容、运行流程、追责情形等信息要完整、及时、准确地向社会公开，接受社会监督。② 三是发挥学术和市场配置高等教育资源的重要作用。计划、市场、学术是配置高等教育资源的三种途径。政府要改变目前既当管理者又当分配者的角色，发挥学术和市场配置高等教育资源的作用，将部分资源分配任务交给高校和市场，由高校通过学术和市场途径参与资源配置。凡是高校能够办好的事情都让高校办，凡是市场能解决的发挥市场机制的积极作用。四是建立高校办学质量社会评价体系。大力支持和发展专业机构和社会组织，发展壮大专业化、独立的第三方评价机构和社会组织。促进高校政务公开和校务公开，高校

① 赵秀红等：《推进管办评分离 构建教育公共治理新格局》，《中国教育报》2015 年 5 月 12 日。
② 夏鲁惠：《重塑政府与高校的关系》，《中国发展观察》2014 年第 5 期。

招生计划、毕业生就业率、教师队伍建设、科研项目和科研成果、财务状况、发展规划、绩效报告必须向社会公布，切实发挥社会各界对教育和学校的评价作用。建立健全第三方机构监管机制，推动成立教育评价的行业组织，对评价机构的资格准入、行业标准、业务指导、监督管理等实行行业管理和自律。

第五章　高校民主管理路径之一——党务公开

党务公开、校务公开和信息公开同为完善现代大学制度建设和民主管理的重要载体，都是为了充分保障师生员工的积极性并发挥他们的集体智慧，切实将科学决策、依法决策、民主决策统一起来，学校教育目标和基本方向以党的教育方针和社会发展的需要为参照，使学校的广大师生员工都参与到学校各项事业发展中。党务公开、校务公开、信息公开这三者之间既相互联系又各自独立，三者有交叉的环节但是又不是完全包含的。实践中，这三者之间构成一个有机整体，共同完善高校制度建设和民主管理。具体说来，信息公开是党务公开和校务公开的基础，任何人如果对学校基本的信息都不了解，置身事外，那么也就成了高校发展中的"旁观者"，必将影响高校民主政治建设。因此，要想实现党务公开、校务公开就必须做好信息公开。党委领导下的高校管理体制决定了高校党建的主导地位和作用，也表明了党务公开对于校务公开包括其他事务领域的公开起着引导、示范、带头作用。因此党务公开是信息公开和校务公开深入发展的前提条件。此外，在三者关系中，信息公开面向校内和校外，党务公开和校务公开则主要面向校内，党务公开侧重决策，而校务公开侧重执行过程和执行结果。本章主要对党务公开进行专题论述，校务公开和信息公开分别在后面章节进行阐述。

列宁曾指出："没有公开性而谈民主制是很可笑的。"[①] 信息透明是开展党务工作的前提，现代党务管理，是一个面向党员和群众并且可以积极参与的开放信息系统，不是封闭的。党务公开是根据《中国共产党章程》

---

① 许耀桐：《党的八大和党内民主》，《江苏行政学院学报》2006 年第 4 期。

《中国共产党党内监督条例（试行）》《关于建立党委新闻发言人制度的意见》《关于党的基层组织实行党务公开的意见》《中国共产党党务公开条例（试行）》和其他党内法规的相关规定，在不违背党内保密的前提之下，将党的建设与发展情况即时或适时通过合适的方法和手段向一定范围的党员和群众公开并且自觉接受党内民主监督。

党的十六届四中全会第一次把"推进政务公开"提上日程。党的十七大报告中把"尊重党员主体地位，保障党员民主权利，推进党务公开"作为党内民主政治建设的一项重要举措。2010 年 1 月 13 日，《中国共产党第十七届中央纪律检查委员会第五次全体会议公报》明确指出："积极推进党务公开特别是基层党务公开工作，落实党员的知情权、参与权、选举权、监督权。"从"逐步"到"积极"的调整表明党务公开已经成为党的建设和发展的一项战略行动。党的十七届四中全会提出"推进党务公开，建立健全党内信息通报制度，保障信息公开透明，使党内信息能够畅通无阻地进行流动"。党的十八大报告强调，从"尊重到保障党员主体地位"，从"保障党员民主权利到落实党员知情权、参与权、选举权、监督权"，表明党员主体地位和党员民主权利已经上升到制度建设层面。同时明确指出"要推进权力运行公开化、科学化、规范化，逐步完善党务、政务、司法和各领域公开制度"。将党务公开作为四大公开之首足以表明中国共产党对党务公开的重视。党的十八届六中全会对党内民主和党内监督也再次进行了强调和阐述，进一步强化了党务公开的重要意义。全会提出，党内民主是保障党内政治生活积极健康的重要基础，是党的生命线。任何党组织和个人都不得破坏党内民主，党内决策、执行和监督必须严格按照党章党规确定的程序和原则。党的十九大报告指出："扩大党内基层民主，推进党务公开，畅通党员参与党内事务、监督党的组织和干部、向上级党组织提出意见和建议的渠道。"2017 年 12 月 25 日，中共中央制定出台了《中国共产党党务公开条例（试行）》（以下简称《条例》），为做好党务公开工作提供了基本遵循，标志着党务公开工作全面走上制度化、规范化、程序化轨道。因此，要求我们加强对领导干部的监督，不得出现没有约束的权力，也不得有不受党内监督的特殊党员。党内监督是确保权力正常运行的根本保证，也是加强和规范党内政治生活的重要举措。

一 党务公开对高校民主管理的重要意义

《条例》以习近平新时代中国特色社会主义思想为指导，坚持问题导向，总结实践经验，对党务公开"公开什么""向谁公开""怎样公开"等问题作出了系统规定，为党务公开工作提供了基本遵循。正因为如此，高校开展党务公开工作，必须严格按照《条例》要求，正确把握基本原则、主要内容和工作要求，结合高校自身特点，必须毫不动摇地坚持社会主义办学方向，必须毫不动摇遵循高等教育的发展规律，必须毫不动摇坚持和完善党委领导下的校长负责制，牢固树立"四个意识"，坚定"四个自信"，坚定不移地贯彻党和国家的教育方针政策，把党务公开放到新时代中国特色社会主义高等教育伟大实践中来谋划和推进，把坚持和完善党对高校的全面领导要求贯彻到党务公开的全过程和全方位。

(一) 发展党内民主、强化党内监督、加强党的先进性建设的内在要求

没有公开就没有民主，公开程度的多少一定程度上反映了民主的程度。党内民主是党的生命线，也体现党的先进性，发展党内民主、推进党务公开是加强党的先进性建设的重要保证。中国共产党是以马克思列宁主义作为理论指导，全心全意为人民服务为其宗旨，因此其路线、方针、政策的形成和贯彻实施实际上就是发展党内民主。只有实行党务公开，加强党组织工作中的透明度，保障党员知情权、参与权、选举权和监督权，才能最大限度地调动起广大人民群众的积极性，集中全党和人民的智慧，才能使决策更加符合人民利益并取信于民。[①] 党务公开是各高校提升党内民主质量，加强党组织先进性和纯洁性建设，从而保障广大人民群众权利和教职工利益的内在要求。没有公开就谈不上监督，党务公开是实行党内监

[①] 陈荣武：《党务公开：高校党的先进性建设制度化的重要课题》，《思想理论教育》（上半月·综合版）2006 年第 9 期。

督必不可少的条件，高校要善于利用党务公开工作，通过党务公开加强对党内外党员群众的监督，不断提高自己的领导能力和工作水平，建立健全高校党内监督体系和惩治腐败体系，从而确保党员尤其是领导干部的清正廉洁，使党员干部队伍能够始终保持先进性和纯洁性。

（二）实现党内民主、推行民主管理、提高党的领导能力的客观需要

党内民主就是全体党员拥有直接或间接参与决定党内一切重大事务的权利，体现在党内制度和党内生活的方方面面。党内民主决策可以分为三个方面。一是高校党委领导班子在作出重大改革和发展的重要事项之前，必须先党内后党外，广泛听取党员干部的意见，集中民智，科学决策。只有实行党务公开，让广大党员群众了解到学校的发展大事，才能够调动他们参与决策的积极性、主动性和创造性。只有这样，党内机关和决策者制定的决策、规划、程序和结果才能够有更高的透明度。二是党务公开可以提供良好的机制平台，使得领导班子和广大人民群众决策更加民主化，管理更加科学化，监督更加规范化。面对国内外复杂局势和党执政条件的深刻变化，高校党委在领导学校各项事业发展的时候，必须要顺应时代和环境发展的潮流，促进高等教育事业健康快速发展，实现"科教兴国""人才强国"。信息化时代，需要党更加积极主动并善于把握信息流动的主动权，党务公开则是掌握领导工作主动权，改进党委领导方式，提高党委领导能力，增强党内先进性建设的一项重要举措。三是实施党务公开，是我们坚持和完善民主集中制的有效途径，扩大人们对于学校发展的目标、思路、重点以及措施等重大问题的知情权，集中群众的智慧和力量，能够调动广大党员和职工的积极性、主动性和创造性，有利于提高决策的科学化、民主化，落实科学管理、依法管理、民主管理原则。同时加强人才管理，以党内民主带动教学民主，全面加强和改进党的建设，使得党内领导决策方式方法更加科学有效，领导水平和执政水平不断提高。①

---

① 陈荣武：《党务公开：高校党的先进生建设制度化的重要课题》，《思想理论教育》（上半月·综合版）2006 年第 9 期。

（三）扩大党内民主、保障党员民主权利的重要举措

中国共产党是由近9000万党员组成的具有共同理想的先进群体。这就决定了党员是党的主体，是中国共产党的肌体细胞。在党的建设过程中，党员一直处于积极、主动的地位，是党内民主的主体。这种主体地位就要求党员必须以主人翁的身份积极参与党内事务，主动行使权利。我们党是马克思主义执政党，党的纲领、路线、方针和政策决定了我们必须要为人民负责，这就要求我们必须坚持党内民主，这是党的生命线，也是党的先进性的表现。党内民主的前提是要实现党务公开，这也是发展党内民主的必然要求。党务公开不仅是党内民主的重要标志，也是党内民主发展到一定阶段的必然产物。

（四）密切党群关系、推行高校民主管理的有效途径

高校是众多知识分子的聚集地，民主氛围浓厚，高校中的党员是师生中的优秀分子，有着较强的民主意识，在推进党务公开上有着得天独厚的优势。在高校民主管理的过程中要想得到师生信任，首先必须尊重教师和学生，相信师生的力量，切实保障教师和学生对于高校事务的知情权、参与权与监督权等民主权利。高校党务公开实质上就是尊重全体党员和各民主党派，尊重和相信教职员工的一项重要民主制度和政治制度，也是联系党与人民群众的一条重要纽带。让广大师生员工更加了解和积极参与高校管理事务，以便让他们的意见与建议能够及时、准确、真实地反映到学校党委，让学校党委能够做出更符合广大师生群众利益、体现党的先进性要求的决策和主张。[1] 高校实行重大事务党务公开，可以让党委、各级党组织、党员和广大教职工之间发生深刻的交流互动，这种关系可以让各组织对于重大问题能够逐渐趋于一致并和谐统一。高校实行党务公开，必须建立健全党群沟通体制机制，将涉及广大教职员工的根本利益和教职员工普遍关心的热点、难点、重点问题以及为广大群众办实事的进展情况做出公

---

[1] 张陟遥：《高校党务公开的价值意蕴与路径选择》，《学校党建与思想教育》（高教版）2012年第2期。

示，可以增强教职员工对于学校党委和行政工作的理解，消除党群、干群之间因为信息的不对称而产生的矛盾，为建设和谐美丽的校园环境创造条件。一定程度上，高校民主管理的核心就是要处理好党群、干群之间的关系，党群、干群之间相处和谐，同心同德，就能够形成最大合力促进高校和谐健康发展。党务公开是处理好党群、干群关系的关键因素，为党在教职员工心中保持先进性和纯洁性提供了重要途径。

二　高校党务公开的基本要素及基本原则

（一）高校民主管理中党务公开的基本要素

2010 年 9 月，中共中央办公厅印发了《关于党的基层组织实行党务公开的意见》（以下简称《意见》），明确了基层党务公开工作的目的、意义、指导思想和目标要求，对党务公开的实施主体、内容、程序、方式、时限、步骤方法和工作要求都作出明确规定。《意见》是中央关于实行党务公开的一部纲领性文件。高校党务公开是一个系统工程，在实施的过程中注意把握以下五个方面的基本要素。

1. 实施主体

《意见》规定，基层党组织党务公开主体是：农村、企业、学校、机关、科研院所、街道社区、社会组织和其他基层单位等党的基层组织。《中国共产党普通高等学校基层组织工作条例》规定，高校各级党组织都是党的基层组织。由此可见，高校党务公开的实施主体是高校三级党组织，即校党委、院系（机关）党总支、党支部。

2. 公开内容

高校党的基层组织党务公开内容主要包括：第一，学习贯彻党中央和上级组织决策部署，坚决维护以习近平同志为核心的党中央权威和集中统一领导情况；第二，任期工作目标、阶段性工作部署、重点工作任务及落实；第三，加强思想政治教育工作、开展党内学习教育、组织党员教育培训、执行"三会一课"制度、精神文明创建活动等；第四，党组织的换届选举、议事规则、党组织设立、发展党员、民主评议、召开组织生活会、保障党员权利、党费收缴使用管理以及党组织自身建设等情况；第五，党组织党风廉政建设、防止和纠正"四风"现象，联系和服务党员和群众情况等；第六，党内制度规定的各项办事程序和工作要求，包括完善民主参与、民主决策、民主管理、民主监督等制度建设；第七，落实管党治党政治责任，加强党风廉政建设，对党员做出组织处理和纪律处分情况；第八，其他应当公开的党务。① 高校党务公开既要涵盖上述所说八个方面，又要突出公开广大师生关注的重点、热点和难点问题，特别是"三重一大"情况，即"重大事项决策、重要干部人事任免、重大项目投资决策、大额资金使用"等，还有重大学术活动、职称评审、保障师生员工合法权益情况等。

3. 公开方式

传统公开方式主要是通过党务公开专栏、学习大会、颁布文件以及简报等形式，为了更加方便、快捷地公开党内事务，还可以选择灵活多样的方式，比如电子显示屏、互联网、网站、手机短信、微博以及微信公众号等。高校是知识分子的集聚地，广大师生员工能够普遍熟练掌握计算机网络技术，对于现代科技手段的运用也是得心应手。因此，高校党务公开在充分利用传统公开方式（比如会议、简报、文件等手段）基础上，也要顺应社会发展的潮流，与时俱进，充分利用微博、微信、网站等现代化信息手段推动党务公开工作的开展，增强党务公开的便捷性、时效性和有效性。

4. 公开程序

高校党务公开的程序，凡列入党务公开目录的事项，必须要事前征求意见，经过充分讨论，再科学决策，公之于众，接受监督。其基本程序应把握以下几点。第一，提出方案。高校党组织有关部门研究提出党务公开方案，拟定公开的内容、范围、时间、形式和受众等，把好党务公开的第一道关口。第二，审核内容。高校党组织有关部门进行保密审查并从必要性、准确性等方面进行审核。在遵循依法、有序、有效、统筹公开的原则基础之上，必须要根据各高校未来发展的战略目标和自身发展的实际，确

---

① 《中国共产党党务公开条例（试行）》，《光明日报》2017 年 12 月 26 日，第 3 版。

保公开内容的真实性、有效性，使得党务公开内容能够切实保障广大党员群众的权利，满足广大师生员工的需求。第三，审批方案。高校党组织依照职权对党务公开方案进行审批，超出职权范围的必须按程序报批。高校党务公开不得危及政治安全和学校稳定。第四，实施公开。高校党组织有关部门按照经批准的方案实施党务公开。党务公开是有严格范围的，必须要根据不同的公开内容确定不同的受众。如果公开内容仅限于党内公开的，那么就不能在全校师生员工中公开；如果公开内容仅限于副处级以上党员领导干部，那么就不能在全校党员干部中公开。第五，注重反馈。高校应安排专人对党务公开的信息资料进行归纳与整理，通过认真学习研究提取有价值的信息，对于重大问题整改之后也应及时予以公开。

5. 公开时限

高校党务公开时间也要确保规范化，根据公开内容的具体情况确定更新周期，公开时间与公开内容相一致，定期公开与不定期公开相结合，从而确保更新时间的高效性、时效性和动态性。第一，对于传统固定的党务公开内容应该定期进行公开。应该根据各高校的实际情况将高校党组织党务工作中的基础性和规范性的事务工作以及民主生活会举办的进展情况进行定期公开。第二，对于高校未来发展规划、党组织领导班子任免情况、根据反馈意见更新调整过的内容以及广大师生员工关心的热点、重点和难点问题不定期进行公开。第三，对于正在进行的决策事项，应在规定时间内对广大师生员工予以公开；对于一些需要决策的问题，事先应广泛征求师生员工的意见；对于一些关系到广大师生员工切实利益的问题，必须广泛地走群众路线，做到集思广益，反复论证，科学决策，群众满意。

（二）高校党务公开的基本原则

一是坚持正确的办学方向。高校党务公开必须坚持维护以习近平同志为核心的党中央权威和集中统一领导，认真贯彻落实习近平新时代中国特色社会主义思想，牢固树立"四个意识"，坚定"四个自信"，把党务公开放到新时代中国特色高等教育事业的实践中来谋划和推进，把坚持和完善党对高校的全面领导要求贯彻到党务公开的全过程和各方面。始终坚持社会主义办学方向，坚持立德树人的根本任务，培养德智体美劳全面发展的社会主义建设者和接班人。

二是坚持发扬党内民主。高校党组织要保障党员民主权利，落实党员知情权、参与权、选举权、监督权，更好调动党员的积极性、主动性、创造性，及时回应党员和群众关切，以公开促落实、促监督、促改进。

三是坚持积极稳妥推进。高校党组织要注重党务公开与校务公开等衔接联动，统筹各层级、各系统党务公开工作，一般先党内后党外，分类实施，务求实效。

四是坚持依规依法公开。高校党务公开不是无原则、无底线、无止境和无范围公开的，必须要尊崇党章，依规治党，依法办事，科学规范党务公开的内容、范围、程序、时间和方法，增强程序性、严肃性、公信度，不断提升党务公开工作制度化、规范化、科学化水平。①

五是坚持循序渐进公开。高校党务公开必须遵循有序性原则，在适当的时间和范围内以适当的方式进行公开。高校党务公开从狭义上来看，是指将高校党组织的自身建设和活动向全体党员公开；广义上来看，高校党组织的各项工作和活动不仅在党内公开，还要向师生员工公开，甚至有些事项还要向社会公开。不同内容的公开就有不同的公开范围。有些党组织的活动和工作事务只适合在党内或一定范围内的党内公开；有些事项先党内后党外公开；还有些事项应该同时面向党员、群众和社会组织公开。这些都需要具体问题具体分析，根据内容来确定公开形式。一是高校党务工作公开对象要党内党外分开，有序公开。对于学校战略发展的重大决策，要先党内公开，再党外公开，对于一般性基础性的事务工作可以同时公开。② 二是公开程序要分层分段，有序公开。按照决策前征求意见、充分民主讨论、决策结果公开和事后接受监督的基本程序，不断增强党务公开的时效性、有效性和针对性。

六是坚持统筹兼顾的原则。党务公开工作并不是一项独立的工作，而是一项系统性、复杂性、综合性很强的工作，党内民主贯穿党务公开的全方位和全过程。因此，高校在进行党务公开制度的设计与创新时，要结合

---

① 《中国共产党党务公开条例（试行）》，《光明日报》2017 年 12 月 26 日，第 3 版。

② 贾志兰、林峰、季惠群：《高校党务公开工作运行机制初探》，《思想理论教育》（上半月综合版）2007 年第 5 期。

党内民主，在充分考虑细则配套的基础之上，努力使各部分做到上下衔接、整体协调、内外联合和前后贯通，使得各细则、各条款之间既不互相冲突也不互相抵消，既没有越位也没有遗漏，使得各项制度之间互相配合，做到空间上并存、环节上紧扣、功能上互补。

三　高校党务公开的现状

（一）高校党务公开工作取得的成效

自 2010 年 9 月中共中央办公厅规定基层党组织实行党务公开以来，高校党组织通过各种形式进行党建党务创新，不断推动党务公开工作的建设，取得了显著的成效。主要表现在以下几个方面。

1. 密切了党群、干群关系，凝聚了党心民心

党务公开工作在高校党组织和群众之间架起了一座直接沟通的桥梁，将两者紧密联系起来，收到了良好的效果。许多高校基层党组织高度重视，大力宣传引导，加大改革力度，采取多种措施，把党务公开作为转变基层党员干部作风、加强基层党内民主政治建设、密切党员和群众之间关系的有效途径。比如同济大学不仅创设了学校党务公开的网站，还开设了几个二级党组织和党支部公开站点，将党建内容公开，包括党组织设置、党务工作政策以及年度党建工作目标、任务和计划等。同时网站也是一个双向交流互动的平台，回应广大师生员工最关心的热点、难点问题，及时化解师生员工的思想情绪。

2. 增强了工作透明度，促进了决策的科学化民主化

党务公开制度的推行，把重大决策过程中的事前调研、事中充分论证、事后督办落实有机结合起来，有利于广泛征求党员、群众、各民主党派和无党派以及社会各界人士的意见和建议，引导党员和群众采取理性的态度表达自己的利益诉求，避免因为信息不对称、决策不公开产生猜疑和误会。同时有利于师生员工和社会各界人士加强对高校党组织的监督，对党内权力运行和决策过程都起到了有效的制约与监督作用。同济大学的党务公开网站上，不仅对学校党员干部任免情况做了详细公示，也高度关注

学校党委的重要规章制度，开设了"反腐倡廉"专栏，如《同济大学党风廉政建设和反腐工作要点》《中共同济大学委员会关于落实党风廉政建设监督的实施办法》等予以公示；华东师范大学在学校党务公开网站上，将党务分为三级目录进行公示。这些举措都是为了激发调动广大党员群众建言献策的积极性，维护广大党员群众知情权，积极主动为学校健康快速发展贡献自己的一份力量，同时使学校党委工作更加科学规范化，决策更加公开透明化，更加符合广大师生员工的期待，使民主集中制的思想得到充分体现。

3. 党员主体地位日益彰显，政治参与意识逐步增强

党的十八大报告提出，只有落实党员知情权、参与权、选举权和监督权，才能使党员主体地位得到尊重和保障。高校推进党务公开既有利于保障党员主体地位，也有利于党员实现各项民主权利。近年来，高校党组织积极实施党务公开，主动推动党务公开工作，使得广大党员和师生员工通过网站、微博、微信公众号以及相关党务公开平台了解到党组织各个环节运作情况，有利于密切党组织与群众之间的关系，提高管理透明度，避免因为信息不对称产生误会和矛盾。使得党内民主充分有序发展，党员主体地位得到尊重，党员知情权、参与权、监督权和选举权切实得到保障。华东师范大学党务公开网站上，全校各基层党组织都有进行链接，各基层党组织的网站中包含了党的纲领、路线、方针、政策和重要理论知识、时事政治、支部重大决策以及支部生活等板块。不仅方便支部成员进行观看学习，增强自身参与党务工作的积极性和热情，也有利于全校各基层组织之间互相交流和学习。

（二）高校党务公开工作存在的主要问题

近年来，高校党组织在不同领域都开展了党务公开的试点工作，进行了许多积极探索，取得了明显成效。但总体看来，党务公开工作仍然处于起步探索阶段，同新时代要求相比，仍有许多新的问题需要研究解决。目前看来，党务公开主要面临一些不够适应的问题。

1. 缺乏对高校党务公开的重要性认识

高校有些党员领导干部对于党务公开的地位和作用，还存在思想上认识不足和实践过程中存在顾虑、忌讳的问题，还有一部分人认为没有必要进行党务公开,同时会增加工作上的麻烦和难度。也有的领导本身不愿意或者不敢进行党务公开,比如有的地方在进行民主测评领导干部的时候,虽然党员干部参与了民主决策,但是民主测评的结果没有对广大党员群众公开,使得党员和群众的知情权、监督权没有得到落实。① 还有一些领导干部甚至把党务公开等同于政务公开,对于党务公开的概念内涵和界定范围都存在着认识上的错误。部分高校师生员工担心党务公开工作仅仅是表面工程,没有有效地操作方法,只是搞形式、走过场,这些都是高校党组织在具体实践过程中需要思考的问题,为什么会产生这种现象?产生这种现象的本质原因又是什么?由于党务公开在内容、程序、操作方法上存在着不同程度的缺陷和问题,容易让部分党员和群众对党务公开工作缺乏信任,没有激发和调动党员和师生员工积极参与学校党务公开工作的积极性和主动性,对学校发展存在事不关己、高高挂起的思想和行为。

2. 高校党务公开的配套制度不健全

目前,大部分高校对于党务公开尚处于探索阶段,也只是建立党务公开工作如何实施以及对党务工作如何考核评价的方法,明确党务公开的内容、程序、方法、要求等基本框架性制度,对于党务工作中存在的一些细节性问题和原则还没有建立健全相关制度。党内各项事务会前征求意见、决策后进行公开等,需要结合各高校实际情况,进一步探索有效操作方法。

各高校在出台党务公开政策时在内容、形式和要求上都存在着差异,这种差异使得党务公开工作质量参差不齐,没有一个对党务公开工作进行评价和衡量的标准。也没有根据党内民主政治发展和党务公开的要求,制定和完善党务公开的相关制度,特别对于一些事关学校发展全局的重大问题规划不科学,对涉及师生员工切身相关利益的问题决策不慎重,使得党组织内部信息流通不畅,广大党员和群众对党组织产生神秘感和距离感。

3. 高校党务公开的内容不够全面

高校党务公开内容不全面,对于应当公开的和不应当公开的没有明确

---

① 张晓歌、张虹:《党内民主建设的重大举措——关于党务公开问题的若干思考》,《湖北社会科学》2009 年第 6 期。

的界定；注重公开的结果，轻视公开的过程；事前征求意见公开少，事后决策公开多；党内常规性工作公开得多而广大师生员工关注的重点、热点和难点问题公开得少。一方面对于公开内容没有进行分门别类，做系统的整理，公开内容虽然很多，但是很多党员和群众看得一头雾水，仍然没有明白哪些内容公开，哪些内容没有公开，没有形成有效的制约监督。另一方面，党务公开存在一些问题，回避广大群众关心的热点、疑点和难点问题，有的单位仅仅是公示党组织和党员干部的工作业绩，对于群众关心的党员干部自身的清正廉洁以及家庭财产情况和民主评议结果等问题视而不见；为了维护地区和谐稳定，对于群众关心的社会热点问题闭口不谈。①这使党务公开成了一些单位的"临时广告牌"和个别领导干部的"专门邀功簿"，不仅不利于广大人民群众全面了解党的工作和党内事务，也不利于发展党内民主，建立健全党内制约监督体系。

4. 高校民主监督力度不够

高校党务工作是高校管理系统中一个重要组成部分，但在当前仍然有少数领导干部和师生员工认为党务工作不重要，党务工作开展得多与少对于学校的发展没有什么影响。因此，高校党务工作是否公开、为谁公开、怎样公开意义都是不大的。极少数高校党务工作者，由于自身思想认识有限和业务能力的欠缺，在进行党务公开时方法单一，不灵活多变，只是按部就班地告知广大师生员工，使得广大师生员工对于一些党务公开内容一头雾水，对高校党组织党务工作产生不信任，降低参与高校党组织党务公开事务管理的积极性。一些党务工作者也疏于对党务工作进行有效的民主监督，当有部分党员和群众提出质疑和问题时，党务工作者不能及时回答群众反馈意见，也没有做好相应整改措施，没有发挥党务公开应有的作用。一些党员和群众由于自身缺乏民主监督意识，对于部分党务工作者公开的内容不够全面、程序不够规范、载体不够丰富、方式比较单一、公开程度不够深入没有任何反应，即便有些人提出异议，党务工作人员要么反应迟缓、要么不回应，使得党务公开工作仅仅流于表面，不能发挥它应有的作用。

---

① 王俊：《党务公开的运行机制研究》，《新视野》2009年第2期。

5. 缺乏对高校党务公开的系统深入研究

高校党务公开工作作为一项新生事物，对高校长期以来一直形成的管理体制和运行方式是一次深刻的变革。目前，对高校党务公开制度还缺乏系统深入的研究。在理论和实践研究中，人们对于高校党务公开、信息公开、校务公开等制度还没有准确清晰的概念界定，使用混乱，这些都直接影响高校党务公开制度的制定、发展、完善和实践。

四 积极推进党务公开，促进高校民主管理

党务公开是我们党在新时代全面从严治党的一项改革创新工作，也是高校党组织的一项重要任务。为了防止党务公开走过场，流于形式，必须要体现出制度的刚性。把高校党务公开工作推向深入，要把握以下几个关键环节。

（一）增强民主意识，营造党务公开氛围

党的十八届六中全会指出，党内民主要广泛听取各方面的意见和建议。必须要尊重党员主体地位，保障党员民主权利，切实落实保障党员知情权、参与权、选举权和监督权，保障全体党员平等享有党章规定的党员权利，履行党章规定的党员义务，坚持党内民主平等的同志关系，任何党组织和党员不得侵害党员民主权利。

一是要培养高校党员干部特别是领导干部的民主意识和政治站位。加强对高校党员干部的政治意识、大局意识、核心意识、看齐意识的教育，牢固树立以人民为中心的思想，深刻认识高校实行党务公开的重要性和必要性，是发展党内民主、加强党内监督的重要举措，也是我们党科学执政、民主执政、依法执政，加强执政能力建设，提高领导水平的最基本要求之一。因此，高校广大党员干部务必明确自己的使命和职责，牢固树立人民公仆意识，全心全意为人民服务，自觉接受人民监督。同时要积极主动畅通党员参与党内事务的途径，拓宽党员群众表达意见的渠道，在党内营造一种风清气正、民主和谐的政治氛围。

二是要澄清对党务公开的认识误区。针对高校极少数党员干部对党务

公开的认识存在不重要、搞形式、不管用等误区，必须要加强党性党规教育，坚决贯彻中央精神和上级部署的任务，使其认识到党务公开的重要性。我们党的执政权来源于人民，因此要为人民掌权，就要全心全意为人民服务，不断增强自己的民主意识和参与意识，消除利益驱动下的错误需求动机，形成正确的价值观、利益观和权力观。① 党员有权向党组织揭发、检举党的任何组织和任何党员违纪违法的事实，并且提倡实名举报。

三是要增强党员群众参与党务公开的积极性，改变一直以来重集中轻民主、重统一轻差异、重服从轻参与的倾向。尊重落实党员的主体地位，关键就是要落实和保障党员知情权、参与权、选举权和监督权。其中，知情权是党员最基本的权利，没有对党组织各环节运行情况的了解就不可能负责任地行使选举权和参与权。因此，党务公开不是党组织的权利，而是必须切实履行的职责。

（二）严格规范程序，健全长效机制

一是建立健全责任制度。高校党组织主要负责人是党务公开工作的第一责任人。党委领导下的党务公开制度，首先，要将领导班子成员分工情况进行公开，使班子成员做到"在其位，谋其政"，职责明确，责任到人，便于让广大党员和群众对党委领导班子工作情况进行监督，也为党委领导班子绩效考核奠定基础。其次，党务公开就是将权利和责任结合起来，不仅有利于公开化、透明化，便于师生员工的监督，而且有利于师生员工评价校领导班子集体和每位班子成员的能力与业绩。再次，要强化党务公开工作的追责，对于党务公开不够积极的，要及时批评教育，督促改进；对于不敢公开、虚假公开的，要严格进行处理，并采取适当的方式进行通报批评，对于存在严重问题的，要做到一查到底，做出相应的党纪处分。因此，高校党委要把各级领导的权利、责任和任务公开，通过党务公开这一阳光工程，监督和约束各级领导班子的思想和行为，确保高校党组织的先进性和纯洁性，真正建立一个和谐、民主、廉洁、务实、高效的领导班子。

---

① 孙玉蓉：《浅谈如何推进新时期下的党务公开》，《工会博览：理论研究》2011 年第 10 期。

二是建立健全考核评价制度。高校党务公开工作是一项综合性、系统性的工程，要根据党务公开的基本要求，结合本校的实际，广泛听取党内党外群众意见，制定出特色鲜明、简便易行的党务公开评价体系，把党务公开纳入全面从严治党的考核评价中去。考核的主要内容有：高校党组织领导班子及其成员是否积极推进党务公开工作，是否有健全的党务公开办事机构，在岗位管理上是否职责明确、分工到人；公开内容是否客观全面；公开形式是否多种多样；公开程序是否科学规范；公开时效是否及时高效；对于广大党员群众提出的意见和建议是否及时反馈和办理；是否密切了党群、干群之间的关系。对于一些重大决策、重大项目、重要干部选拔任用和大额资金使用是否集体讨论决定，决策中是否广泛征求党员和群众意见等。通过制定科学合理的考核办法，用制度管人、管事，不断提高高校党委班子的领导能力和水平。对于在考核过程中发现的公开内容不全面、公开程序不规范、公开形式不合理等问题，要向被检查单位发出整改通知，责令其在一定期限内做出整改，并对相关责任人进行追责。

三是建立健全监督制度。《条例》明确要求，党务公开要依法推进，切实做好党务公开的监督和追责。对于高校党组织来说，要高度重视、严肃对待党务公开工作，真正本着对党忠诚、对人民负责的态度做好党务公开工作，及时克服不想公开、不会公开、不敢公开的错误思想与糊涂认识。要依法推进党务公开工作，遵守党章党规，依规管党治党，依照法律办事，严格规范党务公开的内容、范围、程序和方式，增强党务公开的严肃性、真实性、公信力，不断提高党务公开工作透明化、制度化、规范化水平，避免和防止党务公开工作的随意性和形式化。要依法有序进行党务公开工作的考核监督，将党务公开工作情况纳入全面从严治党的范畴，健全党务公开工作的考核监督机制，完善党务公开工作的平台，创新党务公开监督的方式，优化党务公开监督成果的合理使用，确保党务公开的常态化、有效性。高校要发挥知识分子群体、群团组织、民主党派和学生组织的优势，积极主动地参与学校党务公开工作的监督，定期听取他们的意见和建议。

(三) 丰富公开内容，建立党员主体参与激励机制

党务公开可以丰富学生思想政治工作和学生党建工作，公开与学生利益相关、与学校未来发展计划相关的内容可以调动广大学生参与党员讨论、支部共建、梳理和完善支部公开内容和范围的积极性和热情。在党员活动中赋予大学生党员更多的权利，进一步加强和完善党支部与社团、团支部和学生会之间的联系。[①] 对于入党积极分子的培训情况、党员发展教育培训及转正等环节实施公开，将党员发展的全过程置于阳光下，接受广大党员群众的监督，保证党员发展程序的过程公开、结果公开。将党员密切联系人民群众，党员团员之间帮扶发挥作用情况公之于众，充分发挥党员先锋模范带头作用，保持党员的先进性和纯洁性，最大限度地发挥党员的积极性、主动性和创造性。通过党务公开平台，也要让教师群体参与到党组织事务中来，调动激发广大教师树立主人翁意识，充分行使人民赋予的各项权利，同时要认真履行自己的义务。建立教师党员与学校领导沟通的长效机制，在教师党员和学生党员之间架起一座桥梁，在教师党员和普通群众之间建立一条互动纽带，将教师党员置于党务工作第一线，使他们在党务公开的实践活动中发挥主体作用。

(四) 注重分类指导，从结果公开向过程公开推进

高校党组织是由各基层组织组成的统一体系，不同层次的组织担负着不同的职责和任务。对于担负不同职责任务的组织我们要分类对待，各有侧重。从管理学的角度，要进行分层建设和分类指导，在实际工作中切实增强党务公开工作的可操作性。高校党委既是党务公开工作的主体，又是党务公开工作的核心主体；既要能对党务公开工作进行宏观指导，又能够制定党务公开过程中需要的工作方案、基本内容、基本要求和基本形式；既要让各级党组织在实践过程中不断取得实效，又要不断加强自身公开能力的建设，增强师生员工的满意度。在不断增强党务公开可操作性的过程中，在公开内容上，由部分公开转向整体公开；在公开时间上，由事后公

---

① 何爱华、虞丽娟：《高校党务公开长效机制探索与研究》，《上海党史与党建》2012 年第 7 期。

开转向事前、事中、事后全程公开；在公开形式上，由静态形式转向动态
形式，由结果公开转向过程公开。① 总而言之，高校党委在进行党务公开
过程中，要根据本校未来自身发展要求和广大师生员工自身特点，制定出
符合本校实际、突出本校特色、师生员工满意、切实可行的党务公开实施
细则，使党务公开工作更加科学化、规范化、常态化。

---

① 张陟遥：《高校党务公开的价值意蕴与路径选择》，《学校党建与思想教育（高教版）》
2012 年第 2 期。

第六章　高校民主管理路径之二——校务公开

一　高校校务公开概述

（一）高校校务公开的含义

高校通过具体的制度，明确一定的程序、形式和范围，将与学校的各项重要决策进行公开，这种实践活动形式称为校务公开，其内容涉及学校的建设发展、教职工福利保障、教学改革以及后勤管理等各个方面。通过这种方式，让教职工知晓校情，从而参与到学校的建设管理和监督中来，是高校政务建设的具体体现①。即，与学校有着密切关系的所有重大事项都要按照一定的程序，以某种形式进行公开，这就是高校校务公开。但是，涉及党政机密或者国家规定不准公开的事项不在校务公开范围之内。学校行政既是校务公开的实施主体，也是责任主体，其负责实施校务公开活动，以确保教职工对校务的知情权和参与权。

（二）高校校务公开的重要性

1. 校务公开是高校依法治校、民主管理的必然要求

中华人民共和国成立以来，党和国家十分重视民主和法治建设，不断推进我国的民主化和法治化建设深入发展，取得了世界公认的成就。特别是党的十八大以来，以习近平同志为核心的党中央提出了"四个全面"的战略布局，其中全面依法治国的目标就是坚持法治国家、法治政府、法治

---

① 中国教科文卫体工会、教育部监察局：《校务公开工作文选》，中国工人出版社，2002。

社会一体建设。在这样的大背景下，高校校务公开既是落实依法治国的战略需要，也是一种民主政治建设的有效方式，契合当今世界民主政治建设理念。正因为如此，民主政治是新时代政治文明的核心。与传统高校的治校观念不同，民主治校成为现代大学的一个重要特征，以校务公开的形式体现出来，以满足现代社会对高等教育的要求。在新时代，我们党确立的一项重点工作就是推进中国特色社会主义政治文明建设。高校在社会中具有特殊的使命、任务和影响力，其代表着人才培养、科学研究、社会服务和文化传承与创新，因此，其一举一动都对社会有着重要的影响，尤其体现在精神文明建设方面。这就要求高校积极承担自身的社会责任，为我国的精神文明建设做出表率，助力社会政治文明发展。"国家一切权力属于人民"，在高校中，广大的教职工和学生是学校的主人，他们有权参与学校的管理；同时，教职工的主体地位正是通过参与学校管理得以体现的。

我国高校传统校务管理存在着诸多的问题，主要表现在认识不到位、体制不顺畅、制度不健全、方法不灵活等方面，校务公开将为新时代高校的管理提供一个全新的模式。要想实现管理创新，关键是要实现制度创新，从而落实创新观念，即先进的办学理念需要相应配套的制度体系作为支撑才能落到实处。人性与制度之间存在着密切的关系，对人的品行影响极大，决定着人的发展走向。社会中的一切都受到制度的深刻影响。高校的学术性是其基本属性，这就要求高校在建立管理机制时，应以学术自由繁荣发展为目的，以教授治学为主要手段，以学校自主办学为发展模式，并从机制上得以充分体现。因此，高校要遵循教育规律，遵循人才成长规律，遵循社会发展规律，正确处理好政治、学术与行政管理三者的关系，以新时代中国特色社会主义理论为指导，以党和国家的大政方针为遵循，制定严格的行政管理制度，建立健全学术管理机制，加强内部民主政治建设，从而打造高校民主管理体系，实现高校的民主管理创新发展。而校务公开是实现这个目标的最佳手段，只有通过校务公开这种方式才能实现教职工参与学校的管理，并对学校管理活动进行监督，推动校园民主政治建设进程①。

---

① 何爱华：《大学精神与高校民主管理》，《人民论坛》2010 年第 17 期。

2. 校务公开是高校实现决策民主化、科学化的重要举措

概括来说，高校管理包括两大类：一类是党务、行政管理，是一种基础性管理，涵盖学校的方方面面、上上下下；另一类是民主管理。实际上民主管理始终贯穿于党务管理、行政管理的全过程，后者为前者的基础，两者相互影响，相互促进，对党务管理、行政管理工作具有极其重要的意义。通过校务公开这一渠道，师生员工能够参与到高校管理工作中，获得相关的管理参与权，及时了解学校相关工作的决策过程，并针对问题提出自己的看法和意见，使得决策更加科学完善，从而增强师生员工的主人翁意识，激发他们的工作热情和创新精神，努力投身教书育人、管理育人和服务育人，主动为培养德智体美劳全面发展的社会主义事业建设者和接班人做出积极贡献。

与此同时，民主监督是高校校务公开的一个重要职能，是建立现代大学制度的重要内容和必要保证。实行民主监督，是高校管理过程中各相关主体享有民主权利的重要体现，也是高校科学决策和健康发展的必要条件。没有民主监督，权力就可能走向腐败，决策就可能变成专断。校务公开最大的特点是"公开"，全体师生员工通过"公开"的途径，了解学校重点工作的决策过程、运转情况和执行效果，监督各部门履行职责是否符合国家法律法规、方针政策和学校章程的规定，处理结果是否公正公平。师生员工通过对公开内容与工作实际情况的比较，发现问题，提出质询和改进建议。通过这种监督方式，一方面能够促进学校各级领导干部严格要求自己，依法治校，按章办事，正确使用权力，避免决策的盲目性，增强决策的科学性、落实的有效性；另一方面，有助于师生员工关注学校的建设和发展，有助于调动师生员工积极参与学校改革发展的决策过程，提高学校工作的效率和群众的满意度。高校在实施校务公开工作中，要严格按照规定的程序进行，提升该项工作的规范性，真正吸引广大师生员工的参与，落实他们的民主参与权、民主管理权和民主监督权，推动高校民主政治建设向纵深发展。

3. 校务公开是高校维护师生员工合法权益、确保和谐稳定的有效途径

高校的和谐稳定对整个社会的发展有着重大的影响。当前，中国特色社会主义进入新时代，我国社会主要矛盾已经转化为人民日益增长的美好生活需要和不平衡不充分的发展之间的矛盾。正确认识和把握这个新的重大政治论断，对于高校推进民主政治建设至关重要。高校管理者必须坚持以师生员工为中心的发展思想，不断满足师生员工日益增长的美好生活需要，促进人的全面发展；必须依靠师生员工的支持，经常保持同师生员工的密切联系，倾听师生员工的意见和建议，接受师生员工的监督，努力为师生员工服务。高校制定实施的重大改革举措、重要制度和重点工作，必须体现师生员工的意志、尊重师生员工的意愿、得到师生员工的拥护，维护广大师生员工的根本利益。高校的建设和发展状况与师生员工有着密切的利益关系，任何一项政策出台，将会对不同的利益群体产生不同的影响，很可能导致各利益群体之间产生矛盾，给高校的改革发展带来不利影响。因此，高校校务公开是接受民主监督的前提，是师生员工获得知情权、参与权的基本要求。《国家中长期教育改革和发展规划纲要（2010—2020年）》明确要求，要"完善教育信息公开制度，保障公众对教育的知情权、参与权和监督权"。在制定政策时应进行综合考虑，考虑多方的利益，坚持依法治校、科学规范、民主治理的形式，积极推进校园民主政治建设。注重事前公开是高校校务公开的首要前提，在重要决策之前听取各方意见，广集民意，广集众智，使决策议题被广泛知晓，得到理解和认同，提高决策议题的水平和质量；决策之中要有明确的议事规则和程序，保证不同意见、不同声音得到表达，防止偏听偏信，使民主决策流于形式；决策之后要广泛宣传、介绍或解释，增加大众对决策内容的了解程度；决策实施的结果要公开，不仅要在校内向师生员工通报情况，而且要向政府、学生家长、社会公众等教育利益相关者如实报告，让社会大众及时、真实地了解、认识、监督和评价学校的决策成效、办学水平与质量。高校要建立有效的信息收集和反馈机制，既适时发布学校发展过程中的程序性、即时性信息，又定期发布学校发展的阶段性报告、总结性年度报告，让社会公众更多更深刻地了解学校的发展轨迹、经验与成就。随着互联网的发展和新媒体技术的兴起，除了校园网站、会议、公示栏以外，要积极探索利用新型社交媒体，利用大数据时代教育信息的数字化发布机制，线上线下结合，不断提高校务公开水平和社会监督质量。

同时，高校党政领导在坚持科学决策的过程中，要十分注重了解师生员工的利益诉求，客观理性地深入分析，重点关注绝大多数师生员工的利益，考虑对各方利益群体的影响程度，最大限度地化解矛盾冲突，及时解决矛盾纠纷，确保校园的和谐稳定，经过充分反复论证，按照民主集中制的原则进行决策，一定会得到师生员工们的高度认可。因此，校务公开不仅为师生员工提供了一个表达关切的渠道，而且是学校凝聚力、向心力、战斗力增强，提高师生员工的主人翁意识和责任担当精神的重要举措。

4. 校务公开是高校加强党风廉政建设的客观需要

校务公开能够充分发挥群众的监督作用，是确保校风端正的基础，是协调党群关系和干群关系的根本要求[①]。在学校的党务、行政管理工作中，"以党风促教风，以教风带学风"是工作的总体思路，因此，党风是学校各项工作的风向标，也是教风和学风的引导者，是校务公开的重要内容。

高校作为一个相对独立、完善的组织体系，其行政权力受外部制约较小，这就为腐败提供了生长的环境。要防范和消除腐败，就要加强高校党风廉政建设，而校务公开是一个有效的手段。通过公开，学校各项工作信息得以展示，领导权力的使用受到制约，群众的监督力进一步加强。群众的监督形成了一种权力制衡力量，使得权力"不敢贪"也"不能贪"。在增强学校领导的自律性、依法办事的同时，也创设了一个严格、规范的工作环境，有利于培育领导干部的廉洁思想。从教师的角度来看，实行校务公开能够激发他们参与管理的热情，树立民主管理思想，增强自身的主人翁意识，提高教学质量和科研水平，为国家培养更多的高素质人才；从学生的角度来看，实行校务公开，能够培育学生民主思想，拓展思维，提升创新能力，并通过参与学校管理获得更多的社会实践知识，积极做好校园学风建设，改变传统的"书呆子"形象，成长为德才兼备的高素质人才。

高校是国家的事业单位，也是一个特殊的"社会机构"。其内部管理具有自身的特殊性，学校领导拥有较大的决策权和管理权。加之我国高等学校经过了不断扩招，规模越来越大，校区越来越多，基本建设任务越来越重，办学经费不断提高，行政管理部门设置较多，应该说各高校都获得

---

① 王洪彬：《以校务公开促进高校反腐倡廉建设》，《高校理论战线》2012 年第 6 期。

了快速的发展。但是我们必须清醒地认识到，高校极少数党员领导干部的腐败现象时有发生，见诸报端，影响恶劣。为什么会出现这些腐败现象呢？事实反复证明，腐败与暗箱操作紧密相连，不受制约的权力是产生腐败的根本原因，缺乏监督机制才使得暗箱操作能够得逞。因此，对权力进行监督和制约是防范腐败的有效手段。实施校务公开能够达到监督和制约权力的效果。而一旦校务不公开就为暗箱操作提供了可能，权力得不到有效制约，从而容易滋生腐败。实质上，校务公开就是一种监督手段，促使各级党员干部决策、拍板、决定任何重大事项时，都始终坚持依法依规依章的原则，严格按照法定程序进行决策，确保内容和流程的合法合规有效。

依据《中华人民共和国教师法》的相关规定，教师享有参与学校行政管理的权利，可以对学校的教育、管理及行政工作提出自己的意见和建议。通常，教职工可以在学校的指导下组织教代会参与事务管理，也可以通过另外的方式进行参与。只有确保教职工对于学校工作的知情权，他们才会积极参与民主管理和监督，否则参与权与监督权就是空中楼阁。校务公开的内容涉及方方面面，都关系到教职工的切身利益，教职工通过校务公开知晓这些事项，就可以对此展开监督和评价；同时，校务公开可以使外界了解学校的重要信息，产生社会监督作用，有效地防范校园腐败行为。公开透明使得学校领导者增强廉洁意识，严格要求自身的行为，学校的管理工作更加规范化、透明化，也会有效地遏制腐败现象的发生。

（三）高校校务公开的发展历程

针对政务公开，党的十七大报告中提出"必须让权力在阳光下运行"①，充分体现出党对权力监督的重视；在十八大报告中又提出要"发展社会主义民主政治，建设社会主义政治文明"。② 这表明党和政府对民主政治建设的高度重视。各级政府纷纷展开对政务公开工作的探索，扩大公众

---

① 《中国共产党第十七次全国代表大会文件汇编》，人民出版社，2007。
② 《中国共产党第十八次全国代表大会文件汇编》，人民出版社，2012。

对政府事务的知情权和监督权，充分利用社会公众力量来防范和防止腐败。政务公开是建设社会主义民主政治的有效手段，在实践中已经取得了较好的成效。20世纪末，天津市政府下发厂务公开的文件，并组织召开了"全国推行厂务公开经验交流会"，为将这一做法推广到教育系统提供了启示，以推动高校的党风廉政建设和民主政治建设。

高校校务公开工作可以分成四个阶段。一是试点探索阶段。高校实行校务公开工作，严格来说从1999年3月开始，全国教育工会专门印发文件，号召高校积极推进校务公开工作，并在全国确定了11所试点高校。试点高校积极贯彻落实党和国家关于社会主义民主政治建设的精神，按照全国教育工会的部署要求，结合自己学校工作实际，坚持以人为本的办学理念，有计划、有步骤地推动校务公开工作，逐步完善学校民主管理机制，将其列为高校改革发展的一项重要内容，这个阶段被称为试点探索阶段。由于高校与社会公众的利益密切相关，社会对其关注度极高，因此，社会各界格外关注在高校推行校务公开的做法和效果。二是全面推广阶段。在试点高校的探索实践基础上，教育部和全国总工会联合总结试点高校的经验和做法，制定印发了《关于全面推进校务公开工作的意见》（以下简称《意见》）。《意见》对领导体制和工作机制、校务公开的内容和形式、监督检查和报告制度等都做出了具体部署和要求，并在昆明组织召开了全国校务公开工作经验交流会，以此在全国教育系统全面推广校务公开的建设，使校务公开工作逐步走向制度化。全国各地各类学校都开始着手进行校务公开制度建设，从小学到中学，一直到各类大专院校，校务公开工作全面铺开，成为各校教育管理的重要内容①。三是深入发展阶段。随着各地各校校务公开建设的全面推进，校务公开工作进入了深入发展阶段。该阶段校务公开建设工作出现了两个变化。其一是由之前的被动公开转变为主动公开。实践充分表明，高校党委和行政对校务公开工作的思想认识上发生了巨大的变化。其二是由之前的只公开结果变为公开过程。高校校务工作从源头参与，做到全流程、全覆盖，提高了校务公开的力度，增强了校务公开的效果。从2004年5月，教育部在全国各地组织展开校务公开调

---

① 教育部、全国总工会：《关于全面推进校务公开工作的意见》（教监〔2002〕1号）。

研活动，了解把握各地校务公开工作的建设情况，存在的问题，分析不足。同时，听取相关专业人士的意见，采纳相关部门的建议，并通过网络渠道了解社会公众的看法，针对掌握的信息，提出各地区要将校务公开工作向规范化方向推进的要求①。从调查的结果来看，在全国范围内90%的中小学实施了校务公开，95%的大专院校实施了校务公开。不少民办学校中也采用了这种管理形式。在实施效果反馈方面，数据显示，90%以上的师生对校务公开工作状况表示认可，他们将校务公开称为"阳光工程"。此外，该项工作还获得了公众的好评。四是科学规范建设阶段。随着党和国家不断推进依法治国和社会主义民主政治建设深入发展，高校普遍制定了大学章程，并把校务公开作为其重要内容，旨在依靠师生员工的主人翁地位，实现决策民主化、科学化，调动师生员工的积极性，维护师生员工的合法权益，加强学校党风廉政建设和反腐败斗争，密切学校党群、干群关系，深化学校的综合改革，确保学校健康稳定发展。正因为如此，我们不仅要关注校务公开工作的常态化、制度化，更要关注校务公开的程序化、效能化和科学化，使得校务公开工作向科学规范化方向发展。

二　高校校务公开的内容、形式和程序

（一）高校校务公开的主要内容

按照党和国家的相关法律法规，依照各高校的章程规定，校务公开的内容应包括以下九个方面。

第一，涉及"三重一大"事项的重要决策。这里的"三重"指的是：学校重要建设发展规划、重要干部选拔任用、重要综合改革事项；"一大"指的是重大经费的使用。这方面的信息必须向师生员工公开。师生员工对学校重大决策要"源头参与"，凡是学校全局性、长远性且影响大的重大决策在制定之前，都要广泛听取广大师生员工的意见，然后进行分析筛选，才能做出最终的决策。

第二，涉及教职工切身利益的事项。主要包括以下几个方面：①工资

---

① 教育部监察局、中国教科文卫体工会：《全国校务公开工作汇报交流会会议纪要》。

调整、津贴分配方案及实施情况；②对教职工年度考核的要求、办法和结果以及各类奖惩办法和实施程序；③教职工福利费的使用信息；④干部任免情况，职务、职称评聘的情况和结果；⑤各类先进个人和先进集体的评选情况和结果；⑥科研、教研课题申报、立项评奖及其经费分配等情况；⑦年度招聘人员信息；⑧公费出国考察，公派留学生、公费出国进修、访问学者的选派条件、办法、程序和结果；⑨教职工"五险一金"的缴纳情况以及教职工重大疾病、伤医疗互助基金的收缴和使用情况。

第三，学校财务管理情况。主要包括学校年度财务预决算，总收支以及单项费用使用情况，尤其是重大项目经费的使用、管理情况。

第四，学校基本建设和维修项目各个环节以及结果信息等。

第五，重大采购信息。指的是大型设备和大宗物资采购的方案和招标信息。

第六，关于招生政策、计划等方面的信息。

第七，涉及学生切身利益的事项。包括三好学生、优秀学生干部评选以及学生的入党、受处分、奖学金的评定等信息。此外，还包括对学生的收费信息等。

第八，社会及个人捐赠款物的使用和管理信息。

第九，其他需要公开的事项。

（二）高校校务公开的基本形式

高校校务公开的基本形式有以下几种。

1. 教代会

教代会作为校务公开的基本载体，是高校实行民主管理和监督的一种基本制度。凡是涉及学校改革和发展的重大事项，一般要召开教代会报告具体情况，并在校务公开栏内进行公示，教职工可以对此提出相应的建议。教代会的常设办事机构——工会，负责日常相关管理工作，对学校管理层负有监督的作用，以确保广大教职工的知情权和监督权能够得到落实。从学校管理层面来说，要想做好校务公开工作，就要充分利用和发挥教代会的功能和作用，充分尊重和依靠教职工的主人翁地位，提高校务公开层次和水平，真正实现教职工的民主参与权、建议权和监督权。

2. 会议形式

通常来说，会议多涉及某项内容，每次参与的对象群体也不同，具有时间和地点比较灵活、参加会议的对象比较集中的优点。

3. 书面公文

对外定期发布各种公告，让校内外各界人士都能了解到学校的相关事务，并据此展开监督。与校务公开栏公告信息方式相比，书面公文具有较大的局限性，一是速度较慢，二是内容的透明度不高。

4. 各种媒体

媒体在信息的传播方面有着其他渠道无法比拟的优势，因此，要实现"阳光校务"，最佳的方式就是充分利用各类媒体工具。一方面能够满足社会发展的需要，另一方面能促进校务公开工作的规范和完善。在信息化时代，除了传统媒介可以充分利用，如校报、校广播台、校电视台、宣传橱窗等载体，还可以充分利用新媒体建立校园信息平台，如电子屏幕、校园网、微信公众号等平台优势，畅通校务公开的渠道。

5. 其他形式

召开新闻发布会、发布学校校务公开年度报告、开通校务公开电话等都是有效的信息公开模式。

（三）高校校务公开的程序

高校校务公开的程序如下。

1. 提出

召开校长办公会议，按照民主程序对具体公开的事项进行具体分析讨论，最终进行确定。

2. 公开

根据上级主管部门的规定进行公布或公示。

3. 督查

对校务公开的实施情况进行监督，该项工作由校务公开监督小组负责。

4. 反馈

按照相关部门规定的期限反馈所有应该公开的事项。

5. 考核

考核督查小组负责校务公开工作的具体考核。

三 高校校务公开发展过程中的经验与探索

（一）提高认识、加强领导是前提

根据笔者的了解，目前，大多数高校实行了校务公开制度，实现了教职员工的监督权，对于遏制贪腐行为有着积极的作用，校园民主气氛正在逐步形成，对于高校的持续发展大有裨益。然而，在校务公开的实践过程中，少数高校校务公开工作存在着不愿公开、不常公开、不真公开的消极现象，教职员工对学校工作有许多怨言。其原因主要有以下几点。其一，领导思想认识不到位。少数高校领导官僚主义思想比较浓厚，对于学校的重大事项往往自行决定，缺少民主管理意识。因此，他们主观上排斥校务公开工作，导致学校校务公开工作进展迟缓。其二，少数高校领导片面认为校务公开只需要公布重大事项结果，而无须公开过程环节，这样可以节约工作人员的精力和成本，导致校务公开流程的不规范现象。其三，部分高校的师生员工民主管理意识薄弱，对民主管理认识不足，认为自己履行好岗位的职责就行了，学校民主管理是领导们的任务，将自身利益与学校民主管理脱钩。还有极少数教职工害怕得罪领导，不愿说出自己的不同意见，从而不主动参与民主管理活动。其四，公开不及时不全面现象突出，导致教职员工的知情权与监督权受限。这种公开程度不足的问题普遍存在于高校的校务公开工作中，阻碍着广大教职员工知情权的实现。其五，财务信息公开较为薄弱，为贪腐行为提供了便利。随着市场经济的深入发展，高校财源渠道更加多元，财务状况也日益向好，办学经费普遍提高，受社会上一些不良思想的影响，加之部分高校财务管理不到位，给少数党员干部以权谋私提供了便利，导致高校贪腐事件时有发生。这也表明高校财务存在着监管不力的问题，极少数党员领导干部存在不愿意公开、不主动公开、不敢接受监督的错误思想，直接导致了高校校务公开制度建设发展缓慢的现象。因此，高校党政领导要提高民主政治的思想观念，牢固树立党风廉政的意识，坚持"勤政廉洁、执政为民"的工作理念，切实加强高校的思想作风建设，健全和完善各项规章制度，花大力气积极推动校务公开工作。

首先，高校党员领导干部要带头提高对校务公开重要性的认识，将其看作实现依法治校、民主办学、民主管理的最佳方式。要勇于探索，积极实践，多听取广大教职员工的意见和呼声，对收集到的各方信息进行分析汇总，分门别类，从中获取有益的建议和经验，并确定工作机制的导向。高校各级领导要重视教职员工的主人翁地位，发现和挖掘教职员工的思想智慧，激发教职员工参与校务管理的积极性，确保校园的和谐稳定和健康发展。在这方面，陕西师范大学的探索实践经验值得我们借鉴。该校充分利用网络信息技术，搭建三个校务信息平台："书记校长信箱"、"校务信息反馈平台"和"教授接待日制度"。这三个平台成为广大教职员工参与学校管理的重要渠道，甚至许多校外的社会人士也纷纷通过这些平台发表自己对学校工作的看法，并展开信息沟通交流。可以说，平台凝聚了全体教职工的力量，大家共同将目光集中到学校发展上来，形成了全校上下一心、团结奋斗的发展局面。

其次，高校教职员工要增强主人翁意识，积极主动担当起自己的责任和义务。全体教职员工应该把学校视为自己的家，担当起主人的权力，肩负着学校发展的重任，而校务公开正是将这种权力赋予自己。因此，教职员工要从思想上充分认识校务公开的重要性和必要性，克服那种"事不关己，高高挂起"的糊涂认识。学校应加强对校务公开的宣传力度，让教职员工正确理解校务公开的重要意义，培养大家的民主意识，促使大家积极主动参与民主管理工作，为学校的发展出谋划策、扎实工作，多做贡献。不仅如此，教职员工通过参与学校民主管理工作，民主参与意识会不断增强，民主管理能力也会得到进一步的提高。

鉴于此，高校全面推进校务公开是积极响应党和国家提出的加强社会主义民主政治建设的要求，也是全面推进高校依法治校的迫切需要，更是紧紧依靠教职员工办学的发展需要。只有这样，才能保障教职员工的合法权益，预防腐败，和谐生态校园。当然，校务公开一定要在学校党委的全面领导下，建立健全领导体制，完善运行机制，遵循法律法规，密切结合学校的实情，严格规范校务公开程序，在突出重点内容的同时，兼顾师生员工关注的热点、难点问题，要处理好长远性和近期性、系统化和具体化、大多数和少数的关系，确保民主管理工作有条不紊地展开。

（二）突出重点、注重实效是关键

经过20多年的实践探索，绝大多数高校党政领导深刻认识到，建立和完善民主化、法制化、科学化的高校管理体制是新时代发展的必然要求，校务公开是人心所向、大势所趋，校务公开制度已经成为大学治理体系和治理能力现代化的重要组成部分。如今，绝大多数高校领导的思想观念和治校水平发生了根本改变，注重维护和保障广大教职员工的合法权益和根本利益，不回避广大教职员工关心的热点问题、重点问题、难点问题，许多高校还主动通过问卷调查、专题调研、专家咨询、召开座谈会等方式积极收集教职员工对学校的发展规划、学科建设、机构设置、人才队伍建设、人事制度改革、绩效工资方案、干部选拔任用和考核评价等等的建议，经过广泛的调查研究，客观真实的分析，为学校的民主决策、科学决策、依法决策服务。总而言之，校务公开的内容基本做到了全覆盖，校务公开的范围涉及方方面面。从内容上看不断向深度和广度拓展，由过去的部分管理信息扩展到学校远景规划、发展目标、主要任务、重点工作、重大决策、职务职称晋升、财务管理、招生就业、考核评价等方面。高校校务公开范围的拓展主要体现在两个方面。一方面校务公开由学校小范围向全体教职员工大范围转变，逐步改变了"小会决定大事，大会决定小事"的局面。大多数高校已经通过校务公开把行政少数人对学校重大问题的决策，改变为由教代会为主要讨论审议的形式，重大问题由教代会提交广大教职员工集体讨论、民主决策。另一方面由校内公开向校外公开转变。在信息化时代，通过互联网等现代信息技术方式，随时向社会公布学校各项规章制度和管理的内容，有些高校实行校园开放日、校长接待日、建立家长微信群等，在新媒体面前实行校务公开、信息公开，自觉接受社会的监督。[①] 实践充分说明，只有实行校务公开才能推进学校的民主政治建设，

---

① 参见徐远火著《大学民主管理论》，四川人民出版社，2006。

突出教职员工的主人翁地位和责任，赋予教职员工民主管理的权利，主动参与学校管理和监督，从而实现依法治校，有利于推进高等教育事业的改革发展，不断提高人才培养质量和科学研究水平。

根据笔者的调查了解，尽管全国各高校基本建立了校务公开制度，促进了高校的综合改革和教育质量，落实了全心全意依靠教职员工办学的主体思想，密切了党群关系和干群关系，推动了高校的民主政治建设，加强了高校领导干部的党风廉政建设，提高了高校依法治校、民主办学的能力，但是，我们必须清醒地认识到，全国高校校务公开推进的程度和实际的效果参差不齐，还存在着诸多需要进一步完善的地方。公开内容缺乏有效制约。从校务公开的实践来看，虽然教育部、中华全国总工会对校务公开的内容有明确指导意见，但在实际操作过程中随意性较大，公开的广度和深度明显不够。有些高校领导把校务公开作为"花瓶"，存在着形式化、表面化的现象。往往在内容选择上该公开的内容不公开，对一些热点的内容不愿意公开，涉及教职员工的利益方面的内容不想公开，而突出公开一些宣扬政绩的数字和办事规章制度，涉及人事、财务、物资采购、招生就业、奖酬金分配、干部考核评价等权力的核心内容公开不到位或者根本不公开。这种校务公开只是一种形式，难以收到真实的效果，也无法真正实现教职员工的民主管理权。

确保公开内容的客观真实是校务公开的基本要求，也是该项工作是否能够发挥作用的重点。因此，校务公开的内容要做到全面性和真实性。同时，校务公开不是某个环节的公开，而应该是全程的公开。在内容的选择上，要做好分析筛选，主要包括以下四类事项。首先，确定重点内容。即对学校发展有重大影响的内容，主要包括学校发展规划、专业结构调整、教学改革方案等事项，教职员工是学校的主人，这些内容作为公开内容的首选，确保教职员工的知情权。其次，确定"热点"内容。即与教职员工有着切身利益关系的事项，主要包括干部的选拔任用、教师的职称评定、教职员工的业绩考核、评先评优、人事分配制度等。再次，确定社会公众关注的内容。高校的招生政策、收费标准、毕业生就业政策，不仅关系到学生的切身利益，而且直接关系到千家万户的学生家庭，历来为社会公众所高度关注。最后，确定重要财务支出内容。包括学校年度预决算、重大建设项目预算、重要物资采购的招投标事项以及年度对财务的审计报告等。只有将这些内容及时有效地公开，教职员工才能获得知情权，学校才能增强向心力。

总而言之，校务公开要真正做到"全公开、真公开、常公开"，必须保障公开内容的真实性，突出重点、热点、难点的内容，充分激发教职员工的热情，获得教职员工的高度认可。概括来说，一方面，高校党政领导思想上要高度重视校务公开建设，在组织措施上确保其得到贯彻落实和取得实际效果；另一方面，要健全制度，明确责任，把握重点，强化督办，严格考核，确保校务公开健康有序发展。此外，还要用动态的思维确定公开的内容，随着时代的发展变化以及学校自身条件的变化而进行不断的调整，提升公开内容的丰富性。

（三）健全制度、完善机制是基础

考察当下各高校的校务公开建设状况，可以发现其中存在诸多的问题。从表面上看，绝大多数高校设立了校务公开机构，但执行与监督为同一个机构，从而导致校务公开的效果大打折扣。另外，工作制度不严、责任不明等问题普遍存在，这些都影响着校务公开工作的成就。因此，要严格制度，落实责任，规范校务公开工作，才能保障该项工作顺利进行①。这就要求高校领导重视制度建设，在完善制度的基础上开展校务公开工作，使得工作有章可循，有制度作依据，明确公开的内容、范围、程序和形式，提高该项工作的科学性，促进其向规范化方向发展，改变校务公开形式化的状况。此外，完善的制度还能促进校务公开建设的加速进行，为教职员工的合法权益保驾护航。完善的制度还是良好的运行机制的基础，能够为教职工提供更多的意见表达渠道，创造良好的民主氛围，最终达到依法治校的目的，教职工的合法权益也会得到充分的保障。在教职工的参与方面，学校应给以鼓励和引导，提倡积极参与、勇于提意见的行为，将他们的民主管理权和监督权落到实处。

---

① 彭懿、林娟霞、郑哲：《当前高等学校校务公开存在的问题及对策》，《探索与实践——广东高校解放思想破解反腐倡廉建设难题论文集》，广东高等教育出版社，2009，第 169 ~ 177 页。

《意见》明确要求，为了更好地做好校务公开建设，高校要建立领导责任制，并层层落实到执行部门，形成"党委领导，学校行政主持，各相关部门职责明确，教职工热情参与"的工作机制。由此可见，学校的行政领导与党委负责人对校务公开工作的建设和效果有着决定性的作用，他们既是领导者，也是实施者，各级行政管理部门负责具体的落实工作并承担相应的职责。学校有两个机构负有监督职责：一个是纪检委（监察处），另一个是校工会。为了将校务公开工作落到实处，不少高校采用严格制度的方式进行，制定了详细的章程规定，囊括了校务公开建设方方面面的内容，明确了流程规定，为该项工作的开展提供了具体的依据。同时，相关配套制度也在陆续建立，进一步促进了校务公开的发展，使之更加规范和科学。

高校《章程》的出台，对高校依法治校提出了明确的要求，各高校纷纷响应，积极展开探索工作。一方面，高校应秉持与时俱进的办学思维，对已有的规章制度进行认真分析筛选，该废止的要废止，该修订的要修订。同时根据学校校务公开发展的实际需要，制定新的规章制度，完善工作机制，不断提升校务公开的规范性和科学性，确保其真实性和有效性。另一方面，制度建设需要采用循序渐进的方式，切实避免操之过急的行为。只有确保制度完善，才能为校务公开提供可靠保障、指导实践的依据，赋予校务公开以权威性，进而保障教职员工的合法权益。笔者调查发现，一些高校秉持创新理念，积极探索，充分考虑自身的实际条件，采用全新的规章制度，取得了良好的实践效果。如，合肥工业大学的校务公开制度就颇具特色，学校设立了校长对话平台，教职员工可以就相关的校务问题直接与校领导交流，形成民主对话制度①。

同时，校务公开是高校的一项民主管理制度，与学校管理之间有着直接的关联，前者是后者的实践体现，表现为相互影响、相互促进。因此，高校管理者应正确认识和把握两者的关系，将两者密切结合在一起进行工作。在这方面，华中师范大学就具有一定的代表性，学校将行政管理与校

---

① 谢云章：《关于坚持高校校务公开制度的若干思考》，《合肥工业大学学报》（社会科学版）2004年第18卷第3期。

务公开视作一体，不设立单独的机构，而是将后者纳入前者的管理范围中，由此构建起了校务公开"2＋1"模式，其中的"2"表示"两个明确"：①明确校务公开的载体和实施主体；②明确校务公开的基本内容和形式。"1"表示"一监督"。指的是由监督委员会对校务公开工作全程监督，确保校务公开的落实和效果①。该模式的优点主要有以下几点。首先，充分利用学校行政管理职能和规章制度展开校务公开工作，能够提高该项工作的科学性，使其更加规范，使得校务公开的实施有章可循，有法可依，便于校务公开工作的效果评估。其次，设立了工代会、教代会等组织机构，学校教职工可以通过这些组织获知校务公开内容，并通过该组织发表看法，参与到管理监督中。再次，便于确定重点公开内容，通过对学校行政管理工作情况的分析，筛选广大教职工关心的热点问题，符合他们的需求。最后，自采用该模式实行校务公开制度后，教职工积极参与到学校的管理活动中，自身的合法权益得以保障，学校管理水平也在逐步提高，校园民主化氛围正在逐步形成，教职员工干劲十足，工作积极性明显提高，教学质量和科研水平均有了较大的提升，校园文化风气也有了很大的改善，有力地促进了学校的发展。

校院两级党政领导对校务公开工作的思想认识直接决定着学校该项工作的建设进度和水平，进而影响到校务公开的成效。只有学校主要领导重视校务公开，花大力气，进行大投入，亲自挂帅指导该项工作，才能团结学校全体人员的力量，共同做好校务公开的建设，使得这项与学校和教职工切身利益密切相关的工作得以顺利推进。在建设过程中，要明确工作责任制，行政管理人员从上到下各司其职，并承担相应的工作职责。同时，要建立校务公开工作效果考核制度，将考核结果纳入日常工作的考核范畴，提高他们的工作能动性，促使他们自觉、自愿展开工作。目前，全国高校大多采用校院两级管理模式，权力逐渐转移到二级单位，因此，二级单位院务是高校管理工作中的重点内容，对学校的建设发展影响很大，其事务的公开是整个学校校务公开工作的核心，因此，二级单位应设立院务公开制度，学校应给予积极的重视，根据其实际情况设立相应的公开体

---

① 何祥林：《校务公开"2＋1"模式的思考》，《工会论坛》2005年第6期。

系，进行各项事务的公开。在这方面，学校可以设立一个专门的小组，负责校务公开的整体工作，其中一项重要的职能就是监督和评估校务公开，尤其是公开的流程是否合规，并对公开工作的成效进行评估，以确保校务公开的效果。这就需要高校团结一心，共同参与，形成合力，从制度上着手，完善运行机制，构建起一个完善的校务公开组织体系。

要确保校务公开工作的实效性，就要通过完善的规章制度，对内容和程序进行明确，提升其规范性。三峡大学重视校务公开机制的创新探索，该校依据自身的情况，参考 ISO9000 标准原理，经过积极的探索创新，建立起了一套行之有效的校务公开机制。主要做法如下。首先，以领导为核心，从思想上正确认识校务公开工作，对各级管理人员进行责任落实。从校党政主要领导到各管理部门的负责人，再到具体的岗位人员，每个人都有自身的职责。第一层领导为党委书记、纪委书记、工会主席和校长分任第一领导、监督、协调和执行责任；第二层领导为各行政部门以及校务公开监督小组的负责人，自身都有着各自的工作职责。从而构成一个领导、执行和监督协调为一体的校务公开工作体系，相互配合、协调，促进全员参与，确保校务公开工作每个环节的完善，共同做好该项建设工作。其次，校务公开包含着多方面的内容、形式、程序、范围等，具有显著的系统工程的特征。通过一段时间的实践运行，执行随意现象逐渐显露，其原因是缺乏严格的管理制度规范，控制体系不够健全，导致校务公开行为不够规范。这就要求学校以"系统方法"原则和"过程方法"原则为指导，构建一个全面、系统的公开运行机制，制定有效的控制措施，对校务公开的方方面面进行严格的规定，踏踏实实地做好校务公开工作，少说空话，多做实事，以民主管理为指导思想，切实落实校务公开工作，不但要注重结果的公开，更要注重过程的公开，最终实现全程公开。校务公开涉及学校各方面的工作，其中，与教职工利益有着直接关系的问题应作为公开的重点，以凸显学校对群众的关心和爱护。此外，还要公开影响学校发展建设的事项，并对公开的形式和时间以及程序进行明确，杜绝随意公开的行为，使得校务公开向着制度化方向发展，实现规范化公开的目标。再次，学校应认识到群众参与的重要性，坚持"全员参与"和"职工满意"原则，通过制度的完善，为教职工参与和监督提供制度保障，通过制度明确教职工参与的方式方法，明确监督标准。只有完善的制度才能确保校务公开工作始终运行在制度的轨道上，而不会偏离方向。最后，坚持"与时俱进、改革创新"的原则。校领导应充分重视创新效应，倡导和管理人员积极展开创新探索，密切关注当前的社会发展情况，分析新形势下社会对高校的新要求，探索新举措，更好地应对不断出现的新问题，并运用在校务公开实践活动中，以创新促发展，以发展带动创新，不断完善校务公开工作。

该校工作创新的一个具体体现就是借鉴了 ISO9000 标准，实现了校务公开工作量化评价，提升了该项工作的标准性，实践可操作性也大大增强。该项创新为其他制度创新提供了有益的启示，各种创新制度如雨后春笋纷纷涌现，如电子提案制度、教代会代表管理制度等，这些创新制度为校务公开工作注入了无限的活力，有力地促进了该项工作的开展。近年来，高校权力重心逐渐下移到二级单位，与教职工利益密切相关的具体事务都由后者决定。二级教代会掌握着学校大部分的实际权力，因此，院务公开是一项重要也是必要的工作，应视为学校校务公开工作的拓展。在具体的实施方法上，笔者认为，应从以下几方面着手进行：首先，建立完善的二级校务公开制度，为公开的落实提供具体的指导；其次，建立监督制度，通过学校内部的党政关系协调，选择合适的人选担任监督机构成员，以确保该项工作的规范进行；最后，鼓励群众参与，教代会是一个很好的渠道，二级单位应充分利用这一渠道，让教职工积极参与到管理监督中来。

（四）加强监督、提升效率是保障

尽管全国大多数高校已经建立了校务公开制度，并取得了较为显著的成效，但从整体上来看，还存在监督机制不健全。校务公开缺乏制度上的监督保障和对违反校务公开责任人的责任追究制度。在国外高校，校务公开是通过立法监督、行政监督、司法监督和社会监督实现的。在我国高校，校务公开则是以内部监督为主，通过教代会监督实现的。教代会是实施民主决策、民主管理和民主监督的重要渠道，是学校行政监督的基本制度。但目前一些高校对教代会的地位和作用重视不够，甚至把教代会当作"花瓶"，有些对应该列入教代会的议题不列入，或者教代会提供的校务公开的内容不真实、不详细，有些应该由教代会决定的事项流于形式。同时校务公开监督主体——广大的师生员工——由于多种原因不愿监督、不敢监督、无法监督，监督作用无法得到正常的发挥。[1] 正是不少高校领导的思想认识不到位，使得校务公开工作流于形式，敷衍现象较为严重，公开内容随意、不全面，公开程序不规范等现象比比皆是，校务公开监督小组成员构成不科学，没有与校务公开的主体进行有效的分离，职权分工不具体，形同虚设。这就凸显了监督的重要性，通过严格的监督制度和有效的监督机制，提升高校校务公开的规范性和有效性，真正促进校务公开工作向着制度化方向发展。

首先，建立完善的校务公开监督机制，明确监督职责和责任人。要建立健全党委领导下的校务公开工作领导小组和督查小组，有领导、有组织、有计划、有步骤地推进校务公开。依照相关法规，对校务公开展开全方位监督，重点监督校务公开的内容是否合规、流程是否正确、措施是否有效，进而对师生员工的民主权利落实情况进行评估，广大师生员工的意见是否得到顺畅表达并获得及时的回复等。监督小组成员应树立服务理念，杜绝官僚主义，防止形式主义，深入基层，接触师生员工，倾听他们的心声，及时汇总师生员工的意见和建议，并将其中的重点和热点问题向校领导反映，主动积极地予以解决。要努力形成学校行政为主体，纪检监察、工会协调和监督，业务部门各负其责，师生员工积极参与的工作格局。

其次，构建校务公开考评机制，强化监督效力。高校党委要赋予校务公开领导小组和监督小组考核权，专门针对校务公开工作的实际状况展开考评，并将考评结果纳入各部门、各单位年度业绩作为重要内容，以充分调动行政管理人员的主动性和积极性，不断提升校务公开工作的效率。同时，领导小组和监督小组在进行考评时，应依照相关法规和流程，严格考评工作的规范，确保考评结果的公正性和信誉度。在考评方式上，应坚持"因地制宜"的思想，即依据学校的实际情况灵活进行，如单项考核、综合考核或者结合年度考核等方式，但无论哪种方式考核，都要制定明确的

---

[1]　徐远火：《大学民主管理论》，四川人民出版社，2006。

考核标准。在考核内容方面，既要做到全面，又要突出重点，所有重大事项和较为特殊的工作都应列为考核内容。对于考核发现的问题，既在校内通报，还要下发责令整改通知，并将作为一项考核不合格事项记录到具体责任人头上。如果引发不良后果，将会追究主管领导责任。对于考核成绩优秀的部门和个人，要将成绩纳入年度的奖励制度中，给予相应的奖励，并将他们的经验进行宣传推广。要想切实落实监督机制，发挥监督的效力，监督小组成员要从自身做起，牢固树立责任意识和公正思想，勇于承担责任，站在学校发展大局和公正公平的立场上，对各单位校务公开工作进行客观真实的评价。此外，还应充分发挥师生员工的力量，鼓励他们关注校务公开工作，积极参与并发表各自的意见，作为校务公开工作评估的重要参考依据。

在校务公开监督方面，华东理工大学的表现较为突出。2008 年，该校制定了一项制度：组建校务公开监督小组，每年定期展开监督工作，小组的成员由教代会团长组成。小组主要负责监督和评估两项工作。学校对各系统的校务公开内容采用列目录的方式，由小组进行审核。学校对公开的内容和程序进行了明确，包括以下几点。首先，审查公开目录，将其与各职能部门的工作状况和广大教职工反映的热点问题进行对比，找出缺漏之处，评估校务公开的透明度。其次，审查已建目录，对照实际情况，评估校务公开的真实性。再次，将审查结果进行汇总梳理交与各职能部门，由后者根据结果对目录进行修补和完善，然后进行再次审查。这种监督方式确保了该校校务公开的真实性，提高了公开的透明度，极大地促进了校务公开的发展，不但实现了教职工民主管理学校的权利，还提升了校务公开工作的效率。

最后，实现监督的全覆盖。主要措施有以下几点。其一，重视教代会的作用，定期召开教代会，利用其进行监督工作。一方面，自觉接受教代会的监督和对工作的评估；另一方面，利用其团结广大群众的优势，让全体教职工都参与到民主管理当中来。教代会可以采用匿名投票的方式对学校主要领导在校务公开工作方面的成绩进行评价，最终的评价结果将纳入领导的年度业绩考核中，与他们的职务和岗位调整挂钩，以督促他们对该项工作的重视。其二，发挥工会的纽带作用。工会是一种较为特殊的组织机构，将上层组织和基层群众连接起来，是两者之间的纽带，使得两者实现沟通。保护基层群众的合法权益是工会的基本职责，既是一种权利，也是一种义务。在高校中，工会连接的是广大教职员工和校管理层领导，民主权是学校教职工的一项重要权利，工会有责任做好监督工作，以确保群众的民主管理权。工会是教代会的办事机构，职责主要是完成教代会所布置的工作并监督其落实情况，以提高教代会的工作效率。其三，利用民主党派监督校务公开工作。校领导要积极团结民主党派，重视他们的监督作用，利用他们的力量，共同做好监督工作。对于学校的一些重大决策，要在制定前与民主党派进行沟通，提倡和鼓励他们积极表达看法，并提出有益的建议，共同促进学校的发展。

综上所述，全面推进校务公开，高校党委和行政领导的思想观念要适应新时代的要求，决心要大，旗帜要鲜明，方式要多样，步骤要稳妥，要扎实有效地开展。因此，高校在确定公开的内容和形式时，要突出抓好六个关键环节：其一办事权限公开；其二办事依据公开；其三办事纪律公开；其四办事程序公开；其五办事标准公开；其六办事结果公开。同时，要做到"六个结合"：一是坚持校务公开和党风廉政建设相结合；二是实行校务公开和加强师德师风建设相结合；三是坚持校务公开原则的确定性和公开步骤的渐进性相结合；四是实行校务公开和加强内部治理相结合；五是坚持校务公开内容的真实性和公开形式的多样性相结合；六是要把对外公开和内部加强监督制约相结合。只有这样，高校才能实现真正的民主决策、民主管理和民主监督，才能充分地调动师生员工的主人翁积极性，对提高学校的办学治校水平具有不可估量的作用。

第七章　高校民主管理路径之三——信息公开

一　高校信息公开的由来与方式

（一）高校信息公开的由来

随着人类社会的发展，政治民主逐渐建立，法制也得到了进一步的完善，由此产生了信息公开的要求。目前，世界上多个国家已经将公共信息公开纳入法律体系，成为一项法律制度，旨在利用法律保护公众"知的权力"，这是人类文明进步的一种具体体现，"也是现代文明对政治民主以及体制民主评判的核心指标之一"[①]，能够促进"人类法制不断走向完善、宪政不断走向文明"。学者周汉华认为，信息应该像人们依赖生存的自然资源一样"成为共享资源"，其公开是现代社会文明发展的要求，"也是现代文明应具备的重要特征之一"。[②]追溯人类的历史，18 世纪时，信息公开制度在一些国家就以条例、规定等形式存在，尽管效力弱于法律，但具有广泛的社会接受度。直到 20 世纪中期，一些国家开始信息公开制度立法，使之以法律形式存在于社会当中，成为社会必须遵守的一项法律制度。

我国的信息公开制度起步较晚，2008 年 5 月 1 日出台的《中华人民共和国政府信息公开条例》（以下简称《条例》），标志着我国信息公开制度的确立。该条例对公共信息公开制度进行了明确、具体的规定，包括公开

---

① 周伟：《当代中国公共信息公开制度及其法制化研究》，《政治学研究》2003 年第 3 期。
② 《彻底调查："政府信息公开条例"的台前幕后》，计算机世界网，2002 年 11 月 5 日，https://tech.sina.com.cn/it/e/2002-11-05/1011148038.shtml。

信息内容的范围、程序以及手段等，并要求各地各级政府以及行政部门予以执行。经过十多年的贯彻实施，取得了很多的新经验、新进展和新成果。为了主动适应中国特色社会主义新时代，积极回应人民群众对于政府信息公开的需求，解决实践中遇到的突出问题，中共中央和国务院专门对《条例》进行了修订，于 2019 年 4 月 15 日颁布了新修订的《条例》，并规定从 5 月 15 日实施。

依据国家 2008 年的《条例》精神，教育部在 2010 年为高校"量身打造"了信息公开的具体实施办法——《高等学校信息公开办法》（以下简称《办法》），为高校将校务公开工作推上一个新台阶有着重要的指导意义和价值，有力地维护了高校广大教职员工的合法权益，加速了高校民主管理建设的进程。其意义主要体现在以下几个方面。一是对非教育领域中信息公开立法有着很强的启示意义，能够起到很好的引领作用，从而推进公共事务的民主化和法制化建设。二是体现了《条例》的精神，契合高校实际情况和管理需求，能够很好地指导高校的信息公开工作。对于高校信息，《办法》给出了明确的定义，即高校在发展运行过程中的所有信息内容，该信息内容包含多个方面，其中，核心部分为教育信息，这是高校组织自身的性质所决定的。高校具有公共的性质，这就决定了高校信息公开是公共信息公开的一个重要组成部分，只有实现了信息公开，才能适应现代政治文明和法制发展的需要，推动我国的社会文明发展。首先，高校是先进文化的代表，是现代知识和技术的汇聚场所，高校的活动与社会息息相关，在提升民众的素质、促进社会发展方面处于无可替代的位置。实行信息公开，赋予校内的广大群众知晓校情权，从而参与学校管理，为学校决策的制定奉献自己的智慧，实现学校和自身的双赢。其次，实行信息公开便于教职员工的监督，这是赋予群众监督权，能够更好地规范权力的运行，使得决策更加科学民主。可以说，信息公开与监督密不可分，但领导层怎样展开信息公开工作，决定着员工的监督权是否能够真正落实，而不是一种形式。这就要求做到"真公开"和"全公开"，落实群众的监督权。

对于高校自身来说，实行信息公开有着诸多的益处：一是对权力形成制约，减少校园腐败，促进高校廉政建设；二是提升学校管理的民主化程度，促进管理水平的提高；三是满足社会对高校资源的了解需要，促进学校优质资源的共享；四是有利于和谐校园的形成，改善校园风气；五是响应政府的校园民主和法制建设；六是团结全体师生员工力量，共同参与校园建设，促进学校的可持续发展。

为了进一步规范校园信息公开行为，为该项工作进行具体的指导，2014 年教育部出台了《高等学校信息公开事项清单》（以下简称《清单》），列出了学校应该公开的 50 多项信息目录，并要求各高校在 20 个工作日内完成该信息清单的填制工作并对外进行公示，其中，单独强调了高校的年度报告发布之间，即在每年的 10 月份之前制作完成，然后在规定时间内予以公示。《清单》还要求，一些直属高校要在校内开设信息公开专栏，定期发布学校的相关信息，让公众知晓学校的工作和发展情况，便于社会的监督。《清单》以具体规范的形式为高校信息公开起到了严格规范的作用，确保了信息公开内容和形式以及时间的规范性。如果说校务公开主要是对高校内部事务的公开，那么信息公开则涵盖了校务、党务、教务、校情等的全面公开，公开内容更趋丰富，形式更加多样，程序更加规范。在某种程度上可以说，高校信息公开制度是校务公开制度成果的总结与升华，对于校务公开工作有着重要的促进作用，有利于社会监督的实现，进而促进校园廉政建设。

（二）高校信息公开的方式

高校信息公开包含着多类信息内容，依据公开的渠道可以分为三大类：文献公开；媒体公开；网络公开。根据公开的载体分为两大类：纸质；非纸质。根据公开的程度分为两大类：半公开；完全公开。根据信息公开的要求分为两大类：被动公开；主动公开。根据信息公开的收费情况分为两大类：收费；免费。

在上述所有的信息公开类型中，被动公开和收费类公开信息占比极小，前者指的是高校按照相关法律法规要求，对指定的信息内容在特定的范围内对外公开；而后者指的是为了履行自身的免费义务为某类群体发送的信息内容。高校信息公开的方式主要有以下五种。其一，通过教代会和学代会方式进行。学校定期召开会议，将该段时期内学校的重要事项公开给这两个常规组织，由他们进行检查和评估，接受他们的监督，这是高校信息公开的基本形式。其二，定期召开校情发布会，通报学校该段时期的主要工作情况。其三，通过各类媒体发布学校的情况。其四，设立校领导接待日，与广大教职员工和学生展开沟通交流，获得他们的看法，解决他们提出的问题。其五，设立监督或举报热线，便于教职员工和师生反映情况。

二 高校信息公开的内容与特点

（一）高校信息公开的内容

根据信息公开的对象，高校信息公开可以分为两类：一类是校内公开，公开的对象为本校的全体师生员工；另一类是校外公开，公开的对象是校外公众。其中，校内公开的信息内容应有所筛选，要以与广大师生员工的利益密切相关为主，并给以全面的公开。包括以下几个方面。

1. 向广大教职员工公开的信息

学校各类重大改革与决策，涵盖学校建设发展战略规划，教学、科研项目实施改动以及干部、人事选拔任用，职称评定评优，经费使用与福利分配等各个方面的相关信息。其中，与广大教职员工利益密切相关的信息应作为公开的重点，要求真实、全面地公开，以保障他们的知情权和监督权，激发他们的工作热情，从而提高教学质量，实现校园和谐发展。

2. 向全体学生公开的信息

这类信息内容主要针对在校学生，主要有评优评先、贫困生补助、奖助学金评定、就业服务以及学生纪律处分等内容。这是《中华人民共和国教育法》中对学生权利的规定。因此，高校应全面发布该类信息，确保学生的知情权，维护他们的合法权益。

3. 向社会公开的信息

招生政策信息是高校向社会公开的主要内容。其中，收费信息尤其为公众所关注，学校应明确说明收费项目、标准、流程和时间，以接受社会的监督。这也是《中华人民共和国教育法》中所明确规定的内容。通过公开收费信息，防范违规收费行为，对高校贪腐行为有着较大的制约作用，能够显示社会公平，提升公众对我国教育事业的满意度。因此，收费信息应作为必须公开的信息内容。

对于高校，社会的关注点主要集中在招生工作上。长期以来，高校招生工作是否规范，是否采用公平录取的方式一直是公众热议的话题，其原因是招生政策牵涉到公众的切身利益，是社会主义社会公平价值观念的具体体现。依据《教育法》规定，我国公民"享有同等的入学和升学权利"，该权利为法定权益，不受任何人和任何形式的损害。2005 年，为了进一步规范高校招生工作，教育部出台了信息公开制度，其中列出了六类必须公开的信息内容，招生政策信息赫然位于其中。同时，还对该项制度进行了详细的说明，要求各高校按照规定严格执行，力求操作的规范，该制度被称为"六公开"制度，六项公开内容如下：①提前公开招生计划；②公开招生政策；③公开招生对象的资格认定标准；④公开信息查询渠道；⑤及时公开招生录取信息；⑥公开与招生相关事件的处理信息。另外，为了加强社会监督，高校还应设立检举电话，对公众反映的招生工作中的不规范行为进行查处，并及时公布事件处理信息。

（二）高校信息公开的特点

1. 信息公开主体的特殊性

高校管理有两个管理核心：一个是行政管理；另一个是学术管理。信息公开工作也围绕着这两个核心进行，据此形成了行政信息和学术信息两方面的公开内容。高校信息公开应遵循两个原则：一是民主原则，通过民主参与的方式，听取民意，汇集民智，促进该项工作的进展；二是实事求是的原则，确保公开信息内容的真实性和客观性。广大师生员工是高校信息的重要接收体，他们文化水平较高，具有明辨是非的能力和较高的思维能力，有着强烈的受重视欲望，是学校发展的强大推动力。

2. 信息公开范围的特殊性

高校在完成常规教学、科研和文化传承创新的主要职能外，还要结合学校的人才优势和科技优势，主动地开展一些公益性质的活动，为社会提供一些力所能及的服务。这方面的信息是否在公开的范围内，教育部的规定给予高校以一定的自主选择权，由高校自主进行分析判断。如《办法》

中就对信息公开的范围给予了详细的说明，存在两类公开形式：一类是主动公开，包括高校基本信息、招生信息、重大事项、财务信息以及人力资源信息等方面；另一类是申请公开，对于一些特殊信息，高校可以向上级部门提出申请，获批后可以公布相关信息。因此，高校应具体进行信息分析，然后选择恰当的公开办法。

从范围上看，高校校务公开远远小于信息公开，两者的区别在于：一是，前者是对内部公开，外界不会直接知晓信息内容，后者包括对内和对外公开两部分；二是，前者是为了让校内的教职工参与学校决策管理，从而提升学校民主管理水平，后者是为了确保公众对学校基本信息的知情权，据此实现其他目标。

3. 信息公开过程的民主性

与普通的权力性管理不同，高校管理民主特征较为明显，在很大程度上依赖被管理者的自主性。这就凸显了民主原则在高校管理中的重要性。分析高校校务信息生产和获取活动，可以清晰地看出，在高校管理的整个过程中，始终采用民主协商的形式，体现在教育的实施活动以及各主体之间的民主关系，从而使得高校管理工作能够高效运行。对于政府机关方面而言，其具有公共管理权，但这种权力来源于人民，因此，这种权力实质上是一种服务权，人民是政府机关的服务对象。简而言之，无论是立法还是制定行政制度都要以维护人民的利益为目标，进而对政府的权力范围进行界定。政府在公共权力关系当中占据明显的优势，为了防范权力滥用行为，要采用法律手段对其权力进行制约。因此，确保民众的知情权、监督权和参与权是政府部门的义务，这就是信息公开制度的价值。高校是一个教育服务机构，尽管自身具有一定的自治权，但在法律地位上，远不能与政府机关相提并论。只有通过服务活动才能实现公共权力，而只有以民主和自我管理为基础开展服务活动才能确保管理工作的顺利推进。另外，高校和政府机关的另一个区别是经费来源，后者来源于国家财政，而前者的来源渠道逐渐出现了较大的变化，传统的完全由财政拨款方式已经发生了变化，财经来源渠道更加多样化。高校信息公开工作成效如何，从校内教职工的参与度上就可以衡量出来，参与人数与信息公开程度为正比关系，说明信息公开工作成效越高。信息公开越充分，群众的知情权越得到落实，为参与权的实现奠定良好的基础。由此可见，知情权是信息公开工作成功的关键，从而激发群众的参与兴趣，为学校的发展贡献自己的智慧，促进学校民主管理制度的建设。信息公开的最终目的就是为了获得群众的关注和参与，从而促进管理水平的提高，否则，公开就毫无意义可言。

三　高校信息公开的问题与对策

《办法》实施后，各高校积极推进信息公开工作，以提高高校管理水平，实现依法治校，主要通过将信息公开与学校管理深度结合的手段进行，坚持统筹规划、突出重点的原则，结合本校的校情，采用稳步推进的方式。在形式上积极探索创新，不断补充公开的内容，以提升公开的力度和透明度；而公开的目的就是便于广大教职工的监督，从而提出建议，便于今后的整改，强化自身管理，促进信息公开工作更好地进行，取得更好的效果，从而推动高校的科学发展。目前，在公开模式上，很多高校有所创新，成效显著，对于和谐校园建设有着积极的促进作用。但也应该看到，高校信息公开制度是一项新的事物，还处于探索阶段，缺乏过往经验的累积，一切都在摸索中前进。《办法》中的一些实施条款还存在一定的缺陷，要依据当前的情况以及社会的变化不断完善，以更好地对当下高校信息公开制度建设实践中遇到的问题进行指导。

（一）高校信息公开存在的主要问题

1. 对高校信息公开认识和研究不足

目前，公众对于高校的要求越来越高，这也就催生了对高校信息知情的需求，为了保障公民的知情权，提升他们的满意度，建立信息公开制度势在必行。但信息公开制度缺乏民主法制方面的理论指导，怎样进行公开、具体怎样实施缺乏明确的标准。同时，不同高校的领导对于该项工作的认识也有着较大的差异，导致对这项工作的重视程度不同，工作的效果也不同。《办法》中明确提出：高校作为事业单位，与公众利益密切相关，因此，必须实行信息公开制度，向社会主动公开学校的重要信息，尤其是公众最关心的招生信息，以保障公众知悉校情；而在校内，要保障广大师生的知情权与监督权，也应进行信息公开。尽管《办法》的出台受到了公众的欢迎，但从实践情况看来，却无法让人满意。其原因是《办法》不涉及高校的自治权内容。从性质上看，高校也是一个公共服务机构，行使国家部分公权力，但这种公权力的行使范围比较狭窄，只限于教育领域，而高度自治权和学术自由权目前在我国还没有完全实现，也没有在《办法》中体现出来。通过《办法》，我们可以看出教育部对高校信息公开制度建设的重视，但对于高校来说，信息公开制度并不影响到高校的自治权，不应采用消极对待的态度。

高校领导的认识决定着信息公开工作的成效，但根据笔者的了解，在现实当中，有些高校领导缺乏民主意识，因此，轻视该项工程的建设；有些领导认为信息公开会影响到自身的利益，因此，采用消极的态度对待该项工作，导致工作进展迟缓；有些领导存在着以权谋私的行为，不愿意公开信息以暴露自己，因此，不支持该项工作。这都导致高校信息公开工作效果不佳，无法让公众满意。

目前，高校信息公开存在着范围过于狭窄的问题，大多数信息只对校内师生公开，即内部公开；外部公开信息极少，内容也不够全面，导致公众无法获得所需的信息。因此，要拓展信息公开的对象范围，建立信息发布与督查机制，加强监督管理，确保信息公开的效果。

2. 高校信息公开缺乏法制的支撑

改革开放后，民主思想随着我国国门打开而进入，对我国民众的思想有着重要的影响。近年来，党和国家高度重视，与时俱进，提出了全面依法治国的方略，人民群众的法制意识也在逐步增强。公共信息公开作为民主管理理念的重要载体，受到民众的极度关注。高校作为一种公共服务机构，信息公开是公共信息公开工程的一个重要部分，对于确保公众的知情权有着重要的意义。高校在自我管理的同时，还需要外部的监督作用，才能防范内部暗箱操作行为。但在实践中，高校普遍存在信息公布不全面、不规范、不及时的问题，无法实现外部有效监管。另外，不少高校领导官僚主义作风严重，缺乏民主意识，严控各类信息，不与外界信息进行沟通。还有一些高校领导对公众知情权认识不足，导致对信息公开的重要性缺乏正确的认知。还有些高校领导认为信息公开会给学校带来消极的作用，引发内部矛盾，导致纠纷的增加，不利于校园的和谐稳定。还有的高校信息公开工作波动性很大，时好时坏，例如，为了迎接上级的检查，采取临时抱佛脚，或者领导一指示就加快工作，这种被动工作方式导致信息公开成为一种形式，无法产生达到的效果。还有的高校没有将信息公开作为自身的一项义务对待，认为只是上级的一项要求，只要搭起架子就可以了，至于具体怎么做，就凭着一时兴起，想到啥就做啥，并没有展开充分的论证研究，也没有集思广益从整体上进行规划。从高校师生方面来说，他们同样对该项工作存在着认识不足的问题，主要表现在以下几方面：一是缺乏权利意识，对自身的法定权利不知晓，或不重视；二是缺乏公共信息公开的法制观念。教代会是高校信息公开的基本组织形式和基本途径，其特点如下：首先，教代会是高校内部全体教职员工的代表组织，成员的选择十分关键，也是该组织成立和运行的核心环节。学校应制定严格的选举章程，明确参与教职工的标准和程序，确保组织成员的人选具有较高的代表价值，为后续的组织工作奠定基础。其次，教代会是联系领导管理层和广大教职员工的桥梁，一方面对管理层的工作活动进行监督和评议，另一方面积极发动群众参与到学校的监督管理当中来，促进全员参与，鼓励积极参与行为。再次，高校通过教代会公开学校信息，确保公众的知情权。最后，教代会要展开积极的宣传工作，提高全体师生员工对学校信息公开制度的认识，增强自身的权益意识，树立主人翁思想，积极要求践行自己的知情权和监督权，以更好地参与到学校的民主管理建设当中，为学校的发展贡献自己的智慧和力量。

3. 高校信息公开的机制不健全

对于高校信息公开的领导体制，《办法》中有着明确的规定，即高校党委为领导，主要负责指挥和协调工作；各行政管理部门负责实施；其他组织部门积极参与，配合执行，构建一个团结合作的建设团队。其中，工会负责协调组织，纪委负责监督核查，教代会负责沟通评议，共同推进信息公开制度建设。该规定强调了党委的领导者地位。对于工作机制，《办法》中也有着具体的规定：建立健全信息公开体系，实行全方位执行和监督制度。教代会或者指定的组织机构具体负责信息的对外公开，并对学校所公开的信息给予相应的解释，答复公众对信息产生的疑问。同时，将公开的信息内容编写成信息公开目录，便于校内外群众更好地了解并展开监督。在实践当中，各高校采用不同的方式展开信息公开工作，其中，设立信息公开平台为大多数高校所采用，并为此设置了专门的信息公开工作机构，以管理和维护信息平台，这是利用现代科技作为信息公开的手段。此外，一些高校已经建立了较为完善的信息公开常态化机制和条例规定，实现了人员的管理与协调，使得信息公开工作制度化，从而向着规范化方向发展。

4. 高校信息公开缺乏救济机制

从信息公开权利主体方面来说，信息公开制度是维护他们合法权益的一种救济途径。但从法律层面上看，目前我国还没有明确高校信息公开的监督救济机制①。仔细查看《意见》发现，这只是一种要求行为。具体解释为：为了确保广大教职员工的知情权，高校党委要与监督部门展开沟通协调，并依据本校的基本情况与管理目标，积极领导推进和监督校务公开工作，确保该项工作的有效落实，权责自负。参看上述规定，对于高校信息公开工作给出了纲领性的指示，可谓既全面又具体，但却没有取得预期的效果。面对这种情况，笔者认为有必要出台具体的规定，针对高校信息公开行政诉讼救济进行明确，保障监督制约机制功能的充分发挥，从而切实落实救济举措。

高校主要为公众提供高等教育服务，该项服务是一种公共产品，与公众有着密切的利益关系，尽管其是独立的事业法人，拥有办学自主权，但从提供的服务方面来说，其应当属于公共服务部门。因此，公众要求知晓校情，并展开监督于法有据。而高校自身也应秉持开放的思想观念，乐于接受公众的监督与意见。当下，高校的领导和相关的职能部门全权把握着信息公开工作，包括具体的信息公开内容、时间等，这就使得该项工作难以避免地带有很大的主观因素。学校领导干部既是该项工作的决定者，也是执行者，使得群众参与成为一种摆设，造成信息公开的不全面、不充

---

① 行政救济制度是公民、法人或其他组织认为行政机关的行政行为造成对自己的损害，请求有关国家机关给予补救的法律制度的总称，包括对违法或不当行为加以纠正，以及对因行政行为而遭受的财产损失给予弥补等多项内容。参见林莉红《行政救济基本理论问题研究》，《中国法学》1999 年第 1 期。

分，或者不是群众关心的事项。这种信息透明度较低的问题带来信息不对称，群众知情权得不到基本保障，无法有效参与监管。知情权与公民的主人翁感息息相关，也是培养他们民主参政意识的最佳方式。因此，重视知情权，首先就要认可广大师生员工在学校中的主体地位，尊重他们的主人翁身份，才能做好信息公开工作。和欧美一些发达国家相比，中国政府信息公开机制显示出较大的滞后性。国外不仅将此列为一项政府制度，对信息公开的主体、程序以及救济途径都有着非常严格的规定，甚至规定了公民在知情权得不到保障的情况下可以提起司法诉讼。这些都是我国信息公开制度所欠缺的内容。因此，笔者建议，要建立高校信息公开救济制度，以约束高校信息公开工作的实施，有效规范高校信息公开行为，为其实践操作提供具体的指导。而信息公开对象也应树立公民的知情权观念，积极向学校提出信息公开要求，要求学校履行信息公开责任，并且能够使用法律规定的救济手段维护自身的合法权益，以法律为保障推动高校全面落实信息公开制度。

（二）促进高校信息公开的对策

1. 提高对高校信息公开的认识

积极推进我国的民主制度建设是十八大报告的核心内容。民主制度将体现在各个公共领域，以民主管理为具体载体。对于高等学校来说，切实做好信息公开工作是实现民主管理的基础。高校要积极响应《办法》的要求，在学校党委的全面领导下，以教授治学为主体，各行政部门积极落实，以开放办学的模式，以服务社会为宗旨，面向公众，积极与外界进行沟通交流，加大信息透明，听取公众的评议，汇集公众智慧，提升管理水平，促进学校的发展，树立良好的社会形象。此外，信息公开还有助于学校更好地获取市场信息资源，提升自身的核心竞争力，降低市场机制对学校带来的冲击。

首先，信息公开能够防范校园腐败行为，加强高校党风廉政建设。通过信息公开的手段让广大师生员工了解学校的重要工作事项，从而进行监督和评议，指出工作存在的不足，提出改进意见。这种方式能够有效地防范以权谋私的行为，如挪用各类经费、招生舞弊等，尽管教育部门采取了多种措施，加大了查处力度，但依然无法彻底消除这些现象，对我国的高校乃至整个教育领域的形象产生了不良的影响。造成少数高校出现腐败现象的主要原因，是其管理制度存在着漏洞和缺乏预防机制，但从根源上看，还是因为信息不透明，权力的使用得不到有效的监督和制约，给权力者以暗箱操作的机会。因此，对于高校的重大事项应进行全面公开，通过内外共同监督，确保权力不滥用，做到决策民主、透明，合法合规，最大限度地消除贪腐的土壤。在这方面，美国的经验值得借鉴，在 20 世纪末，美国大学贪腐现象十分严重，最终，在民众的努力下，促使该国采用法律的形式推动高校信息公开建设，有效地消除了贪腐现象。

其次，信息公开提供了一个内部交流的平台，让全体人员就此展开互动交流，意见得到及时的反馈，问题得到及时的解决，有利于矛盾的及时化解，促进校园的和谐稳定。传统的校园管理主要为领导"一言堂"模式，重大决策事项往往只有领导层掌握，上下层之间缺乏沟通交流，信息传递渠道不畅，基层教职员工很难获得这些信息，无法对学校的工作进行评议，基层管理部门和基层群众对领导层存在着诸多的误解，从而埋下了矛盾的隐患，造成党群、干群关系紧张，校园缺乏和谐氛围。通过信息公开制度，校园的信息资源得以共享，基层也能够充分理解领导层的意图，形成双向交流机制，提升了基层执行的效率，校园关系也得到改善，有利于和谐校园的打造。

最后，信息公开能够提高公众对学校乃至整个教育系统的满意度。之所以建立信息公开制度，目的是实现公众的知情权，进而对高校的工作进行监督，最终实现参与管理的目标，提高公众的满意度，有利于社会主义和谐社会的构建。在信息的选择上，首先要确保重点、热点信息的公开；其次是社会关心的重点内容，尤其是招生政策类的信息。通过向外界公开的方式，接受公众的监督，确保公众享有平等的教育权。财务状况也是公开的重点内容，资金出入是否规范合理，与贪腐行为直接关联。对经费使用情况进行公示，能够有效遏制腐败。现代高校的资金来源渠道越来越多，其中，社会捐赠占不小的比例，高校应对该项信息进行公示，不但让公众知晓这方面的信息，也是一种尊重捐赠者的行为，能够产生良好的社会影响，吸引更多公众支持学校建设，实现双赢。国外高校就很重视这方面的工作，学校会通过网络平台详细地公示学校获得的社会捐赠以及使用情况，受到了公众的一致好评。

高校在推进信息公开工作中，应以自身的校务公开工作为基础，将两者结合起来进行，同时，依据自身的特点，做出合理的工作规划。在工作过程中，秉持实事求是的思想，明确责任，细化环节，确保执行的规范和效果。这里以东北大学为例，该校关注到公众对特殊类型考生招生的质疑，将该类学生的真实学习信息予以详细公示，从而消除公众的疑惑；在专项信息公示方面，复旦大学、北京师范大学、北京外国语大学和中国农业大学都做得比较到位，这些高校有的公示了学校干部任用情况，有的公示硕士研究生的录取信息，有的详细公开了社会捐赠以及使用信息，等等。随着市场经济体制在我国的确立和推进，加之教育市场的放开，我国高校办学模式呈现多样化局面，社会经济活动对高校的影响日益增加，外界和校内群众在这方面的质疑也在日渐增多，这就促使高校积极进行信息公开，消除质疑，减少内部矛盾，打造和谐校园。

2018年10月，《教育部办公厅关于全面推进高校信息公开做好信息公开年度报告工作的通知》发布，要求高校要持续深入学习习近平新时代中国特色社会主义思想和党的十九大精神，按照中共中央、国务院关于政务公开工作的决策部署和教育部全面推进信息公开的总体安排，继续坚持"以公开为常态、不公开为例外"的原则，深入推进信息公开工作。各高校要充分总结《高等学校信息公开办法》和《高等学校信息公开事项清单》颁布实施以来取得的成效和经验，挖掘短板和不足，找准难点和痛点，加强统筹谋划和长远规划。根据工作实际完善制度规范，优化工作机制，强化信息发布、解读和回应，不断丰富公开方式，强化平台建设，增强公开实效。通知要求各高校要以清单为底线，建立健全本校主动公开目录，探索完善二级单位主动公开目录制度，进一步拓宽公开范围，细化公开事项，做好动态更新，提高制度化规范化标准化水平。继续加大招生、财务等重点领域信息公开力度，主动接受外部监督。进一步加强工作培训和考核评估，强化工作保障。

2. 树立高校信息公开的法律观念

依法治国是党提出的一项战略任务，作为一种治国理政的手段，与我国的国情相符，对于保增长、促和谐有着重要的意义，有利于我国小康社会的建成。高校应积极响应党的号召，依据依法治国理念进行学校的管理，实现依法治校的目标，这是依法治国理念在教育领域的具体体现。只有依法治校，合理配置和优化公共资源，保持学校科学的组织架构，才能促进学校的长远发展。高校为社会培养人才，是公共服务机构之一，理应在法律的框架下展开教学活动。这是学校展开活动的基本依据，也是维护全体教职工和学生合法权益的有力武器。只有实现法治化建设，才能形成民主管理模式，前提是做好信息公开工作，才能确保群众的合法权益，杜绝贪腐行为。

截至目前，教育部已经出台了多项法规，对高校信息公开制度建设予以详细、具体的规定，以确保该项工作在法律的框架下展开，规范其行为。但在高校校园中，不少师生员工对于自身的合法权益还认识不足，权利意识淡薄，包括管理领导层。因此，要加大相关法规的宣传力度，使得高校内部人员从上到下都能够熟悉掌握上级部门的要求，增强法律意识，以法规指导自己的行为，领导干部应树立先锋带头作用，积极学习国家的相关法规政策，正确理解政策精神，大处着眼，小处着手，站在全局的高度规划具体的工作，健全各项规章制度，在严格自身行为的同时严格要求他人，形成典范效应，更好地指导下级的行动。同时，应着眼于提升广大教职工的法制意识，使得他们能够主动要求满足自身的合法权益，并通过合理、合规的手段积极维护自身权益，从而对管理层形成监督压力，使后者尊重自身的主人翁身份，确保学术自主，和谐校园内"教"和"管"的关系。

高校是一个特殊的公共服务机构，涉及多个群体和多方利益，既有自身的利益，也有公民的利益，还与其他各组织机构有着利益关系。社会的参与是高校实施办学的基础，而要实现社会参与，其前提就是让社会了解学校的基本情况。对于高校来说，信息公开既是一项权利，也是一项义务，这就需要高校领导具有权责意识，而不应将该项工作视为一种可有可无的形式。因此，在制定相关法律时，立法者应着眼于权利与义务的对等进行条款的设定，既确保法律的强制性，又能对高校的工作开展具备指导价值，并具有较高的可行性，才能保障信息公开工作的顺利推进。信息公开能够改善传统校园管理模式中的信息不对称问题，为全校人员提供一个交流意见的平台，实现上下互通，协调交流，有助于纠正群众的一些误解和偏见，疏导心理情绪，营造和谐的校园气氛。领导的决策意图也能够被正确理解，有助于执行者规范操作。

法律制度的核心是要明确责任主体，对于高校来说，确定信息公开工作中的主客体就是一项最重要的工作，只有明确这一点，才能明确权利方和义务方，并通过完善学校信息公开的法律机制，切实落实法律责任，使得管理职能部门各司其职，各负其责。依据《高等学校信息公开办法》的规定，规范高校的信息公开方式，据此对损害广大教职员工以及公众合法权益的行为进行处罚，保障师生员工的合法权益。

3. 完善高校信息公开的机制

（1）加强组织领导。

《办法》中明确指出，应将高校信息公开工作作为一项系统工程来抓，站在教育全局的高度进行统筹规划，这就需要各地区的教育行政部门建立联动机制，相互配合协调，确保该项工作的全面展开。高校领导应增强责任意识，集中精力积极推动本校信息公开工作。同时，要理顺中央行政部门与其直属高校之间的领导体制，明确自身的权力和责任，积极听取主管部门的指导建议。例如，西安交通大学的党委班子就非常重视本校的信息公开工作，并确立了一个完善的组织构架，即党委领导班子为指挥员，组成专门的领导小组，行政部门负责工作的落实，纪委负责监督核查工作，教代会负责工作的评议，基层群众广泛参与。各职能部门团结协调，与群众一起形成一股强大的合力，有力地推动该项工作的开展。领导小组全面负责信息公开工作的整体指挥、规划和安排，协调各组织间的关系，亲自审核重大事项，

指导各职能部门落实方案和措施，以法律为框架，规范信息公开工作。同时，设置了专门的监督小组，对信息公开内容、程序和形式展开审查，确保信息内容的真实准确性，并关注和督促学校建立健全工作制度以及整改机制。在审查活动中，重点关注二级单位信息公开状况。通过责任落实到人，稳步、有序地展开信息公开工作。

（2）建立工作机构。

《政府信息公开条例》明确规定：所有公共服务机构必须建立信息公开制度。高校作为教育服务机构自然被列在其中。高校应积极接受主管部

门的指导，依据自身的校情，结合教育部门的统筹规划方案，设立校内独立机构，专门负责信息公开工作。《高等学校信息公开办法》中列出了高校信息公开中的七项工作任务以及职责。要建立一个专门的领导小组，本校校长担任组长，成员为各职能部门的负责人，负责整体协调工作；在校长办公室内设立一个专门的信息公开办公室，具有独立决定信息公开工作的权利；各职能部门负责具体执行工作，接受领导小组的工作安排；设置监督检查办公室，具体负责监督核查工作。

其中，信息公开办公室处于整个信息公开工作的核心地位，其职责主要有：对信息公开工作进行整体规划；编写信息公开的目录；管理、更新所需公开的信息；编写信息公开工作总结报告；受理信息公开申请，并给予及时的答复；评议信息公开工作成绩；优化校内信息公开组织机构；开展与学校信息公开相关的其他工作。工作人员不得泄露将要公开的信息。而监督检查办公室的主要职责有：检查学校各部门与信息公开相关的工作规章制度的构建和落实情况并督促改进；受理信息公开工作的投诉，并对违规行为做出处分决定。

武汉大学在这方面就取得了较好的工作成效。该校坚持统筹规划，充分结合自身的情况，采取稳步推进的方式，以为公众服务的理念展开信息公开工作，在整个过程中，坚持"五公开"（决策公开、执行公开、管理公开、结果公开和服务公开）原则，并据此确立起完善的制度体系，以维护广大师生与公众的合法权益为目标，实现信息公开的制度化。具体措施主要有以下几个。①建立清单制度。经过全体管理人员的科学论证制定了《武汉大学信息公开事项清单》，对所有应当公开的内容进行详细的分类规定，并规定各二级单位也要制定本单位信息公开清单。②建立信息发布保密审查机制。学校制定了严格的规章制度，采用保密审查的方式，防范信息泄露。③建立政策解读机制。设立专门的政策解读机构，对所有与学校乃至教育有关的政策文件进行科学解读，力求正确理解和把握政策精神。④建立监察考核机制。建立监察组织，监督检查清单中的事项是否得以全面落实，然后记录监察结果，作为负责人员以及负责单位的考核参考。

（3）搭建信息公开平台。

信息公开平台为电子的信息发布平台，高校在平台上定期发布和更新各类信息，便于校内人员查阅和使用。公开的内容以指南和目录的形式呈现，这些都为校内专业人员所编写。浏览者根据目录就可以快速查阅到所需信息，平台也成为高校信息的载体。

指南中主要包含以下三类内容：一是公开的信息内容名称以及索引、获取手段等；二是高校负责信息公开工作部门的基本信息；三是对信息公开主体形式进行简介，便于浏览者的查阅。这种方式具有简单易操作的特点。目录中主要包含高校信息的名称、概要等内容，便于公众查阅。工作年报中的信息内容对校内和校外开放，包含应民众要求公开的信息、招生收费标准、对学校信息公开工作的评价和投诉以及改进意见等。

在网站的建设上，江南大学积极探索，充分利用网络技术，建起了一个完善的网络平台系统——"e江南"，除了对外开放的门户网，还有面向全校师生员工开放的全校网以及各个单位部门的局域网，为校内外群众了解学校情况，参与学校事务的管理和监督提供了便捷的渠道。为了提高网站的建设水平，做好网站的建设管理工作，学校每年两次组织人员对校园网站进行评比，奖励优秀网站建设人员，有力地促进了网站的发展，为本校的广大师生打造了一个良好的信息交流平台，成为信息公开的新载体。此外，还与时俱进，积极利用当下流行的传播媒介，如开通官微等方式，实时公开学校工作动态。

2014年，为了进一步推进高校信息公开基础建设工作，教育部采取了如下的措施。①开展信息公开工作培训。在当年的4~6月，多次举办教育领域的信息工作培训，第一批培训人员来自省部级教育部门，培训的内容紧扣高校信息公开工作，参与培训人员就该问题展开交流，交换对该项工作的看法；第二批人员来自教育部直属机关办公室负责人，培训内容以提升信息公开工作能力为主，具有很强的实用价值。②通过具体的技术措施，对自身的门户网站信息公开专栏进行优化，使其更加便于信息的查阅。同时，为了便于公众对信息的申请，组织人员开发了在线申请提交系统，使得公众的信息反馈活动更加便捷，实现了优质高效服务。③对信息公开指南和公开目录更新机制进行完善，使其更好地为公众提供信息查阅指导。④完善信息保密制度。对拟发布的信息进行事前审查，并对审查的内容给予保密。凡是违规信息或依照相关法规不应公开的内容都应排除在外。⑤建立了信息公开网上申请处理机制和流程，对公众提出的申请给予及时的回复和处理。⑥及时记录申请办理情况并进行备案，作为答复的证据。⑦加强人员和经费保障，为信息公开工作奠定物质基础。

北京科技大学积极利用现代网络信息技术，构建起一个完善的信息公开工作组织架构，并通过科技手段优化工作流程，突破行政部门之间的组织障碍，实现时空上的自由，从而建立起一个高效的运作模式，并实现了部门和岗位的精简，提升了信息的开放度。该校主要从以下几个方面入手。一是及时收集、整合信息资源，通过门户网站上的校务公开专栏予以公示，并保持动态更新的状态，为全体师生员工提供与学校相关的各类信息，满足题目的信息需求。通过完善的网络查询系统，校内全体人员都能够及时掌握学校的决策和制度变化情况，使他们能够对校务进行监督，并及时反馈意见和建议。二是设置校长信箱。2011年，该校设立了网络校长信箱，师生提出的意见、反映的问题以及管理层的答复与处理结果等，都会在专栏里进行全面的公示，为学校的管理层与基层群众的交流提供了一个便利的通道。同时，管理执行部门据此与领导层展开工作沟通，更好地执行领导层的工作安排，有利于和谐干群关系，形成和谐的校园风貌。可以说，信箱为管理者与基层群众搭建了一座桥梁，提升了信息工作的透明度，能够充分发挥群众的监督力量。三是集中更多精力，打造优质的学校信息门户网站，提升信息服务的质量和效率，实现规范化管理，使得该校的信息公开工作达到了一个新的高度。在该网站上，还有各类一键查询服务，如校内教职工可以查询自己的工资、社保缴纳信息等，社会公众可以查询学校的收费项目、标准等，获得了公众广泛的好评。

4. 建立监督保障机制

监督是确保信息公开工作质量的关键。在整个工作流程中，监督是最重要的一环，是促使信息公开工作向着制度化方向发展的主要推动力，而建立健全监督机制，并将其纳入考核范畴，是保障信息公开工作规范化的重要手段。失去了监督的力量，工作就会产生诸多问题，形式主义也就在所难免，无法达到预期的工作效果。2014年，教育部在政府信息公开工作年度报告会议上指出，2015年，工作的重点将是加强高校信息公开工作的监督，将采用引入第三方机构评估的方式替代原先的监督机制，并将评估结果对外界公示。由此可见，教育部对监督作用的重视，也表明我国目前高校信息公开工作的监督机制存在着较大的缺陷，监督效果不够显著，无法适应新时代环境下我国高校事业发展的需求。

高校要想做好信息公开工作，不应只注重信息的发布，更要做好信息的回应，这里的回应包括答复和解释两种行为。只有这样，才能真正做到信息公开的透明化，对公示的信息进行政策解读，能够让公众正确理解"所以然"，而不是一个生硬的信息结果；及时答复公众的信息公开申请，体现着高校全心全意为人民办学服务的宗旨，体现对公民权利的尊重，并且能够消除公众的不满情绪，提高他们对教育的满意度。同样，监督工作不仅要监督检查高校的信息公开程度，也要包括信息公开反馈工作是否到位。在结构模式上，监督保障机制应在内外部上有所区分。

首先是内部监督。主要包括两类：确立高校内部各类组织机构具体的权责，做到各司其职，以促进各项工作的落实；校内基层群众监督信息公开工作的平台，这类监督方式主要有教代会、学代会、校长信箱等，高校管理层通过这些渠道获取基层群众的信息反馈，对工作进行有针对性的改进。这是监督机制的基础。

其次是外部监督。主要包括三类。①上级部门监督，主要采用监督检查的方式评估信息公开工作的成绩与不足，督促和指导学校进行改进，并将该项工作情况纳入学校考核体系当中，依据考核结果对学校的主要领导进行奖惩，同时，要大力表扬工作卓有成效的高校，提高高校领导对信息公开工作的重视程度。②公众监督，也叫作社会监督。主要通过高校门户网站、信息发布会、校内热线电话等形式提出意见或申诉，促进学校信息公开工作的改进。③媒体监督，通过各种媒体手段对高校信息公开的宣传和曝光，起到督促高校积极整改自身工作的效应。因此，高校要细化工作，做好每个环节的工作，在公开信息内容的选择上以外界最关心的教育信息为重点，满足他们的信息需求。

在对拟公开的信息进行审查方面，陕西师范大学成绩较为突出。该校主要采用的措施如下。①注重信息审查的保密性，建立了一个完善的信息公开反馈机制，并形成制度，编印成文件下发到各下属部门，督促工作人员重视保密工作，树立信息保密意识。②做好网络安全保密工作，该校组织专门人员，不定期对各下属部门的局域网展开检查，防止随意泄露信息的行为。③建立和规范的信息保密审查确定程序，并严格区分保密信息的范围，严格控制保密信息的外泄。④在门户网站中设置意见箱，便于公众的意见反馈，实现高校与外界的沟通互动，推动信息公开工作的深入。

信息的真实是高校信息公开工作的唯一价值，公开是该项工作的重心，而监督在其中是一种保障手段。教育管理涉及多方面的内容，系统较为复杂，就要深入研究探讨信息公开的监督方式，确保其科学性、合理性和有效性，并能够实现信息公开的全程覆盖。要提高监督效果，高校应从以下两点着手进行。

首先，完善规章制度。通过制度安排落实具体责任，对校内全体人员实行权责一体的制度，并将信息公开工作作为单项考核指标纳入考核体系当中，据此进行奖惩并向外界公示，增强监督的作用，激发员工的工作热情，使他们都能够严格遵循校内制度展开工作，促进信息公开建设的发展。考核应本着实事求是的原则，综合学校管理层和基层群众的意见，以确保考核结果的公正性。通过宣传讲座的方式，提高广大教职员工的参与热情，形成群众集体监督的局面，进一步规范相关工作行为。还应建立责任追究制，对不规范或者消极对待信息工作的行为依照制度进行责任追究，防范贪腐行为，维护群众的合法权益。

其次，重视信息反馈。无论是公众的信息公开申请还是事项投诉，学校都应给予及时的回复和处理，对于后者还应将处理过程以及结果全面公开并存档，接受群众和社会的监督，维护他们的合法权益。尤其是对内部师生员工的诉求，应积极展开调查了解，掌握实际情况，依照国家法律法规以及学校的相关规定，进行及时的处理，及时化解矛盾纠纷，确保校园的稳定和谐。此外，高校还可以灵活使用多种手段，以落实监督权。监察、教代会、纪委都是监督主体，但应进行权责的细化，才能提升监督的效果，避免互相推诿的现象，导致责任追查无法进行。

第八章　高校民主管理的
路径之四——教授治学

　　教授治学、学术民主是高校"民主管理、民主办学"的关键。教授治学有利于发挥教授作为学术精英和办学主体的主观能动性，提升大学在学科建设、科学研究和人才培养方面的水平，提高高校的综合办学实力。教授治学既是大学以学术发展和人才培养为根本追求的本质要求，也是现代大学践行以人为本管理理念和共享治理现代学术民主精神的重要体现，有利于教授专业知识的发挥、学术的规范运行和良性发展。

一　教授治学概述

　　教授治学是从教授治校概念上发展演变而来的。教授治校起源于中世纪的西欧——法国的巴黎大学（创建于1150年），是大学为了摆脱中世纪的教会神权与世俗皇权束缚，维护大学自身权益①而采用的一种具有较高自主管理权的内部管理模式——大学内部事务由大学教师集体负责管理，享有较为广泛的治理学校的权力，如校长遴选、教师选聘、专业设置以及课程安排等；对外则拥有免兵役、免税以及司法豁免权等较高程度的自治权②。教授治校这种内部管理模式借鉴了中世纪城市手工艺人的行会制度，通过协商方式组建教师行会，集体管理学生，集体承担大学中课程设置、招生、选举校长和聘任教师等学术事务的决策、执行与监督任务。③此后，

---

① 参见熊艳、郭平《教授治学的演进、内涵及本质》，《教育发展研究》2012年第12期。
② 参见罗红艳《教授治学何以可能：基于权力要素的视角》，《教育研究》2016年第10期。
③ 参见眭依凡《大学校长的教育理念与治校》，人民教育出版社，2001，第294页。

教授治校的理念和内部治理方式进一步在英国牛津大学、剑桥大学，德国的柏林大学乃至全世界得到发展与实践。虽然各国在制度构建和具体做法上有所不同，但有一个共同点，那就是奉行大学自治，学术独立，以教授为代表的教师群体在学校事务上拥有较大的决策权和管理权。二战后，各国对科学研究更加重视，不仅扩大了大学的规模，也增加了大学的数量，学科门类更多，高校教授们承担的科研任务日益繁重，由于国家财政紧缺，国家行政力量通过拨款等手段加紧渗透、控制大学，而且随着社会经济发展，行政事务也越来越专业化，需要专业性的人员来从事管理工作。在此综合背景下，教授治校的权力日益集中于通过学术团体组织（如评议会或教授会）进行学术事务的决策和管理，而将其他事务的管理权交由专业行政人员承担。由此，教授治校逐渐开始向更具有学理意味和科学性[①]的教授治学转变，体现出教授专注于学术决策和管理的特点，是西方大学推崇的民主治校理念。

（一）什么是教授治学

关于什么是教授治学，学界尚有不同的看法，主要是对治学的范围有不同的认识，主要分为狭义说和广义说。狭义说认为，教授治学仅仅指教授进行学术研究，包括"治学科、治学术、治学风和治教学"[②]；广义说认为，"教授治学，作为现代大学制度，除了狭义说包含的内容之外，还包括参与学术事务的决策和管理"[③]，"教授治学是实现学术自由和学术民主的基本前提，教授治学不仅指教授个人研究学术问题，也包括教授在大学公共学术事务中从事决策和管理"[④]，即凡是涉及学术发展的事务，教授都有参与的权利，具有比较丰富的内涵，而且应当与时俱进，有较强的外延性，认为凡是有可能影响学术发展的事务如资源配置、人员选拔、后勤服

① 章凤云：《现代大学制度下的"教授治学"路径研究》，《宁波大学学报》（教育科学版）2015 年第 2 期。

② 史宁中：《实行教授委员会制 凸显"教授治学"》，《中国高等教育》2005 年第 Z1 期。

③ 张意忠：《论教授治学》，华东师范大学博士学位论文，2006；张意忠：《教授治学的调查与思考》，《江苏高教》2006 年第 4 期；张意忠：《论教授治学与校长治校》，《理工高教研究》2007 年第 2 期。

④ 王寿春：《民主治校·学术民主·教授治学》，《黑龙江教育》（高教研究与评估版），2005 年第 Z1 期。

务等都应当包含在"学"的范围之内。

从教授治学与教授治校的关系来看，主要有如下三种观点。

第一种"同义说"，认为广义的教授治学与教授治校含义相同，如认为"教授治校的内涵主要是治理学术事务，其实质是教授治学"[①]；还有的学者从组织形式和人员构成、权力作用范围进行了分析，认为"国外的教授治校与我国所提的教授治学，从组织形式和人员构成上来看是基本一致的，都是主要指以教授为代表或以教授为主的学术人员通过团体方式集体行使权力；从权力作用范围来看，国外教授团体的权力都主要限于学术事务的管理和决策，与我国教授治学的内容是一致的"[②]。不同的是，在国外教授力量较强的国家，教授代表的学术力量还有选举校长的权力或与理事会共同任命校长的权力，而且国外校长的职权很小，要么如德国象征大学的学术地位，要么如英国作为一种荣誉头衔，对学校管理没有实质性权力。"国外校长虽然在评议会参与学术事务，但既不代表行政力量，也不代表学术力量，只是作为两种权力行为的协调连接点和作用点，但我国校长则有较大职权，如任免组织内机构负责人，聘任与解聘教师等"[③]；或认为，"教授治学源于教授治校，同步发生于大学诞生，教授治学是指以教授为代表的教师群体作为个体在学术领域研究学术问题并对涉及学术发展的事项进行决策和管理"。[④]

第二种"主从说"（或称"差异说"），认为教授治学是在研究教授治校的过程中提出的一个新概念，主要指以教授为代表的教师从事学术活动，行使对学术事务的管理权；教授治学只是教授治校的一部分内容。如赵蒙成教授就认为："教授治学与教授治校概念不同：教授治校是指教授在学校的所有重要事项方面拥有决策权，实质是学者治校，尽管教授们但并不负责学校的直接管理，仅仅是可以间接管理学校；而狭义的教授治学则是指教授在学术领域内行使决策权，仅仅参与大学学术事务方面的管理，其实质是学者治学；教授治校关涉大学运行的整体权力架构，而教授

---

① 张意忠：《论教授治校及其现实意义》，《高教研究》2007年第9期。
② 闫隽：《高等学校教授治学问题研究》，黑龙江大学硕士学位论文，2009。
③ 闫隽：《高等学校教授治学问题研究》，黑龙江大学硕士学位论文，2009。
④ 韩延明：《论教授治学》，《教育研究》2011年第12期。

治学则仅指学术事务的管理，二者指向的重点不同，教授治学应该是教授治校的一部分，必须以教授治校为前提，从属于教授治校。"①彭阳红也认为，"教授治学从属于教授治校，教授治校是教授治学的前提与基础，并且裹挟着强烈的价值诉求，更有利于推动变革，教授治校更具有包容性，除了要治学术事务之外，还要治非学术事务"②。

第三种"差异说"，认为"教授治学与教授治校有着本质的不同，教授治学的提法虽然体现了一种大学管理的制度安排，看似体现了学术权力的重要性，但实际上更容易导致学术权力的狭义化，导致学术权力被局限在狭义的、边缘化的'学'字之类，扭曲了学术权力的本来地位和应有空间，是一个模糊不清的提法，与教授治校这一高等教育原则相比是历史的倒退"③。

对如上三种观点进行深入研究和对比分析，可以发现其差异主要在于对教授治学应当作广义理解还是狭义理解。狭义的教授治学仅指学术事务；广义的教授治学则不仅指治理学术事务，还要治理与学术发展相关的其他事务。因为学术发展不仅受到发展规划、人才建设等学术决策的影响，还受到学校内部规则制定、资源分配以及后勤保障、权益维护等非学术事务决策与执行等诸多因素的较大影响，而且资源配置、后勤保障等非学术事务对学术发展的影响可能更大。如果采纳广义的教授治学，那么三种观点实际上是趋于一致的。但如果采取宽窄不一的理解，就会出现上述差异。除此之外，采纳"教授治学从属于教授治校"观点的学者还认为，"教授治校更能彰显学术权力的权威，是欧美大学治理模式的典型特征"④。但笔者认为，学术权力的彰显，并不是依赖于教授治校这一个概念，更重要的是要强化学术主导、行政配合的高校内部治理理念和制度建设。随着社会的发展进步，大学规模不断扩大，大学的功能日益多元化，大学的内涵与本质也不断拓展，整个社会对大学结构、功能、治理理念和管理模式

---

① 赵蒙成：《"教授治校"与"教授治学"辨》，《江苏高教》2011 年第 6 期。
② 彭阳红：《"教授治校"与"教授治学"之辨——论中国大学内部治理结构变革的路径选择》，《清华大学教育研究》2012 年第 6 期。
③ 杨克瑞：《教授治学，也要治校——兼论现代大学制度建设》，《教育发展研究》2012 年第 9 期。
④ 彭阳红：《"教授治校"与"教授治学"之辨——论中国大学内部治理结构变革的路径选择》，《清华大学教育研究》2012 年第 6 期。

提出了专业化的要求，对学校治理的权力主体提出了多元化的要求，大学内部的权力必然会出现分散趋势，教授自身必然难以治校。党和政府通过决定高校党政领导班子成员、考核评价、资源配置等方式加紧对大学的控制，完全依靠民主推选教授对大学进行自治已经不合时宜了，大学的治理模式呈现出由利益相关者共同治理的特征，即"党委领导，校长治校，教授治学，民主管理"，这也与现代大学治理理念与实践相契合。

不仅如此，在我国的法律文本和规划纲要中都是采用教授治学的提法。虽然《高等教育法》并没有明确提出"教授治学"，但2010年《国家中长期教育改革和发展规划纲要（2010—2020年）》、2012年6月教育部出台的《国家教育事业发展第十二个五年规划》中都明确提出要"探索教授治学的有效途径"，要"建立民主选举产生的学术委员会"，"充分发挥教授在教学、学术研究和学校管理中的作用"，要"完善中国特色现代大学制度、完善治理结构"，"克服学校内部治理上的行政化倾向"。① 这些规定实际上明确了要通过建立学术委员会制度来完善大学治理结构，实现教授治学。2014年1月29日教育部公布的《高等学校学术委员会规程》（教育部令第35号）第三条也重提了要"发挥学术委员会的重要作用"，"探索教授治学的有效途径"。可见，教授治学的提法更符合教育规律，更契合当今时代发展的要求和现代大学制度多元化治理的设计理念。

综上所述，笔者认为，"教授治学"指的是，以教授为代表的教师群体通过学术委员会这一形式，在学术事务和事关学术发展的其他事务方面行使决策权、管理权、评价权。"教授治学"中的"教授"是治学的主体，在此应作广义理解，泛指高校从事教学科研的教师；"治"应当是"治理、研究"的意思，关系到治理主体以何种组织形式，以何种治理方式进行高深学问的传递和研究；"学"指的是学术，即系统性、专门性的高深学问，指的是治理的具体内容，一般认为应当包括教学与研究、学术决策和学术管理、学术规范与学风建设，以及关系到学术发展的学校其他重大事务的咨询与决策。

教授治学的本质其实是"尊重学术权力，奉行学术自由，建立学术权

---

① 《国家中长期教育改革和发展规划纲要（2010—2020年）》第十三章建设现代学校制度"完善中国特色现代大学制度"部分；《国家教育事业发展第十二个五年规划》第四部分《创新国家教育制度》（五）建设现代学校制度部分。

力、政治权力、行政权力三权独立运作又相互制衡监督的大学治理体系"①。在此，学术权力不应当作狭义的、边缘化的解释，而应当有丰富的内涵，因为大学的一切活动都是围绕着学术活动这个中心展开的，大学的一切工作（包括行政管理和后勤服务工作）都应当是为学术活动服务的，是负责执行学术决策的。因此，学术权力应当是大学的主导，在三权之中处于支配地位，行政权力理应处于为学术权力服务的地位，否则就本末倒置。因此，教授治学的内涵应当是外延式的，不仅指教授个人从事学术研究，对具体学科领域的人才培养、科学研究和社会服务进行有效治理；而且指教授组成学术组织负责学位申请或学科规划等纯粹的学术事务决策；还指教授们代表的学术权力组织拥有以学术为本位的资源配置话语权，即还应当负责大学的重大政策制定与民主管理决策，例如与学术发展、学科建设、人才培养等紧密联系的人事、财务、后勤保障等的决策。

（二）教授治学在高校民主管理中的地位和作用

第一，教授治学是以人为本的管理理念的体现。人是具有创造性的生物，所有的制度设计都应该以发挥人的聪明才智为出发点和落脚点。在大学里，以教授为代表的教师群体拥有高深的学科知识，是学术专业性和专业权威性的代表，具备不同于一般人的治学能力，具有学术决策和管理的优势，而且他们直接承担着一线教学、科研和社会服务任务，教师的个人发展目标与学校的发展目标是一致的。因此，教师群体是对学术决策和管理最有发言权的内行人，具备行使这些权力的能力，正所谓有能力者居之，这也是教授治学权力内在合法性的体现。这实际上也契合了权力具有不平等性和支配性的属性要求。同时，只有赋予教授治学的权力，才能让他们体会到尊重，才能激发他们的热情，发挥其独特的主体作用，提高大学教学科研水平和人才培养质量，促进大学的学术进步。

第二，教授治学是落实现代大学章程、完善高校内部多元化治理结构的客观要求，是大学内部各类权力分立制衡与协调运行的必然选择，是实现学术自由和学术民主的基本前提。知识是权力之源。现代大学要求实行

---

① 熊艳、郭平：《教授治学的演进、内涵及本质》，《教育发展研究》2012 年第 12 期。

学术立校，奉行学术至上的理念。在大学中，学术权力理应是第一位的，是学校的主导性权力，是本源；行政权力虽然也是必要的，但应当是由学术权力派生出来的，是为了对学术权力进行保障而存在的，应尊重、维护和保障学术权力的正常行使，这也是行政权力被初设的前提要求。[①] 总之，大学内部的一切组织形式，大学内部的一切管理和服务工作，大学举办的一切活动都应当以学术为中心。对教授治学的强调有利于实现学术权力和行政权力的协调运行和动态平衡，完善大学的内部治理，也是对现有行政权力一家独大、凌驾于学术权力之上的弊端进行矫正的必然举措。

第三，教授治学是学术自由、学术自治、民主管理的必然结果和经验总结，是顺应学术本位思想和现代教育管理民主化理念的必然选择和具体体现。大学是学问之府，崇尚科学与民主，是实行学术自由、大学自治的场所，是教授教书育人、从事科学研究从而促进科学发展的理想场所。大学教授是学问之师，拥有渊博的知识、良好的教学和科研能力、追求学术进步的创新精神，是高深学问的追求者和传播者，也是大学精神的主要体现者。因此，大学教授理应是大学治学的主体，拥有对广义的学术事务进行决策和管理的权力。

第四，教授治学是实现高校学科定位与高校学术品牌塑造，提高学术决策的科学性，提升大学核心竞争力的必然途径。现代大学为了实现学科定位，塑造自己独特的学术品牌，必然要求实行学术立校。为了保证所发现、发表、讲授的知识的准确与正确，学者的活动必须只服从于真理这唯一的标准。因此，学术权力在高校内部权力运行和管理中占有独特的地位——在高效内部权力运行中，学术权力应为主导，行政权力应当是为学术权力服务的，管理人员是作为助手为学者提供服务，满足其需要，而不是去控制学者。实施教授治学，让专家进行学术决策、治理学术事务，才能实现学术决策的科学性与民主性，有利于高校的学科定位与学术品牌塑造，提升大学的核心竞争力。

第五，教授治学是现代大学制度构建的题中之义和重要组成部分。我国现代大学制度的基本内涵和基本目标就是"党委领导、校长治校、教授

---

① 张楚廷：《高等教育哲学》，湖南教育出版社，2004，第280页。

治学、民主管理、共同参与"，这也是大学管理从行政管理方式向法人治理方式转变，从法人治理向学术权力、行政权力分享决策权的共同治理目标迈进的精练表述。教授治学则是其中必不可少的非常重要的一环。

二　教授治学在高校民主管理中的现状分析

（一）我国教授治学的简要发展历程

民国时期，北京大学和清华大学都实行了教授治校原则。1912 年，蔡元培支持制定了《大学令》，在我国历史上第一次提出了"教授治校"。[①]此后，在蔡元培担任北京大学校长、梅贻琦担任清华大学以及抗战时期的西南联大校长时期，这几所高校都奉行学术自由，给予了大学教授们治理学术事务、行政事务等非常宽泛的权力。教授们成为学校各类组织的主体组成人员，在学术事务、行政事务方面拥有较大的权力，体现出了两校崇尚学术、尊重学术自由的治学思想和集体决策、民主管理校务的治校思想，对后世有极大的启发。

中华人民共和国成立后直至改革开放前夕的很长一段时间，由于诸多原因，教授治学的理念未能得到继承和发扬光大。改革开放以后，随着经济发展、社会进步，科技发展日新月异，我国高等教育规模逐步扩张，国家对高等教育更加重视，教授群体对人才培养和科技进步的作用日益得到认可，教授群体在大学中的学术治理主体地位和学术权力行使问题也受到关注。我国的高等教育立法和改革实践也逐步体现出了教授治学思想的萌芽，认识到了教师队伍建设的重要性，要求提高教师社会地位，大力改善教师的工作、学习和生活条件，充分发挥教师的作用。1994 年 1 月 1 日开始施行的《中华人民共和国教师法》没有明确提出教授治学，但明确了教师享有如下学术权利——从事科学研究；参加学术团体和学术活动；进行学术交流等[②]。1999 年 1 月 1 日开始施行的《中华人民共和国高等教育法》

---

① 眭依凡：《大学校长的教育理念与治校》，人民教育出版社，2001，第 303 页。
② 《中华人民共和国教师法》第七条提出教师享有"从事科学研究、学术交流，参加专业的学术团体，在学术活动中充分发表意见"的权利。

也明确了教师的如下学术权利——科学研究；文学艺术创作；其他文化活动①。并且，《高等教育法》还对学术委员会进行了明确规定，从法律上确认了学术委员会参与学校管理的合法性，明确了其职责权限②。但《中华人民共和国高等教育法》没有明确指出要推行教授治学，未对学术委员会的性质、定位进行明确，未明确界定学术委员会是学术事务的审议机构还是决策机构，也未对学术委员会的成员组成、具体运行方式做出规定。尤其是考虑到该法第四十一条又规定校长全面负责本学校教学、科学研究③，高校学术委员会的性质和地位究竟如何就显得更加模糊，实践效果十分有限。

尽管如此，许多高校先后进行了教授治学的探索和实践，设立了教授治学的组织机构——学术委员会或教授委员会，并制定了相应的运作制度。如东北师范大学在 2000 年率先实行了教授委员会制度，赋予教授委员会几乎所有与学术相关事宜的决策权力④。同时，该校出台了《东北师范大学教授委员会章程》，对组织与规则、岗位与职责、聘任与考核、权利与义务进行了明确规定，如明确院（系）实行教授委员会集体决策基础上的院长（系主任）负责制。⑤ 2005 年 12 月，吉林大学颁布实施了《吉林大学章程》，明确提出实行教授治学，并规定了教授治学的基本组织形式、管理方式和运行机制，规定校长向学校学术委员会报告学术工作，学校领导和职能部门管理人员不再担任各级学术组织的负责人，学院党政负责人不再担任各级学术组织的主要负责人，建立了由学术委员会、学位委员会和教学委员会构成的学术治理体系。⑥ 这表明教授的学术权力开始走向制度化。

---

① 《高等教育法》第十条提出："国家依法保障高等学校科学研究、文学艺术创作和其他文化活动的自由。"

② 《高等教育法》第四十二条提出："高等学校设立学术委员会，审议学科、专业的设置，教学、科学研究计划方案，评定教学、科学研究成果等有关学术事项。"

③ 《高等教育法》第三十九条规定高校实行党委领导下的校长负责制，第四十一条规定了校长全面负责本学校教学、科学研究和其他行政管理工作。

④ 张维：《大学章程建设助推中国高校转型》，《法制日报》2014 年 7 月 3 日，第 6 版。

⑤ 闫隽：《高等学校教授治学问题研究》，黑龙江大学硕士学位论文，2009。

⑥ 李元元：《完善现代大学章程 深化治理结构改革》，《中国教育报》2012 年 3 月 5 日，第 5 版。

2011 年 11 月 28 日，教育部出台《章程制定暂行办法》，要求大学按照规定制定好章程，突出对高校内部治理结构的系统规范，加强以学术委员会为核心的学术体系建设，并要求所有大学章程的核准工作在 2015 年 12 月 31 日前完成。从已被核准的大学章程来看，大多以学术决策权作为大学章程的核心，对教授治学进行了制度化的规定，强化了学术委员会的学术决策权和学术管理权。如东北师范大学"建立了分层次、分类别的学术委员会制度体系，既在学校、学部、学院三个纵向层面来建立委员会制度，也在横向层面上按工作性质和学术事务的不同范畴，按照分类管理的原则，建立若干与学术有关的专门委员会，对与学术相关的事宜进行咨询决策、自主管理、监督协调"。[1] 上海交通大学通过明确学术委员会是学校学术事项的最高议事机构，确立了学校内部学术主导学校一切活动的发展理念；中国矿业大学章程通过严格规定党政干部进入学术委员会的比例，保障学术委员会在学术事务决策和管理中的独立性。[2]

2014 年 3 月 1 日开始施行的《高等学校学术委员会规程》（教育部令第 35 号）（以下简称《规程》）是首部对高等学校学术权力进行规范的法规。它明确了作为教授治学的有效途径和组织形式的学术委员会的地位、组织结构、权限和运作方式，对教授治学的权力配置模式在形式上进行了明确，对教授治学的内涵也有了界定。

《规程》第二条明确了学术委员会是高校学术权力的行使主体，是高校内的最高学术机构，并界定了其职权范围主要是统筹行使学术事务的决策、审议、评定和咨询等职权。

第三条表明了学术委员会是教授治学的有效途径，并且对高校提出了保障学术权力规范运行的相关要求——完善制度、尊重并支持学术委员会行使职权、提供条件保障等。

第六条对学术委员会成员的组成、人数、党政领导进入学术委员会的比例限制等做出了规定，以保障学术委员会的学术权力不受行政权力的压制。

---

① 张维：《大学章程建设助推中国高校转型》，《法制日报》2014 年 7 月 3 日，第 6 版。
② 张维：《大学章程建设助推中国高校转型》，《法制日报》2014 年 7 月 3 日，第 6 版。

第七条对学术委员会委员应当具备的学术能力、学术道德和学风条件及个人意愿进行了明确。

第八条强调了学术委员会要通过自下而上的民主推荐以及民主选举等民主程序产生。

第十三条至第十八条明确了学术委员会具体享有的在学术事务方面和与学术事务相关的全局性、重大发展规划和发展战略、对外办学、教学科研经费预算和分配使用等重要事务方面的知情权、咨询（质询）权、审议表决权、学术评价权、建议监督权、学术纠纷裁决权等各项权利以及学校对学术委员会意见和决定进行配合与协助的义务。

第十九条至第二十三条明确了学术委员会的会议制度和委员出席比例要求。提出了学术委员会应建立年度报告制度，并应提交教职工代表大会审议。学术委员会应实行议事决策少数服从多数的民主原则、公开原则、回避原则，以保证决策的公开公平公正。

《规程》在部分制度设计细节上还有待完善。比如，尚未对大学内部学校党委所代表的政治权力、校长所代表的行政权力、教授群体所代表的学术权力以及教职工等其他利益相关者之间的权力边界进行清晰界定，尤其是未对学术权力和行政权力进行适当区分，划定两类权力自由行使的边界；对教授在学术事务管理中所享有的决策、审议、评定和咨询等学术权力未进行清晰界定，特别是决策权比较模糊；尚未对教授学术权力的行使客体——学术事务本身的内涵与外延进行明晰；尚未对教授治学的保障措施和救济方式进行规定，对于学校行政权力侵犯学术权力没有制定相应的约束机制以及赋予相应的救济措施，有可能无法扭转现实中号称最高学术权力机构的学术委员会被闲置、成摆设现象①。《规程》对与教授治学有关的大学其他制度也尚未进行配套性规定，未能体现制度之间的有机配合与衔接。《规程》并未针对"尊重并支持学术委员会独立行使职权"在人、财、物等条件保障方面对学校做具体的要求，也没有规定具体评价指标和未履行义务所应承担的相应法律责任。再者，《规程》在国家法律法规体

① 熊丙奇：《修订教育法律，应立足把教改纲要变为教改法案》，http://blog.sina.com.cn/s/blog_46cf47710102efom.html. 2014 年 7 月 7 日访问。

系中层次较低，并非国家法律，只是由教育部制定，属于部门规章。因此，《规程》的实施和运行能否达到预期目的，教授治学的权力是否能真正得到落实，还有待观察。

从上述我国教授治学的简要发展历程可见，我国法律法规和政策文件对大学学术权力、教授治学的界定和规范有一个起步、逐步发展和完善的过程。

（二）教授治学在高校民主管理中的现状分析

教授治学、学术民主是高校民主管理、民主办学的关键，在高校民主管理架构中具有重要的地位。当前，我国教授治学在组织载体上有着不同的形式，但本质上都是由从事学术研究的教师代表，对学术事务进行决策和管理。教授治学主要体现在对大学内部学术性事务的决策权、对与学术事务有关的其他事务的参与决策权和咨询建议权。具体来说，对于重大学术规划，学术委员会拥有决策权；在与学术事务有关的其他事务方面，学术委员会也根据这些事务与学术事务的关联程度而享有参与决策权或咨询建议权。这些事务与学术事务密切相关，涉及学术事务所需要的规则、权力和资源保障等才能有效决策，对于这些事务，学术委员会也有共同决策权。

尽管教授治学已经有了良好的法制基础和实践基础，但与现代大学制度的最终要求相比，还有一定的差距，我国教授治学在高校民主管理中的地位还有较大的提升空间，作用尚未充分发挥。主要体现在如下几个方面。

第一，学术权力不独立，受制甚至依附于行政权力。学术权力的行使机构学术委员会的组成人员往往由行政权力决定，主要是那些具有院系行政职务的教授被指定参加学术委员会，他们往往是从管理的视角而不是学术的视角来行使学术权力，学术代表性不足。

第二，学术组织地位低，不能独立行使真正的学术决策权。在实践中，高校学术组织往往是作为咨询机构或辅助机构提供参考意见或建议，供党委和行政部门决策，很少能行使实质性的决策权力。即便有时有表决环节，但却并非最终的结果，还要提交党委、行政最终拍板定夺。

第三，规范和保障高校学术组织的法律法规不够健全。首先，现有法律法规对学术权力的行使范围界定不够清晰，导致学术权力的权力边界较模糊，职权较弱化。其次，现有法律法规无法保障学术权力的独立性、代表性、民主性和权威性，学术权力在学校治理结构中的定位和作用还有待明确和加强。

第四，学术权力的配置在纵向层次上存在缺陷。高校学术权力普遍重心过高，缺乏足够的底部支撑，学术权力主要集中在处于上层的学校层面的学术委员会，处于下层的院系学术委员会等基层学术组织培育不足，享有的学术权力范围极为有限，权力过小，很难真正有所作为。

深究原因，主要可以归结为如下几个方面。

第一，思想观念上存在误区。总体而言，教育行政部门和高校要么是由于思想观念上认识不足，或者是出于管理上的需要，并不重视教授治学，欠缺必要的教授治学理念。

第二，相关政策法规不健全，导致高校内部学术制度存在缺陷。我国现有的法律法规政策也缺乏对教授治学的明确界定与强力保护，对学术权力的定位不合理，对学术自由和学术权力保护不力。在制度设计上多停留在机构设置层面，尚未深入组织运行层面。高校普遍缺乏完整的学术制度规范，未能提供学术权力独立运行，不受政治权力、行政权力掣肘的制度环境，未能建立有效的教授治学的组织形式和运行制度规范。这就导致行政权力一家独大，行政本位现象严重，行政权力泛化，行政主导和垄断了资源配置和高校事务各个方面的权力和资源，影响和包办了学术决策和学术管理事务。学术权力则无疑弱化、虚化和行政化，沦为学校决策的专家咨询机构或行政程序的一部分，成为行政权力的附庸，自身的学术权力属性和权威性未能得到体现，难以实现学术决策的民主与公正。

第三，学术环境和体制不够宽松。如教授的聘任和考核评聘制度不合理，科研管理急功近利，学术评审不规范，学术资源如科研经费配置不合理，来源渠道单一，主要由政府行政权力垄断，且投入不足。同时，政府也垄断了学术评审权，教授不得不依附于现有体制，这些都影响了教授治学的质量。

第四，教授的学术决策水平、管理水平和学术道德水平还有待提升。

主要体现在：教授的学术水平、学术道德以及管理水平良莠不齐，有些教授对教授治学缺乏必要的认识，缺乏责任心和敬业精神，做不到"士志于道"，缺乏学术信仰，难以超越现有体制，不具有足够的独立性和担当精神，不够关注家国天下，不能适应教授治学的要求。

教授治学方面的上述不足，将会阻碍高校民主管理水平的整体提高，同时会给其他的民主管理路径带来不良影响。

三　完善教授治学的重要途径

教授治学目标的实现，依赖于思想观念的转变，依赖于对教授治学具体模式的整体规划、合理设计和细致分析，以及相应的法律制度顶层设计和严格执行。

（一）健全法律法规，明晰教授治学的本质内涵

第一，应当从法律上明确学术权力的行使主体——高校教师群体在高校中的法律地位和权力，明确教师与高校的法律关系，从法律上为教师群体行使学术权力、治理所有与学术发展有关的事务提供合法性与合理性的制度依据与保障。现代大学应坚持学术立校、教授治学，这也是现代大学治理体系中最关键的、不可或缺的组成部分。以教授为代表组成的学术委员会是高校法人治理结构的重要主体，行使学术治理的主要职能。学校的所有学术事务都应当由学术委员会来决策、管理，行政权力只予以必要的辅助。

第二，要明确教授治学中"学"（学术事务）的内涵与外延，界定学术事务的具体内容与边界。一者，高校中的学术事务与非学术事务的界线本来就很模糊，常常是你中有我，我中有你，难以区分。二者，有些传统意义上的非学术事务较之学术事务而言，对学术的发展影响更大。例如，学校的财政预算、基本建设以及干部任免等都不属于传统意义上的学术事务，但它们却对学术事务乃至整个学校的发展都有着巨大的影响。因此，教授治学中的"学"不能局限在通常所理解的学术事务范围之内，否则，教授治学只是一句口号，根本落不到实处。总体而言，只要是影响科学研

究、影响学科发展、影响高素质人才培养的事务，都可以纳入泛学术事务的范围之内。

第三，要明确教授治学中"治"的内涵与外延，即合理界定学术权力并划定学术权力的边界。不仅要明确学术权力的具体权限范围，理顺学术权力与其他类型权力之间的关系，还要进行合理的制度设计，保障学术权力的独立行使。学术权力指的是管理学术事务的权力，具体说来，学术权力应覆盖学术事务、学术活动和学术关系，主要包括但不限于下列内容：教学管理，即决定开设哪些课程，何时开设，以及如何讲授（涉及教学计划、课程设置、教学内容、教学方法与设备）；研究生及以上层次的招生管理，即决定谁有资格学习高深学问；学位评定，即决定谁应当获得学位；职称评聘，即判断谁最有资格获得教职，谁应获得职称晋升，对教师履职进行评价（涉及教师聘任、教师晋升、教师评价和教师待遇）；学术规划、学术评价、科研与成果转化评价；学术决策、学术管理和监督（学术纠纷处理权）以及与此相关的知情权、质询权、建议监督权等。此外，学术权力还应当民主参与其他事务的决策、执行与监督，保证教育决策、教育管理的科学化。如学校职能部门制定的与学术、学科等有关的学校规章制度草案应提交学术委员会审议。因此，应当明确学术组织在"有关学术机构设置、学科发展建设、科学研究规划、专业师资建设、学位授予标准、教师技术职务晋升人员学术水平评价、学术纠纷和学术失范行为的认定等"[1]学术事项上具有审议决策权，而在影响学校事业发展、学术发展和人才培养的其他事务（如学校内部管理和制度建设、社会服务、交流与合作等）上也应有建议监督权和否决权。

第四，要明确学术权力的来源、授受与性质以及组织机构，真正解决由谁来决定、由哪些教授组成学术组织，对学术事务和其他重要事务进行治理和决策。要理顺学术权力、行政权力、民主管理权力的授受关系，要明确学术权力是大学的基础性权力、源权力，在高校内部权力体系中占主导地位。要以学术权力为本位进行资源配置。学术权力拥有资源配置话语权，因为学术权力贯穿于整个大学的学术事务之中。教学和研究等学术活

① 刘同君、王丹仪：《高校教授治学的法哲学思考》，《江苏高教》2014 年第 3 期。

动是大学内部一切活动的基础，行政管理、后勤服务等都有赖于教师的教学和研究活动，否则便没有存在的必要。在高校，教师作为学术人员，其学术权力是第一位的，是学术自由的权力体现，是最初始的权力。教授治学体现出的学术权力，其合法性地位不仅来源于国内外高校的历史传统实践，也基于教授群体在学术领域的专业性和权威性，更根植于法律制度所确认的学术机构和学术人员的学术权力与自由，是学术自由权的实现和保障途径。通过这种权利授受关系，教授群体在学术权力实施过程中成为理所当然的最合适人士。高校民主管理是建立在学术活动和学术权力基础上的。高校的行政权力来源于授权，主要是来自学术权力和民主管理权力的授权，应当是为学术权力提供服务的，或者说是对学术权力的决策实施具体的执行工作。高校民主管理是学术自治的必然要求。学术事务要实行学术民主，其他事务要实行管理民主。因此，在学术组织的人员配置和遴选上，要加大不具有学校行政职务的学者的比例，控制学校领导班子成员和有关职能部门中层干部所占比例，应尽量通过民主选举或民主推荐方式产生，体现学术组织人员的代表性和公平性，实现在学科专业结构、职称年龄性别结构上的均衡，并且尽量减少行政力量的干预或不当影响。在决策方式上要遵循学术自由和学术平等的原则。

第五，建立和完善学术权力行使的保障制度和监督制约机制，健全学术权力失范问责机制，保障学术权力的规范运作。为了确保教授对学术事务以及影响学术发展的其他重要事务进行治理，还要明确各类学术组织的组织形式、性质、法律地位、人员组成、权限范围（决策、审议、评定和咨询等）、责任义务与约束条件、运行机制以及相应的保障措施。要实现教授治学，就必须改变其咨询审议机构的性质，确立学术委员会等学术组织在学术事务和影响学术发展的其他重大事务方面的决策者和管理者的地位，能真正行使治理学术事务的权力，其决议和决定具有强制性和约束力。任何权力都有被滥用的可能，学术权力也不例外。因此，对学术权力的监管制度是不可或缺的，在诸多监督制约机制中，制度性纠偏应当是最主要的，也是最有力的，应当做到制度性纠偏渠道完善，追责有力。目前而言，要重点关注和防范的是打着学术权力旗号的行政权力的滥用，或者是学术权力对行政权力的无奈屈从。要保障和监督学术权力的运行，最好的途径就是公开，做到过程公开，结果公开，提高学术权力运行的透明度，杜绝"暗箱操作"，接受全体教职工的监督和质询。为了防范和规避教授群体在行使学术权力过程中可能出现的失范行为，如缺乏热心、责任心，缺乏担当精神，怠于行使学术权力；或滥用学术权力，不公正地进行学术决策、学术评价，导致学术资源分配不公平不公正等，有必要在学术治理中引入严格的问责机制，以保障实现学术权力的规范运作。

（二）依托大学章程建设，突出学术权力的主导地位，完善高校内部治理结构

除了国家层面的法律制度保障之外，从运行层面上来讲，高校在很大程度上可以通过制定大学章程，自主决定如何突出学术权力的主导地位，如何完善高校内部治理结构，如教授治学的具体实施以及实施程度都是高校自主权范围内的事项。高校党委和行政系统把原来属于自身的哪些权力如何移交给教授，是需要理念和智慧的。只有强化大学教授进行学术决策和建言献策的权力，探索建立强化教授治学的综合治理体系——以知识为基础的管理体系，才能发挥教授在高校学科建设、人才培养、民主管理中的作用。

首先，大学章程要突出学术权力的主导地位，引导教授积极主动治学。要形成学术权力主导、行政权力配合并给予保障的组织架构体系。大学是社会的学术组织和文化组织，而不是经济组织。因此，大学应当按照学术组织和文化组织的发展和运行规律来进行建设，即通过学术研究和人才培养活动，促进科学技术和文化进步，为社会提供智力支持和文化支持，引导社会文化思想，推动社会进步。虽然大学的人才培养和科学研究要面向市场，为市场服务，但也不能唯市场论，要克服一切以市场为导向，以功利性的经济利益或政治性的追求作为价值取向，而应当以学术运行逻辑和学术价值为本质追求。也就是说，大学的目标是学术发展，以学术权力为主导是大学内部治理必须遵循的基本原则。

其次，大学章程要正确处理好教授的学术权力与政治权力、行政权力以及民主管理权力之间相互依存、相互合作、协调运行和互相制衡的关系，并在运行规则上加以协调，体现各类权力之间的沟通交流、相互尊重与信任。当然，最基本的前提是合理划分学术权力与行政权力的作用范围，明确界定各自的职责，并对两种权力运行所依托的机构层级模式、机构职责在整体上进行研究，做好顶层设计，勾画出合理的组织框架体系。学术权力的基础是自主性和个人的知识，学校办学的中坚力量是学者。因此，学者在决定学校事务中应当具备充分的发言权，由学者组成的学术委员会应当成为学校学术事务以及影响学术发展的其他重大事务的决策者、管理者。行政权力的基础则是上级对活动的控制与协调，行政权力的运行应当把服务教学与科研作为逻辑起点和最终归宿，负责执行学术决策。但是，行政权力也对学术权力的运行起到监督制约作用，避免学术腐败和学术霸权，同时可以引导学术权力在全局范围内进行学术决策。教授治学充分体现了学术自由和学者治学，至少在如下三个方面体现了学术自由的合理性：认识的；政治的；道德的。但是，学术自由和学术自治也应当有一定的限度，为了保证管理效率，有些协调是必要的，如避免不必要的重复建设等。只有从整体观念出发，才有可能在大学内部各院系之间公正地分配大学所能提供的有限资源，同时需要大学深刻了解各专业教育的需求以提高院系的水平。管理事务也具有一整套不同于学术决策的专门知识体系，因此，学术决策与学术事务管理应该有所区分。除此之外，教授们还应当为其学术决策和学术管理负责，承担相应的决策和管理失误的责任。为了保证学校整体发展，协调各方面的利益关系，校长办公会对学术委员会的决策有提出重新再议的权力。此外，学术委员会年度报告、重大决策要提交教职工代表大会审议和监督。

（三）整合高校学术组织，完善学术委员会制度

第一，整合高校学术资源与平台，有机整合高校内部的各类学术组织，优化整合"教授治学"资源和平台。把已有的"学位委员会""教授委员会""教学委员会""职称评聘委员会"等专门机构和学术组织全部归口到"学术委员会"这一组织之内，负责行使某一方面的学术权力，保证学术事务的精细化、专业化。因为，在当前科技高速发展的背景下，只有相关学科和专业领域的教授才具备必要的学科知识背景和认识，清楚相

关专业的深度、广度和高度，有资格决定某一学科和专业应该开设哪些科目和课程，哪些学生具备必要的资格从事进一步的学习和研究，哪些学生具备了必备的获取学位的条件，以及哪些教师有资格晋升为副教授、教授等。

第二，健全各层次的学术委员会制度，明确组织结构、职责范围、会议制度、议事规则以及决策程序等。学术委员会对学术事务的决策和管理应当是以知识为基础的，不应当奉行简单的少数服从多数的原则，因此在学术事务上并不是完全依靠多数来达到目的，这一点不同于政治民主，只有在学术水平相同的情况下，才应当根据少数服从多数的原则对学术事务进行决策，更多的应当通过说服方式达成一致意见，但无论决策方式如何，教授们都应当本着实事求是、客观公正的原则，从有利于学术发展、有利于学校发展的角度进行决策和管理。

第三，建立和完善学术委员会以及纵向横向各层次相关下属组织机构的相关制度，优化纵向各层次、横向各类型学术权力的设置与权责配置、运行结构与程序。建立和完善学术治理结构，按照学术的逻辑，通过专业人员组建的学术共同体组织对学科和专业领域的学术事务进行专门决策和管理，充分发挥"教授治学"功能和作用，营造"学术民主"的氛围。

（1）要明确高校学术委员会以及下属专门性组织、院系学术委员会及其下属专门性机构的性质、职责权限以及层级地位关系。

校级学术委员会属于高校的常设机构，是大学学术决策的最高权力机构，负责审议有关教学科研的学术事项[①]，统一负责谋划学术发展事务，统筹行使学术权力，指导下属专门学术组织机构以及院系层次的学术委员会的工作。此外，学术委员会还是制度化、常态化地参与学校改革发展和其他重大事务决策与管理的重要机构，有权对学校发展、建设的重大问题参与决策。学术委员会还可以根据不同的学术事务（如教学、科研、人才培养、学位等设置专门性的机构）专门负责某一方面的学术事务决策与管理。

院系层次的学术委员会是院系教授治学的主要平台，可以自行研究确定设置下属的负责某方面专门性学术事务的学术组织，如负责教学管理和

---

① 《中华人民共和国高等教育法》第四十二条。

督导的教学指导委员会、负责学位评定和授予的学位委员会、负责人才引进和职称评聘的人事职称评聘委员会等。院系学术委员会对这些下属机构给予相应的指导。

（2）要建立健全学术决策与学术管理的校院（系）两级体制，实现学术决策集权与放权的统一协调，管理重心下移，实行多层次、多类别的教授治学，尽量保证各学科学者参与本学科领域的学术事务的决策和管理，而不是他不了解的其他学科的事务。

教授治学是一项纵横交错的系统工程，既包括学校、院系等纵向层次的教授治学，也包括横向的教学、科研、学科建设、人才队伍等若干与治学有关的各类事宜。

就学校层次的教授治学来讲，应当尽量做到学校党政领导班子成员不参加校学术委员会，以保证学术权力的相对独立行使。因为即便党委和行政权力事实上没有干扰学术权力的行使，在会议参与人的潜意识里，或多或少会受到其他会议参与人的党政职务的影响，发表意见时会有所顾忌，不能畅所欲言。校学术委员会除了对教学、科研、人才培养等作出决策外，还应在下列学术事项上有决策权：学术资源和经费的配置、分配和使用，学术评价与遴选（学术人员聘用、晋级、考核与师资建设），学校重要发展规划等。对于教学型大学而言，从事人才培养是其主要功能定位，基层单位规模较小，学校层面的教授治学可能效果更理想。

就院系教授治学来说，由于是同一个学科领域，实施难度相对较小，可以实行院系学术委员会集体决策基础上的院长（系主任）负责制，由院系学术委员会讨论、确定院系有关学科建设、教学科研、人才培养、教师队伍建设、职称评聘和资源配置等学术事宜①。对于研究型大学而言，从事科学研究是大学的核心功能，由于拥有庞大的教授群体，更多的是在学科领域内开展科学研究，院系层次的教授治学组织架构有利于激发基层活力。

对于学科门类较多、教师学生规模较大的研究型大学而言，校院二级纵向层次的学术管理体制已经不能适应学校的发展建设，因此，除了学校

---

① 史宁中：《教授治学：大学科学发展的基本理念》，《中国教育报》2009 年 9 月 7 日，第 5 版。

层次的教授治学和院系层次的教授治学，还需要发展基于相近和相关学科的学部制学术分委员会①，作为教授治学的中层治理结构组织，统筹协调和管理本学部的综合性学术事务，这不仅是学校层次教授治学重心下移的必然选择，也是有机整合相近相似学科力量、避免院系教授治学过度分权的重要举措，必然是灵活地、弹性地发展教授治学的有益实践。

（3）设计既符合法律规定又符合高校自身实际的学术委员会组织形式和运行机制，规范学术委员会及其下属机构的委员构成、遴选标准、权利义务以及考核聘任，合理设计学术权力运行的下列流程——决策、审议、咨询、执行、监督和反馈，规范各类学术组织及其学术活动，完善大学内部的学术管理制度和民主决策程序。

大学内部的学术决策和管理制度要基于"行政服务于学术"的理念进行设计，学术管理实际上是为学术发展服务，应当尊重学术发展规律，纠正学术管理的急功近利理念和方式，由学术共同体自我管理，而不是由行政主导，行政人员尤其是学校领导在行使权力过程中不能滥用权力为自己或他人谋取不当利益。此外，还要确定会议召开和表决的原则与程序，对出席人数、议题提出等进行规范，并设计合理的表决程序，应尽量采取无记名投票与记名投票相结合的表决方式。

（四）创造良好的教授治学环境，激励和引导教授提高治学水平

第一，加强民主管理文化建设，提升高校民主管理的意识和理念，形成高校乃至全社会充分尊重学术权力的共识，营造学术自由的宽松环境和良好氛围。行政管理人员作为行政权力的行使者，要摆脱传统的权力思维方式和行为惯性，更精准地理解、把握和践行现代大学学术自由、民主共治的先进治理理念，充分尊重并保障学术权力的治学自主权，为教授独立充分行使学术权力提供配合和服务，减少不必要的环节和流程，保障、规范学术权力的行使，通过加强信息共享、专栏建设，丰富学术权力的行使方式和参与路径，优化大学学术生态环境。作为民主管理权力的行使者，

---

① 罗红艳：《论教授治学组织架构的再优化》，《江苏高教》2017 年第 6 期。

高校教代会在履行审议建议、讨论决定、参与管理、保障福利、民主监督等基本职权时，不仅要维护教职工的民生福利等经济权益，更要注重维护教师、学术组织的学术决策、学术评价、学术管理等核心权益。

第二，建立教授治学的激励机制，引导教授积极治学，发挥教授治学的主观能动性。尊重教授核心利益，保障教授在学校重大问题上享有决策权。完善教育科研资源配置机制，将资源分配权力由现有的行政权力控制改变为由学术委员会享有。要高度重视人力资源问题，要把更多的资源用于吸引和稳定学术精英，为他们获得与其贡献相匹配的社会承认和经济地位创造条件。只有这样，才能保证资源配置的公平和效率，激发教授的治学热情，真正体现出大学以学术力量为主导的发展理念。

第三，完善学术组织成员选聘、学术评价以及考核追责制度，提升学术水平和管理水平。要严格学术组织成员选聘条件，实行公开、民主推荐与选举，注重教授的学术鉴别能力和学术品德，要遴选出有热情、有责任感、有正义感和全局观念的教授担任学术组织的成员，把好学术组织成员的入门关。要建立提升教授学术水平、学术道德的长效机制，提升教授参与学术决策、民主管理和监督的能力和水平，提升教授敬畏学术的学术自律精神和学术责任心以及参与学校公共事务的意愿。要对学术组织的成员实行动态考核遴选制度以及相应的追责机制，在考核工作业绩时注重他们的学术地位、治学能力以及学术责任心，以约束他们尽职尽责地使用好手中的学术权力而不致滥用。

第九章　高校民主管理的路径之五——教代会制度

推进教代会制度建设是深化教育综合改革的切入点，是高校教职工行使民主权利，参与学校民主决策、民主管理，实行民主监督的主渠道和基本组织形式，具有法定性、群众性和代表性，体现了高校管理的民主化程度，有利于提高领导决策水平的科学性。党的十八大报告、党的十八届三中全会通过的《中共中央关于全面深化改革若干重大问题的决定》都明确提出"要完善基层民主制度"，要"健全以职工代表大会为基本形式的企事业单位民主管理制度，保障职工参与管理和监督的民主权利"。中共中央、国务院印发的《关于加强和改进新形势下高校思想政治工作的意见》（中发〔2016〕31号）提出要"坚持社会主义办学方向"，"坚持以人民为中心的发展思想，更好为改革开放和社会主义现代化建设服务、为人民服务"。党的十九大报告再次提出："坚持人民当家作主"；"坚持党的领导、人民当家作主、依法治国有机统一"；"扩大人民有序政治参与，保证人民依法实行民主选举、民主协商、民主决策、民主管理、民主监督"；"坚持和完善人民代表大会制度……基层群众自治制度……发展社会主义协商民主，健全民主制度，丰富民主形式，拓宽民主渠道，保证人民当家作主落实到国家政治生活和社会生活之中……保证人民依法享有广泛权利和自由"；"巩固基层政权，完善基层民主制度，保障人民知情权、参与权、表达权、监督权。健全依法决策机制，构建决策科学、执行坚决、监督有力的权力运行机制。各级领导干部要增强民主意识，发扬民主作风，接受人民监督，当好人民公仆"；"加强人民当家作主制度保障。要推动协商民主广泛、多层、制度化发展，……加强协商民主制度建设，形成完整的制度程序和参与实践，保证人民在日常政治生活中有广泛持续深入参与的权利"。这表明，党和国家对基层民主的重视程度日益提高，高校教职员工参政议政程度必将日益提高，参政议政的空间将会有更大的拓展，高校作为生产知识的基地，必将成为我国民主管理实践建设的高地。

一 高校教代会制度概述

（一）教代会制度的本质与内涵

教代会制度是指在社会主义条件下，教职工作为学校的主体，通过推选代表，有组织地参加教代会这一形式，参与学校的各类决策活动和管理活动，如参与学校改革发展规划、教师队伍建设等重大方案的制定，讨论和通过涉及教职工切身利益的重大事项，对学校工作、学校领导及其工作成果实行民主监督和民主评议等，保障学校决策和管理科学化、民主化，维护教职工合法权益的行为规则的总和。简而言之，高校教代会制度就是集中教职工的集体智慧，发挥教职工的主人翁精神、积极性和创造性，通过民主方式管理学校。

我国教代会制度是在特定历史条件下由国家上层政治权力发起设计的一项基本管理制度，目的是让教职工通过教代会来参与学校的民主管理，并对学校的行政管理开展民主监督。可以说，教代会是一个自上而下设计的、由上级权力机关组建并执行其意志的组织，而不是一个自下而上自发成立的争取自身权利的组织。从本质上来看，教代会的逻辑起点是企业职工代表大会制度（以下简称职代会），体现的是社会主义制度下"工人群众当家作主""工人阶级领导"的政治逻辑属性，是在职代会已经在全国范围内普遍建立的前提下，党和国家权力机构对知识分子的认知发生重大转变，将高校知识分子接纳为工人阶级的一部分之后，直接借鉴职代会制度而建立的，体现出教职工以工人阶级的主人翁身份对学校行政权力行使民主管理、民主监督权利的制度落实。[①] 民主是一个政治术语，经常被用

---

① 马丽芳：《高校教代会制度的政治逻辑、存在问题及改革措施》，《北京印刷学院学报》2016年第2期。

于描述国家的政治，是公民自由的体制化表现，源于人生来就是平等的以及公共事务大家管理的理念。民主一般遵循"公开、公平、公正、少数服从多数、同时尊重个人与少数人的权力"的原则，现在一般理解为，在一定的阶级范围内，按照公开原则、平等原则、少数服从多数原则以及兼顾少数人利益的原则（公平原则）来管理国家事务和社会公共事务的国家制度，属于政治民主的范畴。政治民主的目的就是实现民主，源于人的天然权利——人人具有平等的参与权和表决权。但是，民主的原则也适用于其他具体管理领域，一般称之为管理民主，指采用少数服从多数同时兼顾各方利益的原则，民主只是手段而非目的，目的是取得下列方面的成果，从而提高管理的效能：比如协调各方行为平衡各方利益；通过集思广益提高决策质量；通过民主参与决策过程，提高决策参与者对决策的认可度以及缓解矛盾；提高成员对组织的满意度以及达成共识等。

教代会制度的本质与职代会是一致的，在于推进基层民主管理，保障教职工对学校重大事项决策的知情权、讨论建议与通过权、参与决策权、民主管理权和民主监督权，维护教职工的根本利益。民主管理和民主监督是教代会制度设计的核心职能。教代会制度为教职工提供了参与学校政治生活、改进学校决策、对学校决策和管理实行民主监督的途径[1]。说到底，教代会制度是社会民主理念在高等学校的一种具体体现，它独立于校长负责制之外，是代表教职工切身利益的一个特殊的制度设计和安排，用以保障教职工的合法权益不受高校内部党政权力侵犯。在这一过程中，教职工通过参与决策、管理和监督，以自己的主体意识影响学校的目标和决策制定、执行与监督，体现了教职工与学校党政领导沟通、合作和分权的过程。一方面，我国高校教代会制度属于政治民主的范畴，是高等教育领域贯彻和实施社会主义民主政治制度的具体表现，是落实基层民主政治建设的重要制度。教代会制度在政治上体现了教职工与党政领导平等参与学校管理事务的地位。另一方面，教代会制度更多地属于管理民主的范畴，是高校管理中贯彻民主集中制原则、提高管理效能的最基本的形式和途径，也是现代大学内部治理的重要内容。教代会制度在管理上则通过民主方式

---

① 沈芸：《教职工代表大会制度的权利边界》，《当代教育科学》2004年第20期。

发挥教职工的集体智慧，提高决策水平和管理效能。

（二）教代会制度的地位与作用

首先，高校教代会制度是高校教职工依法参与学校民主管理和监督的基本形式和主要渠道。教代会制度是由我国的国家政治制度决定、法律授权、行政许可的。我国是人民民主专政的社会主义国家，人民当家作主，国家的一切权力都属于人民。教代会制度是我国宪法中人民主权精神的具体体现，是人民代表大会制度在高校的延伸，是国家在高校中直接借鉴职代会制度的具体体现，体现了教职工当家作主、参政议政的政治要求，是推进基层民主政治建设的必然选择。高校中关系到每个教职工切身利益的事项，如职工福利等就体现了政治民主，需要通过政治民主的方式来对待。

教代会制度是政治学民主理论在教育领域的衍生产物，是教育民主化思想的直接体现，其设立是为了集教职工的集体智慧来运营学校。同时，是为了保障教职工依法行使民主权利，参与学校决策和管理，实现民主监督。教代会代表都经过民主方式选举产生，体现了制度安排的民主性。教代会拥有讨论建议权、审议通过权和评议监督权等职权，是教职工参与学校决策、管理并对学校决策与管理执行监督的有效形式，有利于发挥教职工的主人翁精神，以及工作积极性和创造性，是我国基层民主政治制度在高等教育领域的具体体现和必然要求。

其次，教代会制度具有"组织和管理教职工的功能"[1]，是实现高校民主化进程的重要平台。它可以通过制度渠道将全体教职工团结和组织在一起，有利于发挥教职工作为办学主要参与者的主观能动性、积极性和创造性，对学校的建设和发展起着举足轻重的影响；[2]高校教职工通过教代会制度行使民主管理和民主监督权利，也符合教职工的期望和历史文化传统，有利于在全校范围内统一思想和行动，形成合力，共同管理好学校，提高管理的效能，促进学校发展。

---

① 毕宪顺、赵凤娟：《高等学校的民主监督与权力制约》，《教育研究》2009年第1期。
② 薛泽林：《分权视野下的高校教代会建设》，《中国劳动关系学院学报》2013年第3期。

高校教代会制度是践行以人为本管理理论，充分调动和发挥教职工作为学校办学主体的积极因素，发挥他们的个人能力，调动他们的积极性和创造性，充分满足人的发展需要和利益诉求，实现学校管理与教职工个人发展之间的良性互动，提高学校的管理和运作效能，促进高校管理方式现代化的重要制度。教代会制度是发扬校内决策和管理民主、听取意见和建议的途径和形式，可以满足教职工利益诉求多元化的要求，有利于整合并表达教职工的思想、愿望和意见，调动教职工的工作热情和奉献精神。教代会制度通过对学校改革发展重大问题、关系到教职工切身利益的重大问题的讨论、审议，积极行使通过权和否决权，并对执行情况进行监督，可以有效地维护教职工的合法权益。

再次，高校教代会制度是我国现代大学制度建设的重要组成部分，是高校内部治理结构"党委领导、校长治校、教授治学、民主管理、共同参与"中的重要一环，不可或缺，具有重要的、独特的地位。教代会制度通过"以权利制约权力"的模式对行政权力、学术权力实行内部监督。教代会制度赋予教职工审议高校内部重大决策的权力，不仅有利于保证高校内部决策的科学、民主，保证教职工的政治地位和合法权益，还可以合理分配高校内部权力，理顺高校内部治理结构。但这一作用的发挥，必须保证工会或教代会的参政能力不断提高，并对高校领导决策能力有足够的影响。

高校教代会制度还可以监督制约高校内部各种权力合法合规地运行，是高校内部最具有群众性和代表性的民主监督机构，实现对以党委为代表的政治权力、以校长为代表的行政权力、以学术委员会为代表的学术权力的广泛民主监督。虽然目前对权力的定义有所不同，但是从本质上来说，权力就是利用自身的资源或地位优势，控制和影响他人的意志和行为的能力。不受制约和监督的权力容易被滥用和产生腐败，这是亘古不变的真理。因此，任何权力都需要设置界限，通过委托机制对权力进行分工达到对权力进行制约与监督，确保权力不被滥用。当前，高校实行党委领导下的校长负责制，管理模式以行政权力为中心，权力主要集中在学校层面，学校的可支配资源主要集中在高校党委和行政手中。教代会制度通过赋予教职工民主权利、教职工代表大会法定职权，起到限制、遏制党政权力滥用，维护教职工利益的作用。

（三）教代会的职责与权限

教代会的职责与权限范围，应界定为不能干涉高校的学术自由，不能偏离民主治校。因此，必须区分教代会与学术委员会的职能，将教代会的民主管理权限定在学术事务之外的党政管理方面，如学校发展的大政方针以及教职工自身物质保障的事项上。按照不同的标准，可以对教代会的职权作不同的分类。如按照教代会是否能自主决定或者是否有最终决定权，可以将教代会的职权分为两类：其一是自主性权利，指的是教代会对某些事项如教职工集体福利等能够自主决定的权利，其二是辅助性权利，指教代会并不拥有决定权，仅仅有参与讨论并提出意见和建议的权利。①

2012 年 1 月 1 日开始实施的《学校教职工代表大会规定》（以下简称《规定》）对教代会的职权进行了重新梳理与整合，列举了教代会的八项职权，笔者根据具体内容的不同，将其归纳为如下三类。

1. 讨论建议权

讨论建议权主要指教代会听取学校各类工作报告、发展规划、改革方案等，进行讨论并提出建议的权利②，以会议决议的方式提出意见和建议。讨论建议权是教代会职权的基础，体现了教职工的知情权、参与权和监督权，可以促进学校党政决策的民主化和科学化，有利于获得教职工的认可，有利于学校各类决策的贯彻执行。同时，明确教代会有审议提案工作报告的职权，有利于督促学校落实教代会的决议和提案，也是对教代会代表的建议权、提案权的一种保证。

2. 讨论通过权

讨论通过权指关系教职工切身利益的事项，如福利、分配、聘任、考核、奖惩办法等，都要经教代会讨论通过后才能颁布实施。③ 讨论通过权是教代会职权的核心与重点，是与教职工切身利益最相关，也是教职工最关注的权利，既可以体现教代会与行政领导相互支持、平等沟通、协商一

---

① 祁占勇：《高校教职工代表大会的法律地位与权利边界》，《高教探索》2012 年第 5 期。
② 参见《学校教职工代表大会规定》第七条第（五）项。
③ 参见《学校教职工代表大会规定》第七条第（四）项。

致的"共决"原则，有效避免损害教职工合法权益和妨碍学校健康发展的"恶规"出现；也能有效保证劳动关系主体双方地位平等、协商自愿原则在高校得以贯彻落实。同时，它也是教代会的自主性权利，即教代会可以自主决定是否通过的权利，体现了教代会对教职工利益的维护。如果教代会审议未获通过，学校就不能立即颁布实施，即使颁布实施也应属无效，应当进一步与教职工进行沟通、协调，听取教职工的意见，改进和完善方案，体现教职工的意愿，获得教代会通过后颁布实施。讨论通过权实际上是对原《暂行条例》所列举的"审议通过权"和"审议决定权"的合并，表明上述事项经教代会讨论通过后，还需校长颁布才能实施。

3. 评议监督权

指教代会按照有关工作规定和安排从德、能、绩、勤、廉等方面对学校领导干部进行综合评议与监督，对领导干部和学校工作提出意见和建议[1]。评议监督权是教代会职权的关键，有利于选拔优秀的人才担任学校领导干部，激发学校领导干部的工作热情，提高学校内部决策和管理水平[2]。

通过对《规定》仔细研读，笔者认为，教代会的审议建议权范围最广，几乎学校的所有规章制度制定和修改、所有的年度工作报告以及专项报告、改革发展建设规划等重大问题都应当提交教代会审议，并听取教代会的意见和建议。此外，教代会对学校各项决策的落实也都有提出意见和建议的权利，可以说，学校所有的重大决策事项都必须提交教代会审议，教代会的意见和建议则以会议决议的方式作出，这些方案在执行过程中需要做出重大修改的，还应当再次听取教代会的意见。至于讨论通过权，范围就窄一些，主要是学校提出的与教职工利益直接相关的福利、分配、聘任、考核、奖惩办法等，必须经教代会审议票决通过后才能由学校颁布实施，体现的是教职工对学校规章制度的认可权，如果没有得到教代会审议并票决通过，就不能颁布实施，即使颁布实施了，也应属无效。评议监督权则主要是指教代会按照学校工作规定和安排评议学校领导干部，一般流

---

① 参见《学校教职工代表大会规定》第七条第（六）（七）项。
② 陈晓燕：《教师参与学校民主管理将有章可循》，《工人日报》2012年1月12日，第002版。

程是先听取干部述职，然后进行评议，并提出任免等建议。

二 教代会制度的发展历程与经验启示

(一) 发展历程

改革开放后，我国高校才开始进行教代会制度的探索。从我国教代会制度的产生和来源来看，高校教代会制度是在高校内部落实宪法和法律赋予人民的民主管理权，提升教职工在高校办学中的主体地位，全心全意依靠教职工办好大学的需要，既体现了重要的政治功能，是国家政治权利主动而为的具体制度安排，又体现了高等教育领域民主管理的特性。

我国高校教代会的发展历程大体经历了探索、推行和创新三个阶段。

1. 高校教代会制度的探索阶段 (1978～1985 年)

1978 年 10 月，教育部颁布了《全国普通高等学校暂行工作条例 (试行草案)》，提出要 "定期举行师生员工代表大会，听取校领导的工作报告，讨论学校有关的重大问题，对学校工作提出批评、建议，并对校领导干部进行监督"。自此开始，举行师生员工代表大会成为监督学校工作和学校领导的一种形式。

1979 年 1 月至 1980 年 6 月，全国多所高校进行了教代会制度试点。1980 年中共中央明确指出各企业事业单位要普遍成立职工代表大会或职工代表会议，应当专门研究学校特别是高等院校的教职员工代表大会的组成和职权，制定单行条例。1981 年教育部和中国教育工会在北京召开了 "教工代表大会试点汇报座谈会"，交流教代会试点的经验，讨论教代会的性质、代表、职权和工作机构等。1983 年，教育部和全国教育工会在北京召开了 "高等学校教职工代表大会工作座谈会"，经过广泛交流，充分讨论，达成共识，确定高等学校的管理体制是党委领导下的校长负责制，民主管理体制是教职工代表大会，并认为教代会是 "高校教职工参与学校民主管理的最好形式"[①]，应定期召开，形成制度。这次会议为《高等学校教职工

---

① 余音：《高校教职工代表大会制度研究——以上海市为例》，上海师范大学硕士学位论文，2012，第 38 页。

代表大会暂行条例（试行）》的最终出台以及高校教代会制度的正式确立奠定了基础。

2. 高校教代会制度的推行阶段（1985～2011 年）

经过教代会试点探索工作，积累了许多成功经验。1985 年，教育部、中国教育工会全国委员会颁发了《高等学校教职工代表大会暂行条例（试行）》。该条例第二章规定了高校教代会拥有四项职权：审议建议权、审议通过权、审议决定权和评议监督权。这标志着高校教代会制度建设进入了一个新的发展阶段。《条例》的颁布实施，推动了全国高校陆续建立教代会制度。与此同时，党和国家先后出台了《中共中央关于教育体制改革的决定》《中华人民共和国工会法》《教师法》《中华人民共和国劳动法》《高等教育法》等一系列法律法规，对教代会制度进行了充分确认，明确教代会是高校内部民主管理和民主监督的重要形式，并对教代会制度的运行提出了明确的要求，为加速推进教代会制度建设提供了政策依据和法律保障。2000 年前后，全国高校基本建立了教代会制度。此后，国家先后制定了《关于全面推进校务公开的意见》《中华人民共和国劳动合同法》《国家中长期教育改革和发展规划纲要（2010—2020 年)》等，进一步强化了教代会的民主管理职能和民主监督职能，提出要"完善中国特色现代大学制度，加强教职工代表大会建设"。同时，国家高等教育管理重心下移，简政放权，进一步鼓励高校内部管理体制改革，扩大高校办学自主权，支持高校优化内部治理结构，部分高校实行了校院二级管理体制改革，高校教代会发展进入了新的发展时期。不仅如此，部分高校进行了院系二级教代会试点，为院系教职工直接参与民主管理和民主监督提供了有效的途径。教代会的审议、讨论、监督和评议等四项职权在二级教代会中也逐步落实。

3. 高校教代会制度的创新阶段（2012 年至今）

2012 年 1 月 1 日，《学校教职工代表大会规定》（以下简称《规定》）作为国务院部门规章开始施行。该规章进一步凸显了高校教代会制度的法律地位，对教代会制度在高校内部治理结构中的角色和功能进行了重新定位，标志着高校教职工代表大会制度进入了一个创新发展的阶段。

《规定》第三条明确教代会制度是教职工参与学校民主管理和民主监

督的基本形式，较之《暂行条例》的表述"重要形式"而言，地位更高、更重要、更独特，法律约束力更强，同时表明国家更加重视教代会制度的积极作用。该《规定》对教代会的多种职权规定得更丰富，更详尽，在表述上更具有多样性和开放性，开拓了教代会职权的新领域，如"审议学校章程草案""提案办理情况""评议学校领导干部"等方面的职权。这些职权有利于约束和监督校长的责、权、利，是完善学校民主建设的关键。

《规定》对教代会的制度化建设更重视落实和保障教代会的职权，如要求学校建立沟通机制，全面听取教代会的意见和建议并合理吸收采纳，不能吸收采纳的，应当做出说明。这些制度安排，强化了教代会的民主监督职能，有利于规范和监督学校内部行政权力的运行，保障决策的科学性和民主性，同时保障教职工的合法权益。

《规定》对教代会代表的规定更加详尽。增强了代表的广泛性，强化了教师代表在教代会中不得低于60%的比例要求以及青年教师和女教师的比例要求，用以保证教代会代表的代表性。同时拓展了教代会代表的权利，增加了教代会对提案办理情况进行询问和监督的权利，将教代会代表发表意见和建议的范围扩大到学校的所有工作。还强化了教代会代表的义务要求，有利于选举合格的代表，增强代表的履职能力，最终提高教代会参政议政的能力和水平。

该《规定》为教代会设计了完整的组织制度和工作制度，健全了教代会的组织形式、运行机制，有利于发展基层民主，有利于教代会的规范化运作。授权学校可根据实际情况，在内部单位或下属单位建立二级教代会制度或者二级教职工大会制度，大大丰富了教代会的组织形式，有利于充分发挥基层民主，保证教职工更直接更广泛地参与学校民主管理和监督。《规定》明确了工会是教代会的工作机构，拓展了工会的工作职责，增强了工会的独立性，突出了工会的地位、职责和权限，彰显了工会工作在学校总体工作中的重要性，规范了教代会的工作程序，有利于工会与党委、行政、教代会协调关系，各司其责，团结合作，保障教代会制度的规范化运作。《规定》还新增了对学校的要求，要求学校提供必要的工作条件和经费保障，以便工会履行教代会工作机构的职责。

《规定》是新时期我国建立现代大学制度的有益尝试，有利于完善高校内部治理结构，健全党委、行政议事规则和决策程序，充分调动教职工的积极性、主动性和创造性，有利于强化学校的民主办学、民主管理与民主监督，更好地保障和维护教职工的合法权益，激励工会不断创新民主管理和监督的形式和载体，激发教代会代表尽职履责，保障教代会的实效，最终促进高校民主管理的不断完善。此后，各地据此制定了实施细则和工作规程，如湖北省教育工会出台了《湖北省学校教职工代表大会工作规程》（鄂教工〔2013〕9号），细化了教代会制度相关操作规程，高校教代会的制度体系更加完善，工作机制和组织建设更加健全，教代会制度的质量有更大提高。

（二）经验启示

1. 成绩与经验

我国教代会制度的建立和发展，是国家民主政治制度的有机组成部分，也是夯实基层民主政治建设的需要。

（1）从国家宏观层面来看，教代会的规则体系比较完备，教代会制度有法律予以保障，如《教育法》《高等教育法》《教师法》和《学校教职工代表大会规定》等。其中，《规定》对教代会的规定更系统更全面，明确了教代会是"教职工依法参与学校民主管理和监督的基本形式"，较之学校的其他民主管理形式，"教代会具有法定的形式、职权的多样性和开放性、完整的组织制度和工作制度、一定的权威性和法律效力"等独特性质。[1] 这体现了随着大学内部治理的推进，大学民主化进程的加速，教代会应当从形式民主向实质民主转变的要求。

（2）从地方层面来看，部分地方教育行政部门联合地方教育工会结合本地实际情况，及时对教代会制度进行了细化。如湖北省教育工会根据《规定》要求，结合本省教代会工作经验和实际，在广泛征求意见的基础上，出台了《湖北省学校教职工代表大会工作规程》。该《规程》细化了教代会制度的相关操作程序，对教代会的筹备、教代会的预备会议、教代

---

[1] 唐景莉：发挥教代会作用 推进学校民主管理——中国教科文卫体工会副主席陈志标解读《学校教职工代表大会规定》，《中国教育报》2012年1月13日，第002版。

会的正式会议、教代会闭会期间的工作进行了规范，为全省学校的教代会具体工作程序作了积极的指引。不仅如此，还专门对教代会与学校党政工的关系进行了界定，在规范教代会与学校内部其他权力机构之间的关系方面做出了积极的尝试，有利于学校完善内部治理，推动教代会制度向纵深方向发展。

（3）从高校层面来看，高校普遍建立了教代会制度，部分高校还实行了二级教代会制度，赋予了二级教代会更广泛的职权，积累了丰富的实践经验。有些高校还全面推行二级教代会和部门工会考核评估制度，把二级教代会工作与院系目标任务书挂钩，强化了二级教代会的民主管理、民主决策和民主监督等职能，全面提升了二级教代会的质量，开创了二级教代会工作的新局面。

2. 主要的不足

从中观和微观层面看，当前我国高校教代会制度还缺乏有操作性的具体实施细则的强力支撑，离国家的要求和教职工的普遍期望还有差距，主要体现在如下几个方面。

（1）教师在教代会中的主体地位未得到切实保证。如不担任行政职务的直接从事教学科研工作的普通教师在教代会代表中的比例偏低，教代会代表的产生途径有局限性，行政力量主导了教代会代表的提名和选举，教代会中的重要职位往往由行政管理人员担当，决策权也多掌握在行政管理人员手中，导致教代会代表的代表性不强，不能代表普通教师的诉求和意愿，降低了普通教职工对教代会各项决议的影响力。同时，导致了教师的主体意识缺乏，实际参与程度不高，履职情况不理想。

（2）教代会制度长效机制、工作机制和工作流程不规范、不严格。会议召开时间随意性大、不定期、程序不规范。教代会组织机构职能弱化，导致教代会更多地扮演了一个咨询机构的角色，而不是审议机构。

（3）程序的民主性、透明性和公正性不够完善。如决策和评议过程不够透明和公正；教代会表决程序和表决方式不严谨、不科学，大多采用举手表决甚至鼓掌通过方式，较少采用无记名投票这种较为先进的表决方式；表决前缺乏充分的讨论，导致提交教代会讨论和表决的事项绝大多数获得了通过，显示教代会的实效性有待提升。

（4）教代会的各项职权落实不够到位。学校的制度制定、执行和评价监督未能全面纳入教代会审议范围之内，教代会参与学校民主管理的层次还比较低、范围比较小，影响力不够大，地位和作用有限。如讨论建议权不能做到源头参与和实质参与，只能做到形式参与和监督，沟通程度和实效性都十分有限，无法对党政决策权实行监督[①]；审议通过权有时未能得到落实，如有关教职工切身利益的事项未经教代会讨论通过就发布实施；评议监督权也难落实，未能真正发挥作用，干部推荐和评议未能纳入教代会评议范围。新型职权如工资待遇的"共决权"、平等协商签订合同权等更难体现。

（5）教代会提案制度有待规范和完善。在教代会的实践中，提案质量不高，提案办理乏力，提案办理过程中信息沟通不畅，提案回复耗时长，部分提案难以落实，实际执行度低，满意度低，虽有保证回复的制度，但时间长，效果差，缺乏反馈和实际执行的环节，提案信息化程度还不高，提案工作过程中透明度还不够，提案并未做到向全体教职工公布。

（6）工会作为教代会的工作机构在学校管理架构中的责任范围还有待完善。工会是一个群众性组织，在学校党委领导下，依法依规做好各项工作。但在实际工作运行中，工会组织不属于职能部门，难以有效承担教代会工作机构的责任。

（7）教代会代表的参政、议政和履职能力有待提升。由于教代会代表缺乏对教代会职权、代表权利、考核评价和救济措施等的深入了解，造成有些代表履职能力不强、参政议政水平不高。

3. 原因分析

教代会制度的运行受到政治、法律、社会等综合环境的诸多影响。从目前来看，教代会制度运行上的问题主要有如下原因。

（1）教代会法律法规不够完善，缺乏配套执行制度，存在盲区，可操作性不强。

从目前已经实施的法律法规来看，在高校民主管理制度建设方面，国

---

① 侯欣迪、郭建如：《高校教代会代表的参与路径与参与周期》，《北京大学教育评论》2013年第 2 期。

家还缺乏清晰的顶层设计。如缺乏高校内部权力运行关系方面的制度，包括决策前的征询制度、监督制约制度、法律保障制度、救济制度和提案制度等。因此，国家要从立法的高度，加快教代会制度的法制化、科学化和制度化。

（2）教代会的民主管理处于被动状态，知情权难以保障。

我国高等教育管理体制是党委领导下的校长负责制，这一体制经过多年实践证明完全符合我国国情和高等教育事业的发展实际。高校教代会制度的实施，很大程度上依赖于党委的领导、行政的支持和广大教职工的积极参与。但教代会却是一个自上而下设计的组织，目的是对党政权力实行监督，实际上教代会却受到党政权力过多的支配和控制，组织制度并不独立，不自主，主体性不够。尽管高校教代会制度实施了 30 多年，积累了许多成功经验，推动了高等教育事业的发展，但按照《规定》的要求仍存在党政领导重视不够、管理不够规范的问题，因此教代会的民主管理总是处于被动状态，教职工的知情权难以保障。

（3）高校领导对教代会建设普遍重视不够。

当前，高校教代会的整体运行都是在党委的领导下、行政的支持下进行的，教代会代表和教代会相关机构组成人员候选人的产生，教代会议题和议程的确定，教代会表决程序和表决方式，教代会的职权范围等都取决于党政领导的最后确定。由于保障和救济制度的缺失，高校民主管理水平的高低还主要取决于高校领导的思想解放程度。目前少数高校领导的认识不到位，这就导致教代会更多地成为沟通、交流意见的工具，或是党政领导决策合法性的工具，真正参与决策和管理并不到位。

（4）民主管理的观念淡薄，民主素养有待提高。

少数高校党政领导对教代会的重要性认识不够，缺乏民主意识和尊重教职工的素养，担心教代会削弱党政职权，所以有意无意地限制、阻碍教代会职权的行使。此外，少数教职工的民主参与意识和主人翁精神不够，对自身权利认识不足，因此未能发挥主观能动性。教代会在实践中运行的不良效果，特别是教代会提案办理效果不佳，也影响了教代会代表对教代会制度的认同以及参与愿望。

三 高校教代会制度的探索、创新与展望

高校教代会制度的健全和完善，就是要实实在在地推进高校教职工的民主参与和民主管理。健全高校教代会制度，就需要深化高校民主管理的改革和创新，也是贯彻落实《规定》，推进教代会规范化、制度化和标准化的过程。部分高校从完善高校内部治理结构、推进高校管理民主化的角度出发，在高校教代会制度建设上采取了以下创新举措。

（一）高校教代会制度的探索与创新举措

1. 工会、教代会源头参与民主管理

高校工会、教代会是教职工利益的代表，必须广泛地参与学校的民主管理和民主监督。工会、教代会要维护教职工的合法利益，最关键的是要做到源头参与，即在学校研究和制定改革发展规划、制定涉及教职工切身利益的一切重大政策时，工会、教代会必须参与所有的决策过程，并且扩大参与广度，提高参与深度，增大参与范围。

扩大参与广度，即提高普通教职工通过教代会制度参与高校民主管理、民主监督的比例，增加参与人数，扩大参与群体，如在教代会代表的推选上，要偏重普通教师，行政干部不要占用普通教师的代表名额，在行政上有兼职的教师应在行政上推选。

提高参与深度，即保障教职工通过教代会制度实质参与学校的民主管理，如全程参与咨询、决策、执行、反馈和监督，实现决策民主化、科学化，执行高效，监督有力。

增大参与范围，即扩大教职工享有表决权的事项，减少教职工发表意见的限制，教职工享有表决权的事项范围越广，内容越多，表明参与范围越大，参与深度越高。基层干部的选拔，应做到直接民主选举；通过制度设计、民主推荐、群众公认、推选领导干部，并参与上级组织部门的干部选拔工作，确保院系、学校领导干部不仅对上负责，又要对下负责。

基于上述认识，华中师范大学党委赋予学校工会、教代会源头参与的职权，要求工会从源头参与学校的民主管理，明确规定学校工会主席列席

校长办公会，教代会执委、工会常委参与学校招生、招标、职评、干部评议等事项，凡涉及学校重大改革发展和教职工切身利益的事项，自始至终全程参与，并且拥有"一票否决权"，使得工会、教代会的意见能真正在高校党政领导的决策之中体现出来，强化了工会、教代会参与的广度和深度，保证了学校各项改革决策的民主性、科学性和有效性。

2. 加强量化评价，促进教代会职权落实

随着高校教代会的健全和完善，部分省和高校尝试着对教代会职权的落实，制定了评估的标准，达到了以评促建的目的。如湖北省教育工会于2013年出台了《湖北省学校教职工代表大会星级评估办法》（鄂教工〔2013〕2号）。该办法重点评估以下几个方面：一是教代会的组织领导；二是教代会的职权落实；三是教代会的代表情况；四是教代会的组织规则；五是教代会的工作机构；六是教代会工作创新发展。并且在整体评估中将教代会的职权落实放在重要位置，给予的分值最高。这一举措对教代会的职权落实起到了推动作用。

科学的评价体系，不仅包括教代会职权的具体评价内容，还要明确各项职权落实的标准。清华大学教代会对校长工作报告、工会工作报告、工会财务工作报告和经费审查委员会工作报告、工会委员会和工会经费审查委员会委员选举办法、工会委员会和工会经费审查委员会委员候选人名单等，要求教代会代表进行分组讨论，按组别分别统计同意人数、弃权人数和不同意人数，并将统计结果同时书面报送给校办和工会汇总，这体现了对教代会代表审议表决权的尊重和行使职权的保证，有利于教代会职权的真正落实。

高校工会作为教代会的日常工作机构，要不断加强对院（系）二级教代会工作的指导，建立健全二级教代会的规章制度，帮助二级单位工会实行二级教代会标准化建设，促进二级教代会健康发展。华中师范大学在2004年就研究制定了院系关于实行二级教代会制度考核细则，将二级单位的工会工作和教代会工作纳入院系年度目标考核的内容，赋予校工会对二级单位的考核评价的权利，在评优中实行一票否决权，有力地推进了二级教代会工作的开展。2012年该校工会又出台了对部门工会、教代会工作进行量化考核的评价标准，将考核内容划分为组织建设与管理、民主管理与权益维护、特色与创新等七个方面，对每方面设定了相应的分值，列出了具体的考核内容和评分标准，对院系工作起到了良好的规范与指导作用。清华大学进一步将二级单位按照业务内容的不同进行了分类，分为如下三类：第一类为企业；第二类为机关、后勤；第三类为各学院或研究单位，并分别制定了工会工作量化考核表，将各单位的组织建设、民主管理、民主监督与教代会具体工作、教职工权益维护等列入工会工作考核的范围之内，将评议领导干部列入教代会职权的重要内容。[①]

3. 加强提案工作"三公开"和"五会"制建设

教代会是推进学校民主管理的一个重要平台。提案工作是教代会闭会期间落实民主管理制度的有效载体之一，是教代会的一项非常重要的工作，是教职工直接参与学校民主管理、为推进学校改革和发展建言献策的重要形式，是教代会代表履行职责、参政议政的具体体现。华中科技大学较早开展了教代会提案工作，积累了较多的经验，创建了提案征集督办三公开、五会制。其做法如下。

（1）注重提案工作的制度建设。该校先后制定了《华中科技大学教职工代表大会提案工作规定》《关于进一步完善提案工作 提高提案质量的意见》，从规范提案工作程序入手，建立了如下提案工作制度。一是提案承办责任制，要求各单位将分管提案承办工作的领导和具体联系人名单报提案工作委员会办公室，以加强提案工作委员会和提案承办单位的联系与交流，推进提案落实进度，保证提案落实质量。二是提案工作"三公开"制，即通过校园网、学校广播电视和校报等多种形式对提案征集内容公开、提案办理程序（过程）公开、提案落实结果公开，定期编印《提案工作简报》，发布提案工作动态，增强提案工作的透明度。三是提案工作"五会"制，即建立和完善提案征集培训会、提案立案评审会、提案承办研讨会、提案落实见面会、提案总结表彰会制度，规范提案工作程序。四是提案承办追踪督办制度，即提案工作委员会根据承办单位的不同回复意见，对提案落实结果进行追踪监督检查，确保提案落实。对不能落实的，要求承办单位详细说明原因；对回复为"正在落实"的提案，要在下年度

---

① 《清华大学工会》，http://ghxt.cic.tsinghua.edu.cn/ghxt/index.jsp。

提案承办工作会上报告上一年度提案落实结果。对无故拖延提案落实进度，或不能按承诺落实提案的单位，通过《提案工作简报》或其他形式给予通报。

（2）采取多种形式做好宣传工作。提前印发提案征集通知、"优秀提案"、"承办提案先进单位"和"承办提案先进个人"评选条件等文件，及时召开各类会议，对提案主题、内容、具体要求做详细说明，加强对提案征集工作的指导。

（3）注重对教代会代表进行提案工作培训。由负责提案工作的工会领导就如何撰写高质量的提案作辅导讲座；由优秀提案代表讲述如何提交高质量提案的体会；由提案承办部门代表介绍如何高质量落实提案的经验。这些措施有利于规范提案程序，丰富提案内容，提高提案质量。

（4）始终落实提案工作制度。提案工作委员会注重对提案征集、落实的组织、监督和检查工作，及时总结提案工作的经验和不足，广泛开展调查研究，严把立案审查关；督促提案承办单位改进提案承办方式，主动与提案人加强联系，听取意见，根据提案承办工作的实际情况，综合采用"请进来"和"走出去"的方式，深入基层承办提案，不断提高提案办理工作的实效性；监督提案落实，发挥领导的示范作用、提案人的监督作用；落实提案工作评优表彰制度，鼓励基层单位加强对提案征集工作的领导、组织和协调工作，充分调动各单位征集高质量提案的积极性；与民主评议监督工作委员会进行紧密联系，把各部门承办提案的质量作为年终考核评议所在部门工作的重要依据之一。

如上举措，调动了教代会代表参与学校民主管理的主动性和积极性，不断提高了教代会提案的质量，推进了提案工作，也推进了学校民主管理工作向前发展。

（二）未来展望

尽管上述创新举措很有参考意义和借鉴意义，但毕竟不具有普遍的法律约束力。因此，为了推进高校教代会制度建设，还是必须从加强国家法律制度建设、完善高校层面的内部治理结构入手，对高校教代会各项工作制度进行完善。

1. 国家层面的路径选择

从国家层面出发，加强教代会制度的法制建设，推进教代会的建章立制工作，将教代会打造成实质性的权力机构①。为了进一步推进高校民主管理的规范化、制度化和科学化，国家要从立法的高度和程序完善的角度，加大完善教代会的各类配套法规，如高校教代会评估制度、教代会民主评议领导制度、教代会选举和表决制度、二级教代会制度、提案工作制度、教代会的保障、救济和追责制度和教代会工作机构内部管理制度等，为教代会的整体运行提供制度保障，同时规范高校教代会工作，从根本上解决教代会制度运行缺少法律依据的问题，推进高校民主政治制度建设。

全面建立高校教代会工作质量评估制度。要确立教代会工作的评估原则，明确对教代会的哪些工作进行评估，制定详细的可操作的评估标准，综合采用各类评估方法和手段，保证评估结果的科学性和实效性②，促进高校教代会工作的良性开展。要按教代会届次开展评估，通过自查评估、现场评估、反馈整改等环节发现问题，定期书面反馈评估情况和整改意见，督促高校定期整改落实，以促进教代会制度化规范化建设。同时，试点建立教代会运作问责机制。将教代会工作与学校各项工作融为一个有机整体，作为党政工的常规性工作列入学校工作安排，将教代会评估纳入高校整体工作评估考核体系之中，并且与学校领导的绩效考核挂钩，对教代会制度执行不好的高校领导实施责任追究，为教代会制度的落实提供良好的外部环境，提升教代会制度的整体运行效率。

全面建立教代会民主评议学校领导制度。由教代会对学校党政领导和年度工作进行民主测评，是真正落实教代会民主监督职权的有力举措，是落实好党委领导下的校长负责制和完善内部治理结构的有力举措。要做好民主评议方案，规范评议流程，谨慎操作，克服阻力，坚持党的领导，完善制度，全面、准确、客观、公正进行评议。③

健全教代会会议程序，体现决策民主、公开和透明，实现教代会会议信息公开。如明确教代会的选举和表决形式和具体程序，便于教职工的监

---

① 孙世一：《基于高校内部治理的教代会制度建设》，《黑龙江高教研究》2013 年第 5 期。
② 毕宪顺、赵凤娟：《高等学校的民主监督与权力制约》，《教育研究》2009 年第 1 期。
③ 郑禹：《加强教代会建设 促进高校民主管理》，《中国高教研究》2000 年第 7 期。

督，同时可以提高党政权力运行的自觉性，有效制约行政权力，保证党政权力不越界行使，帮助维护学术权力，真正实现让行政管理为学术权力服务的理念。

从国家层面进一步完善高校二级教代会制度，发展基层民主，推进院系自治，应当将院系资源分配、引进人才、职称评聘等关系职工切身利益的事项交给二级教代会讨论决定，实现民主决策。

建立教代会的保障、救济和追责制度。完善教代会违法行为追究和处理的制度，设置合理的问责追责机制，据此对违反教代会法律法规的行为进行严格的追责，展现法律法规的权威，保证教代会工作的正常开展。

出台完整的教代会提案工作制度。借鉴全国人民代表大会议案、全国政协提案的有关规定，完善教代会提案的征集、审查、办理和反馈流程，为高校教代会提案工作提供示范和指引。

理顺学校工会、教代会执委会的职责权限与相互关系。尤其是要明确教代会闭会期间学校工会、教代会执委会的具体职责、分工以及相互配合关系。

2. 大学层面的路径选择

在坚持依法治会、按规操作的原则下，高校一定要结合本校实际情况，提出符合校情的运作规程，完善学校内部治理结构，构建本校特色的教代会制度体系，力争形成"党委领导、校长治校、教授治学、民主管理、共同参与"的良性发展模式。

一是制定和实施大学章程，完善内部治理结构，理顺高校内部各类权力的关系，进一步提升教代会制度在高校民主管理中的地位。

要清晰界定高校党委、行政、学术委员会、工会以及教代会等各类权力机构之间的关系，明确高校党委、行政、学术委员会、工会以及教代会等各类权力的职责范围、履行职责的具体方式、如何相互配合和监督制约。高校党委是政治权力的代表，担当的是政治领导角色；高校行政是行政权力的代表，履行的是行政管理职能；学术委员会是学术权力的代表，统筹行使学术事务的决策、审议、评定和咨询等职能；教代会是民主管理权力的代表，履行的是参政议政、民主管理、民主监督的职责。因此，教代会是联系教职工与高校政治权力、行政权力、学术权力之间的中枢。教代会与学校党委之间是被领导与领导关系，高校党委对学校教代会实行全面领导，从思想建设和组织建设入手，指导教代会的各项工作，研究、讨论教代会工作中的重大问题，为教代会工作的顺利开展提供强有力的支持。教代会与学校行政之间是相辅相成、互为补充、监督与被监督的关系。高校行政系统在进行重大决策前要主动征求教代会的意见，在决策中要体现大多数教职员工的意愿，在执行中要主动接受教代会的监督，尊重并配合教代会的工作。教代会与学术委员会之间是权力平衡、互补互促的关系。高校学术委员会是学校的学术决策机构，教代会要尊重学术委员会在学术决策方面的权力，同时，要为教职工争取更多的学术发展权。工会是高校内部的群团组织，主要职能是参与学校内部民主管理和民主监督，监督学校各类决策的执行，维护教职工的合法权益和民主权利。工会还是教代会的日常工作机构，负责筹备教代会，在教代会闭会期间可以代为履行教代会的部分职责，如确定代表比例、组织机构人选、议题和议程等。校工会应在广泛征求教职工意见的基础上，与行政有关领导沟通一致，报学校党委审批。教代会则是教职工行使民主管理的机构，拥有部分决策或立法的权力，教代会决定或通过的事项，学校行政必须执行。教代会还肩负对学校行政工作的民主监督。一方面，教代会要支持行政工作，向学校反馈教职工的民意，帮助学校行政进行科学决策，宣传解释学校的决策意图，化解各方矛盾，动员教职工理解、支持并执行学校的决定，维护学校的整体利益；另一方面，教代会还要勇于维护教职工的基本权益，对学校行政工作进行全面监督，防范和克服官僚主义，如此才能上下同心，群策群力，集思广益，反复协商，达成共识，促进学校行政更好地为教职工服务。

要明确教代会的职权范围以及运行规则，保障教代会行使好职权。要明确，对于重大事项，教代会审议通过是党委行政决策的前提条件。还要健全和优化教代会的组织形式、工作机构设置、人员构成以及运作方式，推进教代会工作机构常设化、专门化，教代会代表和工作人员专业化、培训制度化，明确各类机构在教代会制度中所应履行的职责，注重教代会职权的落实，真正体现教职工对高校的民主管理和民主监督。

二是全面清理高校内部的各类文件，广泛听取意见，充分进行论证，抓好立、改、废工作。通过立、改、废工作，进一步完善高校教代会的组织制度、会议制度、选举表决制度、提案工作制度、民主评议制度等，进一步强化教代会的职能，完善民主程序，发挥教代会制度的民主政治功能、民主监督功能、民主管理功能和权益保护功能。

首先，完善制度要保障程序民主。程序民主是实质民主的基础和前提，程序公平有利于促进合作和信任。高校在教代会的程序设计上，要体现以人为本、民生为要的精神，增强透明度，接受教职工的监督。从教代会代表的名额分配、推选、选举到教代会相关机构组成人员（候选人）的产生过程都要公开透明。应实行差额选举，最好是通过无记名投票推选候选人，再进行无记名投票产生教代会代表，这样的选举过程才是真正民主科学的，才可能选出受教职工信任、能为教职工说话的代表。要保障教代会会议程序的公平性、透明性，首先要召开教代会的预备会议，专门就会议程序进行讨论和表决，然后才能召开正式的会议。提交教代会讨论的文件要做到提前下发到各位代表，让代表们广泛进行讨论和交流，做到会前充分征求意见。同时鼓励教代会代表在本代表团或跨代表团进行充分讨论。表决事项要规范，实行重大问题"票决制"原则，采取无记名投票方式或匿名表决方式进行表决，或采用电子表决器进行表决，尽量避免举手表决方式，摒弃鼓掌通过的表决方式。

其次，完善制度要保障决策的科学性、民主性和公平性。高校要拓宽教职工参与学校决策、管理的范围，增加广大教职工参与学校决策管理的知情权、表达权渠道，提高教职工通过教代会制度参与的有效性。要明确关系学校发展的重大事项、学校管理的各项规章制度、关系教职工切身利益的各种事务都必须提交教代会审议通过才能实施。还应赋予教代会民主评议、考核和推荐学校中层以上领导干部的权力。这有助于加强教职工对以校长为首的行政权力的监督制约力度，保障行政管理在学校决策过程中更多地体现教职工的利益和意志。

最后，完善制度要建立教代会长效机制，完善教代会各项工作制度，强化教代会职能。要完善教代会提案工作制度，通过建立提案电子信息平台，规范提案管理，实现提案征集督办的常态化和信息化，充分发挥教代会集民智、汇民意、聚民心的作用。试行校领导接待教代会代表日制度、

教代会代表列席校长办公会制度、教代会代表巡视制度①、教代会代表听
证质询制度、教代会民主评议与推荐学校中层以上领导干部制度、教代会
民主监督检查制度等，拓展教代会民主管理与民主监督的渠道，保障教代
会代表在教代会闭会期间也能履行参与决策、实施监督的职责，并建立相
应的教代会代表履职考核制度。要完善教代会执委会议事规则，强化教代
会执委会作为教代会闭会期间代为履行教代会职责机构的职能，强化教代
会各专门委员会的职能，确保他们能及时跟踪、了解教代会各项决议的落
实情况并进行督办。

三是理顺二级教代会与学院学术委员会、党政联席会议的关系，充分
发挥二级教代会在学院民主管理中的作用。二级教代会主要是关注学院整
体发展、员工岗位设置、绩效奖金、员工福利等涉及教职工权益的宏观层
面的制度性建设。学院学术委员会是学院内的学术组织，是学院学术事务
的决策机构和非学术事务的审议机构，主要关注学科发展、科研工作、职
称评定、人才引进、岗位聘任等。党政联席会议是学院的决策机构，主要
讨论和决定学院发展建设的重要问题，日常管理的协调，尊重二级教代会
的民主决策机制，支持部门工会的工作，帮助落实各项职权，凝聚共识和
力量，保证学院所有教学、科研、人事和财务管理等重大事项决策的科学
性和民主性。

四是提升高校党政领导干部、教职工的民主意识和民主素养，强化教
代会代表的履职能力。民主意识来源于民主理念，但受制于民主实践。因
此，必须通过制度设计来保障和提升党政领导干部和教职工的民主意识，
保证高校领导干部不仅要对上负责，更要对下负责。同时，要着力于对教
代会代表进行系统化、制度化的培训，提升教代会代表的履职能力，使其
能切实担负起参政议政、民主管理、民主监督的职责。既要重点培训教代
会的相关专业知识，如教代会的性质、地位、作用、职责权限、工作程序
等；也要重点培训涉及高校管理、教职工权益、学科建设等方面的相关知
识②；还要培训有关提案撰写的业务知识，为参政议政做好必要的知识储

① 庄丽君：《高校民主管理进程中教代会制度的完善与路径创新》，《天津市工会管理干部学
院学报》2015 年第 4 期。
② 孙世一：《基于高校内部治理的教代会制度建设》，《黑龙江高教研究》2013 年第 5 期。

备，让每一个教代会代表都能具备审议学校事务的能力，有能力、有意愿从学校发展的整体利益和长远利益出发，做好调查研究，了解广大教职工的心声，结合高校改革发展实际，有针对性地撰写出主题明确、定位准确、内容翔实、具有现实意义和可执行性、符合大多数人利益的教代会提案。

第十章 高校民主管理的
路径之六——学生参与

学生参与高校民主管理是近年来世界高等教育管理和发展的重要趋势。国内外高校在民主管理中也越来越重视发挥学生参与的重要力量。《联合国二十一世纪高等教育：展望行动世界宣言》指出："国家和高等院校的决策者应将学生视为高等教育改革的主要的和负责的参与者，这应包括学生参与有关高等教育问题的讨论、参与评估、参与课程和教学方法的改革，并在现行体制范围内参与制定政策和院校的管理工作。"[①] 2005 年 9 月 1 日，教育部颁布的《普通高等学校学生管理规定》第四十一条明确规定：学校应当建立和完善学生参与民主管理的组织形式，支持和保障学生依法参与学校民主管理。这一规定首次以法规的形式明确赋予了大学生对高校管理的参与权，体现了现代高校管理民主化的发展趋势。2016 年 12 月 16 日，教育部 2016 年第 49 次部长办公会议修订通过《普通高等学校学生管理规定》，其中第四十条明确规定：学校应当建立和完善学生参与管理的组织形式，支持和保障学生依法、依章程参与学校管理。新修订的《普通高等学校学生管理规定》再次赋予了大学生对高校管理的参与权，强调了参与必须依法依章程。

一　学生参与高校民主管理的重要性

学生参与高校民主管理是保障大学生基本权利的需要，也是促进高校

---

① 杨东平：《大学之道》，文汇出版社，2003，第 215 页。

科学决策的必要条件，它为大学生的成长成才提供了平台和机会。

（一）学生参与民主管理是保障学生权利的需要

《中华人民共和国宪法》第二条规定：人民依照法律规定，通过各种途径和形式，管理国家事务，管理经济和文化事业，管理社会事务。《宪法》的此项规定，要求高等学校必须尊重大学生的人权，而尊重大学生人权，其中的一项内容就是保障大学生参与学校管理的权利。2005 年《规定》第五十条也规定："鼓励学生对学校工作提出批评和建议，支持学生参加学校民主管理。"由此可见，大学生参与高校民主管理是法律赋予广大在校大学生的一项基本权利。

我国现在实行的是社会主义市场经济体制。大学生是高等教育市场化的主要消费者，他们接受高等教育也成为高等教育市场化的一种消费行为。消费者权威的形成源自高校经费对需求者的依赖。从大学生缴费进入学校学习之日起，学生就拥有了对所在学校的事务的发言权。依照市场发展的规律，如果一所大学不能满足学生的基本需要和合法要求，学生是可以要求学校退还学费或进行合法赔偿的。同时，只有使作为消费者的大学生真正参与到学校的各项民主管理的过程之中，真正发挥大学生的主人翁精神，才能实现高校校务管理的公开和透明，学生的知情权才能得到保障。在此基础上，他们对于高校事务的监督权、建议权和决策权包括获赔权才能有所保障。

（二）学生参与民主管理是学生成长成才的需要

德国心理学家勒温认为，人的心理与行为决定于人的内在需要和周围环境的相互作用。当人的需要没有得到满足时，会产生内部力场的张力，而客观环境中的一些刺激起着导火索的作用。[①] 对所在的学校产生的内心认同感和归属感是大学生成长成才的重要心理因素。如果大学生们对学校的认同感得不到满足，那么大学就仅仅停留在所属集体阶段，很难影响到

---

① 〔美〕罗伯特·G. 欧文斯著，袁振国等主编《教育组织行为学》，窦卫霖等译，袁振国审校，华东师范大学出版社，2001，第 374 页。

大学生们的内心世界，他们对高校管理活动的理解和配合程度将大大降低，学校培养活动的实际效果也将大打折扣。学生对校方的不认同和不理解，有时甚至会因为一些具体事件导致矛盾的激化，出现一些难以预料的非理性行为。因此，学生只有参与到高校的教学管理、学生工作和后勤管理过程等方面，才有利于增进他们对于院情和校情的理解及认同。具有较高认同感的学校，其传承的文化对大学生才能产生深入持久的影响。美国对大学生们的调查表明，最有效的影响因素不是教授们的讲座，而是学生们参与的大学活动。学生参与权的行使不仅能彰显高校管理的民主化，提高管理权运作的效率，而且有利于学生主体意识的形成和主体参与能力的提升，培养学生作为现代公民所应具备的良好素质。切实赋予学生参与权，可以弱化学生对高校管理者的离心力和疏远感，培养学生充分关注和主动参与高校事务管理的良好习惯，塑造出对公共管理事务更敏感、兴趣更强烈并具有实际参与能力的现代公民，进而使学生在个体素质良好发展的基础上获得不断进步的源泉。①

（三）学生参与民主管理是高校科学决策的需要

学生参与高校管理是一所大学管理实现民主和效率的重要途径。高校管理层与所服务的对象分享权力并不等于权力的削弱，相反可以集中智慧，产出更多的智慧成果。因此，高校管理者首先要转变观念，充分肯定大学生参与高校管理的积极作用。要从根本上认识到大学生参与民主管理是现代大学内部管理体制改革的发展趋势。

就学生这一角色而言，挪威学者波·达林指出：仅仅把学生当作客体是一件很危险的事情，学生掌握着有关学校的第一手资料，如果说有人知道学校教育问题的症结所在的话，那肯定是学生，学生拥有有价值的信息。② 的确，当代大学生具有强烈的民主意识，具有对自身学习、生活进行选择、决策和控制的强烈意愿。其行为、态度、日常生活实践也内含在学校变革之中，这些都是没有被充分开发的资源，是推动学校变革的重要

① 孙佩瑜：《高校管理中学生的参与权研究》，《现代教育科学》2007 年第 7 期。
② 〔挪〕波·达林：《理论与战略——国际视野中的学校发展》，范国睿主译，教育科学出版社，2002，第 191 页。

力量。简而言之，大学生对学校系统中阻碍或支持他们学习的方面都有相当深刻的理解，他们参与学校变革的内容和范围非常广泛。若学生不成为学校变革的策划者、推进者或参与者，那么，他们就很可能成为学校变革的逃避者、破坏者或旁观者。前者是学校发展的助推器，后者则是绊脚石。① 2015 年 10 月，中国新闻网报道的"奇葩校规"案例引发了广大网友的关注。这些校规之所以被称为"奇葩"，主要是在制定的过程中没有吸纳学生的意见，管理的简单和粗陋往往引发学生的逆反和抵制心理，起不到管理规定应该起的作用。② 让大学生参与高校民主管理有助于学校领导克服官僚主义，彰显高校管理的民主性，增加除管理层之外的约束和辅助力量，而这种力量是广泛而有力的。对于高校管理体制的自身发展而言，这种多元参与的管理模式大有裨益。同时，让大学生参与高校管理，学生可以较快地理解高校管理者的治理意图，对于各项管理决策的顺利实施和执行有积极的作用。不仅如此，有学生参与的监督及约束力量，可以在很大程度上保证高校管理层在政策制定和利益分配时，通盘考虑更多层面的需求，兼顾各方的利益，以确保高校管理的科学、和谐发展。

要保证高校出台政策的科学性、可执行性，在与学生切身利益相关的管理规定和奖惩制度出台前，高校管理层如能通过一定形式充分听取学生意见，再做出决定或暂缓做出决策，一方面可以更大限度地保障学生的合法权益，一方面为学校决策的科学性和可执行性提供了保障。

二　学生参与高校民主管理的探索与经验

（一）国内高校学生参与学校民主管理的主要做法

历史上关于学生参与高校民主管理的记录由来已久。京师大学堂是我国近代意义大学的发端，蔡元培先生大刀阔斧的改革，让京师大学堂摒弃了原有的封建衙门式的管理方式，开始在学校管理中注入西方资产阶级民

---

① 赖秀龙：《让大学生在学校变革中扮演有意义的角色——海南师范大学领导与学生见面会制度的实践与反思》，《重庆高教研究》2013 年第 7 期。

② 熊丙奇：《层出不穷的"奇葩校规"是高校管理粗陋化的结果》，《中国教育报》2015 年 10 月 5 日，http://news.jyb.cn/opinion/pgypl/201510/t20151005_638969.html。

主思想，唤醒了当时大学生们心中沉睡已久的参与意识。人民教育家陶行知先生曾对学生自治进行阐述，他认为学生自治就是通过一定的形式让学生团结起来进行自我管理的手段，而学校方面有义务为学生提供各种机会和平台，提升他们自我管理的能力。中国著名教育家、复旦大学创始人马相伯先生在担任复旦大学校长期间，不仅建立了校长监督下的学生管理校内事务制度，而且完善了学生自治政策，创建民主法庭以便处理和排解学生之间的矛盾和纠纷。这些创举的主要目的就是培养学生的个人自治能力和是非分明的高尚人格。当时的大学生自治运动，成为那个时期"教授治校"的有益补充。1919 年出现的"学生自治"则是我国高校大学生真正参与学校民主管理的开端。

中华人民共和国成立后，学生参与学校民主管理在不同时期的制度规范中也得以明确。例如，1950 年颁布的《高等学校暂行规程》第 26 条规定："大学及专门学院在校（院）长领导下设校（院）务委员会"，其中"学生会代表二人"[1]。在 1985 年发布的《教育部关于正确处理大学生中发生的事端的通知》中强调："要爱护学生关心改革、要求改革的热情，发挥学生的积极性。……要使广大学生有表达意见的机会和正常途径。……各高等学校都要积极采取各种适当方式，在领导与学生之间沟通信息。"[2]1990 年原国家教委发布的《普通高等学校学生管理规定》第五十条规定："鼓励学生对学校工作提出批评和建议，支持学生参加学校民主管理。学生对国家政务和社会事务的意见和建议，学校应负责向上级组织和有关部门反映。"[3]

进入 21 世纪以来，我国各地高校深刻认识到学生参与高校民主管理对于大学治理的重要意义。各高校在大学生参与民主管理的做法上有了很多有益的尝试。浙江台州学院于 2003 年开始试行学生议事会制度，定期选择学生关心的热点、难点、疑点问题，校领导与学生代表面对面进行交流，

---

[1] 何东昌：《中华人民共和国重要教育文献 1949—1975》，海南出版社，1998，第 46 页。

[2] 何东昌：《中华人民共和国重要教育文献 1976—1990》，海南出版社，1998，第 2254、2933 页。

[3] 何东昌：《中华人民共和国重要教育文献 1976—1990》，海南出版社，1998，第 2254、2933 页。

以达到沟通心灵、理顺情绪、解决问题的目的。① 华东师范大学于 2003 年9 月率先建立"学生参议制"，主要做法是以专题的形式组织参议会，把与学生生活实际紧密相关的学风建设、大学生党建、后勤管理和数字化校园建设等都纳入参议范围。上海师范大学自 2004 年开始高度重视大学生参与学校民主管理的平台建设，先后建立了 BBS 志愿者队、学生伙管会、图管会、医管会、体管会、教管会和治管会等九大学生民主管理组织。十余年来，紧密围绕学校管理的效能提升、内涵建设的深化、学生的学习与生活这些中心任务，开展了大量的协管工作。此外，2006 年，安徽大学在时任校长黄德宽教授的提议下，率先在国内实行了学生校长助理制度，开辟了一条学生参与学校管理的"绿色通道"。2006 年 11 月，辽宁大学工会召开五届四次会议，"辽宁大学工会学生工作委员会"选举了数十名大学生代表和教师代表共同听取和审议校长工作报告。该校学生工会 591 名会员中包含全校 21 个院系的学生代表，其中既有本科生代表，也有研究生代表。华中师范大学从 2011 年 11 月推出校领导午餐会。午餐会由学校办公室、校团委、校学生会牵头组织，面向全校学生推出，成为每月一次的师生交流盛会。每次参与午餐会的学生代表均从报名的学生中随机抽出，人数为10～20 人。在午餐会活动中，参与活动的学校领导、各职能部门负责人和学生代表共进午餐，同桌平等交流。领导和老师们关心和询问学生代表的学习生活近况，学生则积极向他们反映学习和生活上的困难和困惑。每一次午餐会都是领导们现场办公、直面学生生活中的问题、务实高效为学生解决学习生活难题的活动，受到广大师生的一致好评。西南大学着力推进学生参与学校民主管理，抓牢维护学生权益的大旗。通过完善制度，明确参与依据；拓展渠道，搭建参与平台；开展活动，增强参与实效等举措积极探索学生参与学校民主管理的机制，取得较好的成效。

综观以上大学生参与高校民主管理的案例，我们可以归纳出国内高校大学生参与民主管理的主要内容、范围及主要组织。

1. 大学生参与民主管理的内容和范围

学生参与政策的制定。主要体现在学校或职能部门出台一项规章制度

---

① 《台州学院大学生议事会制度受欢迎》，《光明日报》2005 年 5 月 20 日。

前，吸纳学生代表参与讨论，或广泛地征求学生的意见。特别是在出台一些和学生切身利益相关的制度或方案，如评优评先、助学贷款、奖学金评定、确定新党员发展对象等方案前，学生能享受充分的知情权。

学生参与教学管理。学生参与教学管理主要表现形式为学生评教。指学生对教师的授课安排、授课风格和授课效果进行评价分析，再由组织评教的机构将学生评教的结果反馈给任课教师。学生评教的形式和结果是学生行使决策权的重要形式，能真实反映学生对教学的基本要求、对教师的基本评价。学生评教能促进教师进行教学反思，提升教师的教书育人的责任感，在很大程度上推进教学相长。

学生参与后勤管理。学生参与宿舍楼栋安全管理、物业管理，对于食堂饭菜品种、定价、口味、质量等，学生都有充分的发言权。如有侵害学生利益的现象发生，学生可以通过相关组织直接提出整改意见。

2. 学生参与民主管理的组织和形式

我国高校学生参与民主管理的主要组织为学生会和研究生会。在全国的高校中，学生会和研究生会是最具代表性的学生组织，普遍具有半官方的身份和地位。它能组织和倡导学生以自我教育、自我管理、自我服务的精神积极参与管理与学生相关的事务，能代表学生群体的利益，及时地反映学生的愿望和诉求。基于此，学生参与高校民主管理的主要形式为学代会和研代会。此外，我国高校学生参与民主管理的形式还包括发挥学生社团的积极作用。如不少高校建立了学生社团联合会和学生自治组织。如大学生居民委员会、膳食管理委员会、宿舍管理委员会、网络管理委员会等，这些学生组织都可以很好地吸收广大学生的意见和建议，和校方平等地进行沟通。

近年来，随着"90后"大学生在校人数的逐年增多，很多高校也越来越重视学生家长的看法和态度。召开新生家长见面会、建立和家长之间的书信网络沟通、邀请家长代表参加学校重大活动等形式是国内高校学生参与高校管理的有益补充。极少数高校还成立了学生家长委员会。①

---

① 《湖北高校首个家长委员会在华中农业大学成立》，《楚天都市报》2011 年 9 月 7 日，ht-tp：//www.jyb.cn/high/gdjyxw/201109/t20110907_ 452701.html。

（二）国外高校学生参与学校民主管理简述

国外高校在学生参与学校民主管理方面历史较为悠久。在德国，依照法律的有关要求，大学通常由一名专职校长领导。大学的内部领导体制是委员会制，学校的自治权根据"集体大学"的模式进行管理，大学校务委员会通常由教授、学生、科研工作人员以及其他职工四部分人员组成。各自根据自身的权利、义务和相关校规分别组成委员会，各委员会再共同组成常务委员会。这样的组成方式保证了大学所有人员都能够参与到学校的管理中。法国在 1968 年颁布了《高等教育方向法》，提出了"在教学科研单位、大学、地区审议会各级，都有学生代表"。法国大学中设立有大学生活与学习委员会，该委员会中学生代表占多数，该委员会对于学生事务拥有建议权。对于一些特殊事项，法律还规定校长在做出决定之前，必须征求该委员会的意见。

三 学生参与高校民主管理的创新与展望

（一）转变观念，提供学生参与的制度保障

首先，要树立"以生为本"的工作理念。在高校的管理中，长期以来，管理层都习惯于依靠专家来做决策，倾听专家的意见，却很少将目光放在那些需要服务的对象身上。加拿大教育家迈克尔·富兰曾言：学校变革对每个个体来说，都是一种关系到人的现象。学生（即使是小学生）也是人，如果在学校变革中，他们不具备某些（对他们来说是）有意义的角色，那么大多数的学校变革，或者更确切地说，是大多数的教育将失败[1]。因此，高校在推进民主管理的过程中，应充分树立以生为本的治校理念。认识到学校因学生而存在，为学生而变革，学生是学校变革的重要力量。要让学生在其中扮演有意义的角色[2]。因此，高校各级管理者应充分认识

---

[1] 〔加〕迈克尔·富兰著《教育变革新意义》（第 3 版），赵中建、陈霞、李敏译，教育科学出版社，2005，第 161 页。

[2] 赖秀龙：《让大学生在学校变革中扮演有意义的角色——海南师范大学领导与学生见面会制度的实践与反思》，《重庆高教研究》2013 年第 7 期。

学生在高校运行中的主体地位，充分尊重学生的合法权利，努力营造有利于学生参与的良好文化氛围。学校管理层如果具有鼓励学生参与决策的理念，将极大地促进和调动学生参与高校管理的积极性和主动性，从而增强学生的主人翁意识和强烈的责任感。

其次，健全的制度和完善的机制是学生参与高校民主管理的基础和保证。要将学生参与高校民主真正落到实处，首先要在规范学生参与程序的基础上尽量畅通学生参与民主管理的途径，丰富和拓展学生参与的形式。要形成一整套学生参与民主管理的运行机制。

大学章程的建设是高校民主管理的重要制度保障，高校应以大学章程建设为契机，结合 2011 年教育部颁发的《高等学校章程制定暂行办法》中的有关精神，从学校自身实际出发，在被称为"学校宪法"的大学章程中明确学生的参与权并对参与的途径、形式和内容进行细化，特别是对于与学生群体整体利益相关的事项，应给予学生绝对的自由发表意见的机会和平台。一般来讲，在大学章程中应明确如下制度。①学生议事制度。学生议事制度即把学生吸纳到学校有关议事机构中去，用制度明确学生参与学校民主管理的内容、形式以及学生代表的产生途径，保障学生参与学校民主讨论和民主决策的权利。②学生听证制度。学生听证制度即规定学校管理层在做出涉及学生切身权益的决定前必须要听取学生的意见、接纳学生的合理化建议，以切实维护学生的知情权、参与权和监督权。听证制度的重点是在涉及对学生的惩罚、居住环境或条件的改变以及收取费用等重大的管理行为和重大的建设项目方面应该建立听证制度，以切实保障学生的知情权和参与权。③学生申诉制度。学生申诉制度主要是保留学生对于处罚（如取消入学资格、留校察看、勒令退学等）处理结果的申诉权利，充分保障学生的知情权、申诉权，切实体现依法治教、依法治校的基本精神。④学代会制度。学代会制度是实现学生参与学校管理的重要形式。高校应该像重视教代会那样重视学代会和研代会的组织和召开。应有学校团委组织安排专人去关心和指导学代会和研代会的工作，帮助学代会和研代会组织形成一套完整的工作制度，积极引导学生通过学代会和研代会的形式有序高效地参与学校民主管理。

在制度保障方面，吉林大学的做法值得借鉴。2010 年 4 月，吉林大学制定了《吉林大学学生组织提案制度》。同年 12 月，该校正式公布了《吉林大学学生参与学校民主管理实施办法》等一系列具体实施办法，首次将学生参与学校民主管理监督提升到整个学校发展的战略大局统筹规划。这个实施办法的出台意味着今后该校学生参与学校民主管理将有一把"尚方宝剑"在手①。依托该办法，吉林大学校学生会和研究生会联合成立了"吉林大学学生参与学校民主管理委员会"，该委员会向学校主要领导提交提案，过半数的提案能得到学校相关工作分管校领导的批示，全部提案均获得学校相关职能部门的正面答复，部分学生非常关心的生活热点问题也能在短时间内得到解决。对于一些较为复杂的问题，学校相关部门则制定出相对明确的解决方案，并制定问题解决的时间推进表。

（二）明确思路，完善学生参与的组织机构

制度是学生参与高校民主管理的保障，相对应的组织机构则是制度运行的载体。因此，高校管理者应充分发挥学生组织的积极作用，积极支持学生建立自己的利益组织，让学生组织成为学生与学校管理者之间有效沟通的重要媒介。有效运行的学生组织能够承担起学生表达心声和利益的重要责任，也必将帮助管理者及时洞察学生群体的思想动态和利益诉求，最终将有利于和谐校园的建设。"进一步完善各类学生组织管理的规章制度，依法规范自治组织的建立与活动，保障其合法地位和表达利益诉求不受侵犯，充分发挥自治组织提供服务、反映诉求、协调利益、自律管理的职能。广大学生可以通过组织，集中形成对自己利益的规范化的表达，再经此向上传递到学校的管理部门。这样可以避免学生无组织或不规范的行为所造成的摩擦的发生。"②

高校各级管理部门要充分认识到学生会、研究生会对于学生参与高校民主管理的重要意义。学生会及研究生会是高校普遍设立的基层学生组织。2010 年 8 月 26 日，中华全国学生联合会第 25 次代表大会通过了修订

---

① 《吉大学生参与学校民主管理有了"尚方宝剑"》，新华网吉林频道，http：//www.jl.xinhuanet.com。

② 李宝玉、李树杰：《国内外大学生参与教学管理研究述评》，《长春工业大学学报》（高教研究版）2011 年第 3 期。

的《中华全国学生联合会章程》，第二条明确规定"本会的基本任务：发挥作为党和政府联系同学的桥梁和纽带作用，在维护国家和全国人民整体利益的同时，表达和维护同学的具体利益"；第十五条明确规定："学生会、研究生会的基本任务：……沟通学校党政与广大同学的联系，通过学校各种正常渠道，反映同学的建议、意见和要求，参与涉及学生的学校事务的民主管理，维护同学的正当权益。"由此可见，高校的学生会、研究生会作为高校党委领导和团委指导下的学生群众性组织，是全体学生合法权益的忠实代表，是加强高校与学生之间相互联系的桥梁和纽带。学生会、研究生会的基本任务就是根据学生管理制度维护学生的合法权益，监督学校按照学生管理制度的要求进行管理，定期与学校领导、学生管理部门进行沟通对话。因此，学生会最能代表学生的利益和呼声，充分发挥它的作用，能够提高学生呼声和利益表达的效力。

在学生组织的机构设置上，吉林大学的做法值得借鉴。2011年12月，吉林大学校团委、学生会根据《吉林大学学生参与学校民主管理实施办法》，建立由学生代表组成的"学生听证委员会""学生提案委员会""教学质量监督与服务委员会""学生公寓管理与服务委员会""学生活动场馆监督与服务委员会""学生食堂监督与服务委员会"等专门委员会（从属于"吉林大学学生参与学校民主管理委员会"），以专门委员会为平台积极开展相关工作，为学生参与民主管理、维护合法权益打开了新的渠道。此外，还成立吉林大学大学生权益保障中心和大学生消费权益维护中心等机构，更加充分保证了学生参与的广泛程度和覆盖范围，提高了学校民主管理的影响力。①

学生组织的机构设置和职责界定是保证学生参与高校民主管理的重要因素。为适应新形势下高校治理结构改革发展和大学生教育管理的特点，学校管理层有必要重新界定校学生会、研究生会和学生社团联合会的主要职责，做到分工明确、互为补充。可将学生会、研究生会的工作重心放在推进学生参与学校民主管理、维护学生合法权益的相关工作中来，重点负

---

① 《吉林大学积极探索学生参与学校民主管理》，中华人民共和国教育部网站，http://www.moe.gov.cn/jyb_ xwfb/s5989/s6635/201212/t20121214_ 145611.html。

责举办一些高质量、影响力大的全校性品牌活动，学生社团则组织和举办一些常规性的学生活动，学生社团联合会则负责为学生社团的发展和活动组织提供必要的服务。

（三）用好新媒体，畅通学生参与的沟通渠道

信息时代，以网络和互联网为载体的新媒体日益成为信息、思想和社会舆论的集散地。广大在校青年学生又是新媒体的主要使用者和推崇者，高校各级组织需要密切关注网络发展的新趋势、新动向，借力新媒体新平台，主动融入青年学生关注度高、使用频繁的网络社区，同时建立、完善并管理好可供学生参与的网络沟通平台，引导并实施好网络民主。在现行传统民主管理模式下，高校借力新媒体，实施网络民主是对高校民主管理沟通渠道的有益和必要的补充。一方面，新媒体具有灵活性与去权威性的特点，可以在一定程度上改变传统民主管理形式的僵化与严肃性，更易被青年学生接受；另一方面，新媒体可以拓宽学生参与高校民主管理的渠道，搭建起学生参与高校民主管理的新平台。新媒体的运用，在形式上可以体现在学生参与网络监督、学生参与网络民主评议和学生通过网络形式参与管理等。特别是在与学生切身利益相关的学生事务上，网络民主参与避免了在管理者强势话语权引导下的心理干扰，能给学生提供一个相对安全和无偏见的氛围来表达自己的观点和意见，能真实地反映学生的心声，保证学生参与民主管理的公平性和真实性。在网络参与的具体形式上，可建立书记、校长信箱，官方 BBS 论坛，校园官方微博，校园官方微信等；功能上可用于校园信息的发布、咨询、反馈和交流；工作重点可以放在网络投票、网络征集意见尤其是征集学生对学校各项工作的提案上。学生通过网络平台参与学校民主管理可以打破学校工作在时间和空间上的限制，学生可以随时随地参与发表意见、表达心声，参与民主管理，能极大地提高管理的效率，彰显现代大学管理的现代化和人性化特征。

基于网络本身的开放性和无序性，通过新媒体加强学生参与高校民主管理应注意以下几个方面。一是高等学校掌握信息发布主动权，要在学生中积极主动搭建参与民主管理的媒体平台，所有的媒体平台应有专人管理和维护，做到信息发布客观、准确、及时，信息量较为丰富。二是应该实

行网络行为身份认证管理，使网络参与在合法、合理的范围内进行，强化学生网络行为的责任意识，引导网络参与文明有序地健康进行，遏制不负责任的恶意网络言行。三是有必要建立相应的网络民主参与制度，提升学生参与网络民主的素养。新媒体平台的负责人要做到积极跟进，主动应对。密切关注学生在微博、微信中反映的有价值的问题，对于学生反映集中、呼声较高的问题要及时向主管领导汇报，形成及时反馈、专题调研和双向沟通的工作机制。与此同时，加强对新媒体平台的管理也有助于争取网络话语的主动权，有利于不良舆情信息的掌控和把握。

（四）完善考评，提升学生参与的意识与效能

学校管理是一项复杂的工作，虽然大学生思想活跃，积极热情，有较成熟的思想，具备一定独立判断的能力，但总体上他们的知识、能力和经验存在不足。加强对学生组织参与高校民主管理的指导和引导，有助于降低学生参与的风险性，同时可以最大限度地保证学生参与的质量和效果。因此，要看到高校学生具有的良好可塑性和培养空间，通过加强对学生组织的培养和指导以实现学生参与对于高校民主管理的重要作用。

一项调查显示，被问及是否有能力参加学校民主管理时，有些同学表示：由于压根不太懂，还是少参与为好。大学生是一个处在成熟与不成熟之间的特殊群体，问卷分析显示，39%的人认为自己具备参与管理学校的知识和能力，19%的人认为自己不具备参与管理学校的知识和能力，42%的人不确定自己是否具备参与管理学校的知识和能力[①]。与此同时，部分学生把学校的正常管理视为专制，在行为上表现出自由化、随意性，对真正的民主缺乏理性的思考；这都要求学校组织相应的培训，提供更多的实践机会，使学生参政议政的能力在实践中得到锻炼和提高。

因此，要提高学生参与高校民主管理的有效性，关键还要从学生组织本身的能力出发。学生参与民主管理应该具备的能力包括以下几方面：一是学生组织具有较强的表达能力，即学生组织的代表能够把学生的意见清楚明确地阐述出来；二是学生组织具有良好的沟通协调能力，能够通过适

---

① 孟根龙：《北京高校大学生参与民主管理状况调查与分析》，《求实》2010年第S2期。

当的途径收集到学生中的各种不同意见；三是学生组织应具有一定的分析和归纳能力，即能够对收集到的各种不同意见进行一定的分析和归纳，之后能集中将最有代表性的、有可行性的意见反馈给相关决策部门。

在此基础上，有学者认为，鼓励学生参与民主管理，尤其要培养学生参与管理中的责任意识、线索意识、暗示意识以及合作意识。[①] 笔者认为，这是对学生组织参与民主管理能力的一种更高的要求。首先，责任意识是一种态度，一种品质，它要求学生代表在参与管理的过程中，对收集的意见、沟通的过程和沟通的结果富有责任心，有主人翁的精神和担当。线索意识是指学生代表能敏锐地捕捉到学校管理中的困境的信号，找到问题，然后做出"被认为是有价值的、值得的、尚可、忽略、不可接受或无法容忍的反应"。暗示意识和合作意识是学生代表在找到问题、分析问题和沟通问题的过程中正确恰当地处理学生组织内部、学生组织与上级指导部门之间关系的能力体现。在具体的操作上，高校可以通过开设相关沟通和管理的培训课程让学生明确参与的权利、义务和责任，提升学生参与的意识和能力。还可以通过给学生提供实际锻炼的岗位加深学生骨干和普通学生参与民主管理的意识和能力。例如，辽宁大学曾实施大学生入机关挂职锻炼计划，每年选拔一定数量的优秀在校大学生，安排他们担任校内重要行政岗位的助理工作，包括教务处处长助理、后勤集团总经理助理、学生处处长助理等。

此外，大学生参与高校民主管理要真正落到实处，还需要有一支素质高、能力强的高校管理队伍。高校管理队伍和学生组织之间的关系应当是"谁指导、谁负责"的关系。只有高素质的高校管理队伍才能指导出高水平的学生组织。要高度重视高校行政管理队伍建设问题，通过系统培训提高管理队伍的整体素质。对于和学生组织关系密切的学生工作队伍，尤其要加强引导和培训党团干部和学生辅导员等，使其走"专业化、职业化、专家化"的道路。

党的十九大报告中提到，要健全人民当家作主的制度体系，发展社会主义民主政治。高校民主管理是一项复杂且专业的系统工程。高校学生参

---

① 刘新跃：《现代大学必须鼓励学生参与学校管理》，《光明日报》2009 年 10 月 20 日。

与大学管理具有特殊性，因此一味强调学生的参与，客观上还存在一定的局限性。但学生参与民主管理是近年来世界高等教育管理发展的一大趋势。充分发挥学生参与高校的主动性和积极性，是体现高校办学宗旨、保障学生基本权益、激发师生创造活力的具体体现。各高校要主动顺应这个趋势，主动关心学生的学习生活，尽量满足他们在学习生活中的合理需求，充分调动他们的学习积极性和主动性，增强学生的认同感和归属感，发挥学生的主人翁意识，营造健康和谐的校园人际氛围，让学生参与作为高校民主管理的一支不可或缺的重要力量，为学校的可持续健康发展贡献应有的力量。

参考文献

著作类

〔美〕伯顿·克拉克:《高等教育系统——学术组织的跨国研究》,王承绪等译,杭州大学出版社,1994。

〔美〕伯顿·克拉克:《高等教育新论——多学科的研究》,王承绪等译,浙江教育出版社,2001。

陈蓓:《高校民主管理与工会工作探究》,湖北长江出版集团、湖北人民出版社,2010。

陈吉甫、肖克难:《高校民主管理》,学苑出版社,1988。

李孔珍:《大学组织管理创新》,山西教育出版社,2008。

李志平:《中国本科大学发展模式与发发展方略研究》,科学出版社,2009。

〔美〕罗伯特·A.达尔:《论民主》,李风华译,中国人民大学出版社,2012。

全国高校教代会工会工作研讨会秘书处编《高校教代会工会工作初探》,哈尔滨工业大学出版社,1989。

眭依凡:《大学校长的教育理念与治校》,人民教育出版社,2001。

吴刚:《现代大学民主管理》,山西人民出版社,2013。

徐小洲:《高等教育论——跨学科的观点》,人民教育出版社,2003,第 106~110 页。

徐远火:《大学民主管理论》,四川人民出版社,2006。

杨颖秀：《教育决策的科学化民主化研究》，东北师范大学出版社，2001。

〔美〕约翰·布鲁贝克：《高等教育哲学》，王承绪等译，浙江教育出版社，1987。

〔加〕约翰·范德格拉夫等编著《学术权力——七国高等教育管理体制比较》，王承绪等译，浙江教育出版社，2001。

张楚廷：《高等教育哲学》，湖南教育出版社，2004。

张创新：《现代管理学概论》，清华大学出版社，2005。

张岱年：《中国文化概论》，北京师范大学出版社，1994。

张德祥：《高等学校的学术权力与行政权力》，南京师范大学出版社，2002。

张银富：《校园民主与教授治校》，台湾五南图书出版公司，1999。

中国教育工会全国委员会：《高校民主管理理论与实践文辑》，北京出版社，1989。

中国教育工会全国委员会：《高校民主管理理论与实践文辑》，北京出版社，1989。

学位论文

鄂德礼：《教授治学问题研究》，淮北师范大学硕士学位论文，2011。

葛春霞：《美国大学教授治校的理论与实践研究》，山东师范大学硕士学位论文，2009。

李国强：《多学科观点的我国高校内部管理民主化研究》，厦门大学硕士学位论文，2006。

李珂：《高等学校信息公开的研究——以合肥高校为例》，安徽大学，2011。

刘丽平：《现代大学制度视域下教授治学的问题与对策研究》，渤海大学硕士学位论文，2012。

彭阳红：《论"教授治校"》，华中科技大学硕士学位论文，2010。

盛淑慧：《高等学校教授委员会制度研究》，淮北师范大学硕士学位论文，2011。

孙中宁：《高校内部权力运行机制研究》，吉林大学硕士学位论文，2011。

王彤：《高等学校信息公开制度研究》，中国政法大学硕士学位论文，2010。

谢俊：《大学的学术自由及其限度》，西南大学博士学位论文，2010。

闫隽：《高等学校教授治学问题研究》，黑龙江大学硕士学位论文，2009。

杨沁鑫：《高校信息公开范围研究》，中国政法大学硕士学位论文，2011。

余音：《高校教职工代表大会制度研究——以上海市为例》，上海师范大学硕士学位论文，2012，第38页。

袁耀梅：《参与式管理：现代大学"教授治校"和"教授治学"的调节器》，兰州大学硕士学位论文，2010。

曾兵：《高校信息公开制度建设研究》，厦门大学硕士学位论文，2006。

张意忠：《论教授治学》，华东师范大学博士学位论文，2006。

赵洁：《从"教授治校"到"教授治学"——蒋梦麟对北大的改造》，陕西师范大学硕士学位论文，2012。

郑玮：《试论我国高校院系级教授委员会之建设》，山东师范大学硕士学位论文，2012。

期刊类

白静鹤：《浅析我国高校信息公开》《法制博览（中旬刊）》2013年第5期。

毕宪顺、赵凤娟：《高等学校的民主监督与权力制约》，《教育研究》2009年第1期。

别敦荣：《论我国大学章程的属性》，《高等教育研究》2014年第2期。

别敦荣：《学术管理、学术权力等概念释义》，《清华大学教育研究》

2000 年第 2 期。

蔡硕科：《现代大学制度下高校民主管理的进程与问题》，《中国轻工教育》2011 年第 5 期。

常汴：《浅谈校务公开的渠道和形式》，《三门峡职业技术学院学报》2003 年第 2 期。

陈蓓、张天亮：《高校制度文化建设与教代会制度创新》，《学校党建与思想教育》2005 年第 3 期。

陈德喜：《妥善处理大学章程建设中内部权力配置的三对关系》，《中国高等教育》2012 年第 24 期。

陈发美：《蔡元培的"教授治校"思想与实践》，《有色金属高教研究》2000 年第 6 期。

陈立鹏：《关于我国大学章程几个重要问题的探讨》，《中国高教研究》2008 年第 7 期。

丛敬军、郑淑英：《高校信息公开制度的构建和实施对策》，《中国西部科技》2011 年第 7 期。

董东明：《高校构建校务公开长效机制探析》，《闽西职业大学学报》2005 年第 4 期。

方和荣、叶云、闫永平：《校务公开是高校民主管理的重要制度》，《中北大学学报》（社会科学版）2005 年第 4 期。

高阳：《大数据对高校信息公开的推进作用》，《科技视界》2013 年第 25 期。

顾人峰：《现代大学制度的核心——教授治学与校长治校》，《理工高教研究》2004 年第 4 期。

郭长海、谢振安：《高校教代会与党、政、工关系的协调》，《安庆师范学院学报》（社会科学版）1999 年第 6 期。

郭荣祥、徐慧：《大学学术自由的法律保障与实现》，《学术探索》2012 年第 10 期。

郭穗、谭德福：《借鉴 ISO9000 标准原理实现校务公开工作新突破》，《三峡大学学报》（人文社会科学版）2009 年第 6 期。

韩延明：《论教授治学》，《教育研究》2011 年第 12 期。

何祥林：《校务公开"2＋1"模式的思考》，《工会论坛》（山东省工会管理干部学院学报）2005 年第 6 期。

侯欣迪、郭建如：《高校教代会代表的参与路径与参与周期》，《北京大学教育评论》2013 年第 2 期。

胡先富：《充分发挥教代会职能　着力推进高校民主管理》，《华中师范大学学报》（人文社会科学版）2012 年第 4 期。

黄林幸：《浅析校务公开》，《广东药学院学报》2006 年第 4 期。

姜世波、马荣庆、赵希文：《关于高校民主管理和教代会形势的思考》，《山东医科大学学报》（社会科学版）1992 年第 1 期。

柯炳生：《大学内部管理制度的理性思考与实践探索》，《中国高等教育》2011 年第 7 期。

〔美〕克拉克，伯顿：《自主创新型大学：共治、自治和成功的新基础》，《清华大学教育研究》2000 年第 4 期。

兰鸿涛：《论校务公开与现代大学制度的建立》，《延安大学学报》（社会科学版）2009 年第 2 期。

李博、马海群：《我国高校信息公开的特点、原则、主要问题及相关制度建设》，《现代情报》2011 年第 3 期。

李健：《对高校行政权力与学术权力关系的审视》，《教育探索》2014 年第 12 期。

李灵莉：《新中国成立之初高校人事制度变迁分析》，《教育学术月刊》2011 年第 10 期。

李三红、童保庆：《高等院校校务公开的现状、问题及对策研究》，《教育理论与实践》2009 年第 6 期。

李双辰、李雪云：《我国高校信息公开的问题及对策研究》，《北京教育》（高教）2014 年第 6 期。

林大静：《高等学校校务公开工作机制的构建》，《黑龙江高教研究》2009 年第 5 期。

林孟涛：《论高校民主管理实践问题与对策》，《福建论坛》（人文社会科学版）2009 年第 8 期。

刘润秋：《高校信息公开制度化探析》，《吉林工程技术师范学院学报》

2010 年第 10 期。

刘圣汉：《高校工会教代会工作与民主政治建设》，《中国矿业大学学报》（社会科学版）2000 年第 4 期。

刘同君、王丹仪：《高校教授治学的法哲学思考》，《江苏高教》2014年第 3 期。

刘万仁、王玉珍、刘桂兰：《充分发挥教代会的积极作用不断推进高校民主办学和依法治校的进程》，《松辽学刊》（社会科学版）1999 年第4 期。

吕红：《我国高校信息公开研究领域的进展分析》，《中国高校科技》2014 年第 Z1 期。

马海群：《现代大学治理中的高校信息公开制度之正当性》，《图书情报工作》2012 年第 6 期。

马海群、吕红：《高校信息公开制度体系的构建》，《情报资料工作》2012 年第 3 期。

马海群、王英：《高校信息公开政策在大学治理中的价值定位》，《图书情报工作》2012 年第 18 期。

马怀德、林华：《高校信息公开在中国：历史溯源、文本解读与制度展望》，《国家教育行政学院学报》2014 年第 7 期。

马怀德、林华：《论高校信息公开的基本原则》，《甘肃社会科学》2014 年第 3 期。

马陆亭：《制订高等学校章程的意义、内容和原则》，《高校教育管理》2011 年第 9 期。

冒荣、赵群：《学术自由的内涵与边界》，《高等教育研究》2007 年第7 期。

裴世贤：《对社会主义市场经济条件下高校教代会民主管理和监督工作的探讨》，《河北师范大学学报》（哲学社会科学版）1995 年第 S1 期。

彭阳红：《"教授治校"与"教授治学"之辨——论中国大学内部治理结构变革的路径选择》，《清华大学教育研究》2012 年第 6 期。

祁占勇：《高校教职工代表大会的法律地位与权利边界》，《高教探索》2012 年第 5 期。

申建设：《对高等学校实行校务公开的若干思考》，《山西财经大学学报》（高等教育版）2004 年第 2 期。

沈芸：《教职工代表大会制度的权利边界》，《当代教育科学》2004 年第 20 期。

史宁中：《实行教授委员会制凸显"教授治学"》，《中国高等教育》2005 年第 Z1 期。

司晓宏：《关于推进现阶段我国大学章程建设的思考》，《教育研究》2014 年第 11 期。

宋元林：《高等学校深化校务公开若干问题探析》，《湘潭工学院学报》（社会科学版）2002 年第 4 期。

孙霄兵：《推进高校章程建设 完善中国特色现代大学制度》，《中国高等教育》2012 年第 5 期。

孙晓华：《教授治学的历史源流及实现途径》，《现代教育管理》2010 年第 12 期。

谭镜星、朱东礼：《构建教授治学机制促学校协调发展》，《中国高等教育》2007 年第 7 期。

汪花明、王波：《新时期我国高校民主管理对策研究》，《中国市场》2012 年第 12 期。

王长乐：《"教授治学"到底是什么意思》，《民主与科学》2011 年第 4 期。

王海莹：《以章程为载体的现代大学治理》，《江苏高教》2016 年第 5 期。

王菊、厉以贤：《国内高校"教授治学"制度设计述评（2000—2008）》，《现代教育管理》2009 年第 10 期。

王利亚：《关于高校校务公开工作的几点思考》，《南京医科大学学报》（社会科学版）2005 年第 4 期。

王寿春：《民主治校·学术民主·教授治学》，《黑龙江教育》2005 年第 21 期。

王文浩：《关于建立高校校务公开工作机制的理性思考》，《襄樊职业技术学院学报》2008 年第 4 期。

魏航：《现代大学制度视域下的学术权力与行政权力》，《辽宁行政学院学报》2014 年第 6 期。

邬大光：《现代大学制度的根基》，《现代大学教育》2001 年第 3 期。

吴斌：《以校务公开和党务公开协调发展推进高校民主政治建设》，《北京林业大学学报》（社会科学版）2009 年第 S2 期。

谢海定：《作为法律权利的学术自由权》，《中国法学》2005 年第 6 期。

熊艳、郭平：《教授治学的演进、内涵及本质》，《教育发展研究》2012 年第 12 期。

徐丽：《在构建和谐校园中充分发挥教代会作用的探讨》，《中国轻工教育》2006 年第 2 期。

徐敏：《高校信息公开与现代大学制度建设》，《江苏高教》2011 年第 1 期。

徐远火：《高校教代会制度的历史演进与未来发展》，《中国劳动关系学院学报》2005 年第 2 期。

薛泽林：《分权视野下的高校教代会建设》，《中国劳动关系学院学报》2013 年第 3 期。

杨国良：《谈教代会在学校管理中的作用》，《承德民族师专学报》1995 年第 S1 期。

杨国强：《积极推行校务公开　完善高校民主管理》，《工会论坛》（山东省工会管理干部学院学报）2008 年第 3 期。

杨克瑞：《教授治学，也要治校——兼论现代大学制度建设》，《教育发展研究》2012 年第 9 期。

杨苓：《高校信息公开的形式、效果和对策分析》，《兰台世界》2012 年第 17 期。

杨叔子：《论教授治学——兼议》，《华中科技大学学术委员会工作条例（试行）》，《高等工程教育研究》2002 年第 1 期。

杨学义：《中国大学章程百年》，《北京教育》2014 年第 11 期。

姚继斋：《新时期高校民主管理的特点及实现路径》，《学校党建与思想教育》201　年第 11 期，总第 467 期。

叶明生：《关于高校校务公开的制度建设》，《福建农林大学学报》（哲学社会科学版）2005年第4期。

尹晓敏：《高校信息公开：从学术、立法到机制的逻辑》，《现代教育科学》2010年第7期。

尹晓敏：《高校信息公开若干疑难问题解析》，《高等教育研究》2011年第7期。

尹晓敏：《我国高校信息公开法律制度研究——基于教育部新颁〈高等学校信息公开办法〉的分析》，《现代教育科学》2011年第5期。

俞可平：《马克思论民主的一般概念、普遍价值和共同形式》，《马克思主义与现实》2007年第6期。

湛中乐：《大学章程：现代大学法人治理的制度保障》，《国家教育行政学院学报》2011年第11期。

张斌、王明俊：《政治文明与高校教代会制度》，《山东省工会管理干部学院学报》2005年第6期。

张朝晖、罗爱静：《校务公开应坚持"五性"原则》，《中国高教研究》2003年第12期。

张楚廷：《高等教育未来20年探望》，《湖南师范大学教育科学学报》2002年第2期。

张德祥：《高等学校的办学自主权与内部运行机制的调适》，《高等教育研究》1998年第5期。

张美华：《高校民主管理问题及其对策分析》，《长春理工大学学报》2012年第10期。

张意忠：《教授治学的调查与思考》，《江苏高教》2006年第4期。

张意忠：《论教授治学与校长治校》，《理工高教研究》2007年第2期。

张志峰：《澄清与追寻：教代会中教师的主体地位》，《中国教育学刊》2009年第11期。

赵丹丹：《加强民办高校的行政管理工作的策略》，《管理工程师》2011年第10期。

赵军：《制度变迁与改革绩效——教职工代表大会制度新旧文本的比

较研究》，《高等教育研究》2013 年第 4 期。

赵蒙成：《"教授治校"与"教授治学"辨》，《江苏高教》2011 年第6 期。

赵叶珠：《高等教育规模扩张过程中基本理论的哲学思考——布鲁贝克〈高等教育哲学〉述评》，《江苏高教》2001 年第 6 期。

赵永贤：《坚持和完善党委领导下的校长负责制》，《求是》2011 年第3 期。

郑禹：《加强教代会建设 促进高校民主管理》，《中国高教研究》2000年第 7 期。

钟玲、倪志刚、张俊华：《高校信息公开与信息化建设研究》，《北华航天工业学院学报》2011 年第 6 期。

周彬琳：《高校民主管理探索》，《安徽商贸职业技术学院学报》2011年第 2 期。

周光礼：《从管理到治理：大学章程再定位》，《湖南师范大学教育科学学报》2014 年第 2 期。

庄宪田、项振英：《充分发挥高校教代会的作用》，《煤炭高等教育》1991 年第 1 期。

邹再进、冯朝平：《新形势下高校校务公开的探索》，《云南财贸学院学报》（社会科学版）2007 年第 2 期。

报纸类

陈晓燕：《教师参与学校民主管理将有章可循》，《工人日报》2012 年1 月 12 日，第 002 版。

李元元：《完善现代大学章程 深化治理结构改革》，《中国教育报》2012 年 3 月 5 日，第 5 版。

史宁中：《教授治学：大学科学发展的基本理念》，《中国教育报》2009 年 9 月 7 日，第 5 版。

唐景莉：发挥教代会作用 推进学校民主管理——中国教科文卫体工会副主席陈志标解读《学校教职工代表大会规定》，《中国教育报》2012 年 1

月 13 日，第 002 版。

张维：《大学章程建设助推中国高校转型》，《法制日报》2014 年 7 月 3 日，第 6 版。

知非：《教授如何治学》，《人民政协报》2005，10（26）：C01。

论文集

中国教育工会全国委员会：《高校民主管理理论与实践文辑》，北京出版社，1989。

中国教育工会全国委员会：《教职工代表大会试点汇报座谈会纪要》。

后　记

党的十八届四中全会做出了《中共中央关于全面推进依法治国若干重大问题的重大决定》，关系我们党执政兴国、关系人民幸福安康、关系党和国家长治久安的重大战略问题，是"四个全面"战略布局的重要组成部分。《国家中长期教育改革和发展规划纲要（2010—2020年）》明确提出，"各类高校应依法制定章程，依照章程规定管理学校"。2013年底，教育部核准了首批6所高校的大学章程。这标志着我国建设现代大学制度迈出了坚实的一步，充分体现了以大学章程为核心的制度体系，实行政校分开，管办分离，落实和扩大学校办学自主权，完善中国特色现代大学制度，推进高等学校的管理理念创新、法规制度规范、科学民主建设健康发展。民主管理作为高校内部管理体制的重要内容，作为现代大学制度的重要组成部分，是高校实行依法治校、民主办学、科学管理的需要，是高校深化改革、推动发展、保持稳定的需要。长期以来，党和国家高度重视高校民主政治建设，先后颁布了一系列法规和文件，不断推进高校的民主管理建设，发挥高校师生员工在办学中的积极性、主动性和创造性，有力地推进了高校民主管理向法治化、制度化、规范化、标准化建设的进程。随着各高校章程的制定实施，高校教职工民主意识的不断增强，相关法律法规的日臻完善，民主管理在高校中的地位越来越重要，作用越来越明显。如何有效增强高校民主管理工作的实效性，如何拓宽高校民主管理的实践路径，是高等教育管理者和专家学者需要深入探讨的问题。

《高校民主管理路径研究》一书是我们承担的湖北省教育工会委托的重点研究课题、华中师范大学社会科学处给予有力资助的最终成果。由于我们长期从事高校民主管理工作实践和民主管理研究工作，先后向上级有关部门提交咨询调研报告 10 余份，获得中国教科文体工会一等奖 4 次、二等奖 3 次；校务公开"2 + 1"模式、高校工会源头参与民主管理的"2 + 1"模式，先后获得湖北省教育工会年度创新一等奖（2011 年）。我们对高校民主管理路径的研究只是初步探索，研究创新永远在路上。

《高校民主管理路径研究》一书，共十章。从撰写提纲，到分工写作、研讨交流、修改定稿，历时四年时间。可以说本书的顺利完成实属不易，得益于写作团队成员的勤勉认真、精诚合作、顽强拼搏，也是集体智慧和团队合作的结晶。本书的指导思想、理论框架、整体结构、写作提纲由何祥林、周东明、何静、姚浪等集体策划，最终由何祥林统稿和定稿。各章撰写的具体分工是：第一章（周东明、田彩萍）；第二章（易仲芳）；第三章（何静）；第四章（王坤）；第五章（张静）；第六章、第七章（李雅婷）；第八章、第九章（汪新蓉）；第十章（马英）。整个编写过程中，易仲芳同志做了大量的资料收集和协调组织工作。

本书得以出版，特别感谢湖北省教育工会原主席马建才同志、副主席李斌同志给予的鼎力支持。同时，华中师范大学党政领导给了许多指导，社会科学处给予了大力支持，马克思主义学院、湖北党的建设研究中心给予了许多帮助，校工会全体同人给予了许多关心，社会科学文献出版社的赵怀英编辑也为本书的编审工作付出大量的心血，提出了很好的修改意见。值此本书付梓之际，谨向他们表示诚挚的感谢！

本书在编写过程中，参考和吸收了国内外许多专家学者的研究成果，在书中我们均给予注明并向他们表示深深的谢意和敬意！虽然我们对本课题的研究下了很大功夫，但是由于我们理论研究和写作水平有限，书中还有不少漏洞和缺憾，恳请专家、学者和读者批评指正。

何祥林

2019 年 5 月于桂子山

图书在版编目（CIP）数据

高校民主管理路径研究／何祥林，周东明，何静著
. -- 北京：社会科学文献出版社，2019.12
ISBN 978 - 7 - 5201 - 5793 - 3

Ⅰ.①高…　Ⅱ.①何…　②周…　③何…　Ⅲ.①高校管
理 - 民主管理 - 研究 - 中国　Ⅳ.①G647

中国版本图书馆 CIP 数据核字（2019）第 248916 号

高校民主管理路径研究

著　　者／何祥林　周东明　何　静

出 版 人／谢寿光
责任编辑／赵怀英

出　　版／社会科学文献出版社·联合出版中心（010）59366446
　　　　　地址：北京市北三环中路甲 29 号院华龙大厦　邮编：100029
　　　　　网址：www. ssap. com. cn
发　　行／市场营销中心（010）59367081　59367083
印　　装／三河市龙林印务有限公司

规　　格／开　本：787mm × 1092mm　1/16
　　　　　印　张：15　字　数：239 千字
版　　次／2019 年 12 月第 1 版　2019 年 12 月第 1 次印刷
书　　号／ISBN 978 - 7 - 5201 - 5793 - 3
定　　价／98.00 元